古典文獻研究輯刊

三五編

潘美月・杜潔祥 主編

第22冊

高似孫文獻學研究（下）

童子希 著

國家圖書館出版品預行編目資料

高似孫文獻學研究（下）／童子希 著 -- 初版 -- 新北市：花
木蘭文化事業有限公司，2022〔民111〕
目 6+170 面；19×26 公分
（古典文獻研究輯刊 三五編；第22冊）
ISBN 978-626-344-124-8（精裝）
1.CST：（宋）高似孫 2.CST：文獻學
011.08   111010310

ISBN-978-626-344-124-8

古典文獻研究輯刊
三五編　第二二冊　　　　　　ISBN：978-626-344-124-8

高似孫文獻學研究（下）

作　　者　童子希
主　　編　潘美月、杜潔祥
總 編 輯　杜潔祥
副總編輯　楊嘉樂
編輯主任　許郁翎
編　　輯　張雅淋、潘玟靜、劉子瑄　美術編輯　陳逸婷
出　　版　花木蘭文化事業有限公司
發 行 人　高小娟
聯絡地址　235 新北市中和區中安街七二號十三樓
　　　　　電話：02-2923-1455／傳真：02-2923-1452
網　　址　http://www.huamulan.tw 信箱 service@huamulans.com
印　　刷　普羅文化出版廣告事業
初　　版　2022 年 9 月
定　　價　三五編 39 冊（精裝）新台幣 98,000 元

高似孫文獻學研究（下）

童子希 著

第四章　高似孫之辨偽學

　　有宋一代，疑古辨偽蔚然成風，成為一股學術潮流，宋儒辨偽的範圍、方法、成果均遠超前代，形成一個高峰期。北宋時辨偽的重點是《易》《詩》《春秋》《周禮》等經書。到了南宋，辨偽的對象逐漸擴大，先秦諸子成為學者論辨的重點。從偽書分布範圍來看，子部中的偽書數量眾多，胡應麟云：「凡四部書之偽者，子為盛，經次之，史又次之，集差寡。凡經之偽，《易》為盛，緯候次之。凡史之偽，雜傳記為盛，瑣說次之。凡子之偽，道為盛，兵及諸家次之。凡集，全偽者寡，而單篇別什借名竄匿甚眾。」〔註1〕高似孫在閱讀子書之時，已經意識到這一點，因而他將辨偽的陣地從經部轉向子部，對多種子書展開集中辨偽，從而撰成諸子研究專書──《子略》。高氏不僅在辨偽上不拘於前人成說，多有新見，而且其辨偽方法亦具特色，是辨偽學史具有重要影響的學者。遺憾地是，目前學界對高似孫的辨偽成就關注不多，評價也不高。〔註2〕本章對高似孫辨偽的成就、特點、影響和方法進行考論。

第一節　高似孫之前的辨偽學

　　辨偽學的產生與偽書的出現有直接關係。在我國歷史上，偽書出現的時間很早。《淮南子》認為漢代已經出現了不少偽書：「世俗之人多尊古而賤今，

〔註1〕（明）胡應麟：《少室山房筆叢》，北京：中華書局，1958年，頁423。
〔註2〕如楊緒敏《中國辨偽學史》稱：「繼柳宗元之後，考辨子書真偽的是宋代的高似孫。他作有《子略》四卷，其中主要考辨了《鬻子》《孔叢子》《曾子》《列子》《文子》《戰國策》《尹文子》《亢桑子》《鬼谷子》凡九種子書，其中多襲前人之說，發明甚少。」（楊緒敏：《中國辨偽學史》，天津：天津人民出版社，2007年，頁49）。

故為道者必託之於神農、黃帝而後能入說。亂世闇主高遠其所從來，因而貴之。為學者蔽於論而尊其所聞，相與危坐而稱之，正領而誦之，此見是非之分不明。」〔註3〕胡應麟在《四部正訛》引言中將偽書出現的時間定於西漢：「贗書之昉，昉於西京乎？六籍既焚，眾言淆亂，懸疣附贅，假託實繁。」〔註4〕龔自珍云：「偽書不獨後世有之也，戰國時人，依託三皇五帝矣，或依託周初矣，漢之俗儒，已依託孔門問答矣。」〔註5〕龔自珍指出戰國時就已經有偽書了，他的認識更加接近事實。

關於辨偽學的起源，可謂眾說紛紜。顧頡剛先生認為：「辨偽工作，萌芽於戰國、秦、漢，而勃發於唐、宋、元、明，到了清代瀕近於成熟階段。」〔註6〕黃雲眉先生則認為：「古籍真偽之辨，濫觴於唐代，歷宋元明清而漸呈長川形態。」卞孝萱先生認為：「中國對於偽書、偽史、偽說的考辨，有著悠久的歷史。古代疑古思想的萌芽，可以追溯到春秋戰國時期。」〔註7〕楊緒敏先生認為先秦漢魏南北朝是「疑古思想的萌芽及辨偽學初起時期」〔註8〕。孫欽善先生認為「先秦的辨偽學還處在草創階段，以辨偽說為主，且多與學派之間的爭論關聯」〔註9〕。學界一般傾向於認為辨偽學有著悠久的歷史，從先秦時期開始萌芽。早在先秦，孔子學生子貢就懷疑商紂傳說的真實性，韓非子對儒、墨二家文獻的真偽提出疑問，孟子對《尚書·武成篇》的懷疑對後世產生深遠影響。

兩漢時期是辨偽學的草創時期，在辨偽方法上多有發明。司馬遷撰《史記》就包含了考辨真偽的工作。《史記·周本紀》稱：「學者皆稱周伐紂，居洛邑。綜其實不然。武王營之，成王使召公卜居，居九鼎焉。而周復都豐鎬，至犬戎敗幽王，周乃東徙於洛邑。」司馬遷對《司馬兵法》及其作者司馬穰苴也

〔註 3〕劉文典撰：《淮南鴻烈集解》卷十九，《脩務訓》，北京：中華書局，1989 年，頁 653～657。

〔註 4〕（明）胡應麟：《少室山房筆叢》卷三十，《四部正訛引》，北京：中華書局，1958 頁，頁 382。

〔註 5〕（清）龔自珍：《龔自珍全集》，上海：上海人民出版社，1975 年，頁 122。

〔註 6〕顧頡剛：《秦漢的方士與儒生·中國辨偽史略》，上海：上海古籍出版社，2005 年，頁 219。

〔註 7〕卞孝宣：《中國辨偽學史序》，見楊緒敏：《中國辨偽學史》，天津：天津人民出版社，2007 年，頁 2。

〔註 8〕楊緒敏：《中國辨偽學史》，天津：天津人民出版社，2007 年，頁 1～41。

〔註 9〕孫欽善：《中國古文獻學》，北京：北京大學出版社，2006 年，頁 164。

提出懷疑，《史記・司馬穰苴傳》曰：「齊威王使大夫追論古者《司馬兵法》，而附穰苴於其中，因號曰《司馬穰苴兵法》……太史公曰：余讀《司馬兵法》，閎廓深遠，雖三代征伐未能竟其義，如其文也，亦少襃矣。若夫穰苴區區為小國行師，何暇及《司馬兵法》之揖讓乎？」劉向作了不少辨偽方面的工作，如《別錄・晏子敘錄》云：「又有重複，文辭頗異，不敢遺失，復列以為一篇。又有頗不合經術，似非晏子言，疑後世辯士所為者，故亦不敢失，復以為一篇。」《別錄・列子書錄》：「《力命》篇一推分命，《楊子》之篇唯貴放逸，二義乖背，不似一家之書。」張舜徽認為「審定偽書之法，至劉、班而已密。」〔註10〕司馬朝軍教授認為劉向是「辨偽學之開山」。〔註11〕《漢書・藝文志》保存了劉氏父子的辨偽成果，如《大禹》注語云：「傳言禹所作，其文似後世語。」《文子》注語云：「老子弟子，與孔子並時，而稱周平王問，似依託者也。」《伊尹說》注云：「其語淺薄，似依託也。」張舜徽將劉、班辨偽之法總結為六例：（1）明定某書為依託，但未能確指其人；（2）從文辭方面，審定係後人依託；（3）從事實方面，審定係後人依託；（4）明確指出依託之時代；（5）明確指出係後世增加；（6）不能肯定的，暫時存疑。〔註12〕漢代經學家馬融、林孝存、鄭玄等對部分經書加以辨偽。馬融辨《尚書・泰誓》，以為《泰誓》晚出，「其文似若淺露」，證據是《春秋》《國語》《孟子》《荀子》《禮記》所引《泰誓》之文不見於今文《泰誓》。〔註13〕這種據佚文辨偽的方法對後世很有啟發。《周禮》出自西漢時期的河間獻王，為古文經，而兩漢今文家多不信之，「時眾儒並出，共排以為非是」，林孝存作《十論》《七難》以排棄之，何休視《周禮》為「六國陰謀之書」，但鄭玄證其非偽。鄭玄還辨《禮記・月令》非周公所作，指出「其中官名時事多不合周法」，開創了據職官辨偽的方法。鄭玄對《爾雅》也有考辨，稱「《爾雅》之文雜，非一家之著」。漢代的思想家王充頗有懷疑精神，其《論衡》之作「銓輕重之言，立真偽之平」，「就世俗之書，訂其真偽，辯其虛實，非造始更為，無本於前」〔註14〕，但考辨的主要是偽事、偽說。

　　魏晉南北朝時期，顏之推的辨偽成果較為突出。《顏氏家訓・書證篇》云：

〔註10〕張舜徽：《中國文獻學》，武漢：華中師範大學出版社，2004年，頁143。
〔註11〕司馬朝軍：《文獻辨偽學研究》，武漢：武漢大學出版社，2008年，頁4。
〔註12〕張舜徽：《中國文獻學》，武漢：華中師範大學出版社，2004年，頁143～145。
〔註13〕（漢）馬融：《書序》，見孔穎達：《尚書正義》卷十一。
〔註14〕黃暉：《論衡校釋・對作》，北京：中華書局，1990年，頁1179、1181。

　　或問:「《山海經》,夏禹及益所記,而有長沙、零陵、桂陽諸暨,如此郡縣不少,以為何也。」答曰:「史之闕文,為日久矣;加復秦人滅學,董卓焚書,典籍錯亂,非止於此。譬猶《本草》,神農所述,而有豫章、朱崖、趙國、常山、奉高、真定、臨淄、馮翊等郡縣名,出諸藥物;《爾雅》,周公所作,而云『張仲孝友』;仲尼修《春秋》,而《經》書孔丘卒;《世本》,左丘明所書,而有燕王喜、漢高祖;《汲冢瑣語》乃載《秦望碑》;《蒼頡篇》,李斯所造,而云『漢兼天下,海內並廁,豨黥韓覆,畔討滅殘』;《列仙傳》,劉向所造,而《贊》云『七十四人出佛經』;《列女傳》亦向所造,其子歆又作《頌》,終於趙悼后,而傳有更始韓夫人、明德馬后及梁夫人嫕。皆由後人所羼,非本文也。」〔註15〕

顏之推根據地名、人物、史實等指出《山海經》《本草》《爾雅》《春秋》《世本》《蒼頡篇》《列女傳》等典籍存在後人羼入的成分。六朝時有人懷疑李陵五言詩的真偽,如南朝劉宋詩人顏延之《庭誥》云:「李陵眾作,總雜不類,〔元〕是假託,非盡陵製。至其善篇,有足悲者。」〔註16〕劉勰在《文心雕龍・明詩篇》中也說:「至成帝品錄,三百餘篇,朝章國採,亦云周備;而辭人遺翰,莫見五言;所以李陵、班婕妤,見疑於後代也。」三國時魏國學者馬昭云「《家語》王肅所增加,非鄭所見」,開《孔子家語》辨偽之先。晉代時,有學者開始懷疑《子夏易傳》的作者問題,荀勗認為可能是丁寬所作,張璠懷疑是馯臂子弓所作。傅玄發現《管子》一書中的後人附益問題,他認為:「《管子》之書,過半便是後之好事者所加,乃說管仲死後事,其《輕重》篇尤復鄙俗。」〔註17〕釋道安、釋僧祐對佛經展開辨偽,釋道安舉出偽撰的佛經共二十六部,見於《出三藏記集・新集安公疑經錄》;釋僧祐在其基礎上更進一步,撰有《疑經錄》。

　　唐代的文獻辨偽有進一步發展,辨偽範圍更大。陸德明懷疑《連山易》《歸藏易》《爾雅》《鄭注孝經》四部書。經學大師孔穎達疑《周禮》和《儀禮》非周公作:「自《正義》作而諸家之學始廢,獨疑《周禮》《儀禮》非周

〔註15〕（北齊）顏之推:《顏氏家訓・書證篇》,諸子集成本,上海:上海書店,1986年,頁37。

〔註16〕（宋）李昉等:《太平御覽》卷五八六,四部叢刊本。

〔註17〕（宋）劉恕:《資治通鑑外紀》卷一,四部叢刊本。

公書，不為義疏。」〔註18〕他對《歸藏易》《周易》《尚書·泰誓》《禮記·
月令》也有所辨偽。劉知幾頗具疑古精神，他認為《孝經》非鄭玄注，舉出
了十二條證據，稱「《孝經》非玄所注，其驗十有二條」〔註19〕，這主要是
根據鄭玄《自序》、門人著述、書目著錄、引文和他書記載等進行辨偽，劉
知幾對《孝經》的考辨運用了多種辨偽方法，頗見功力。劉知幾對《子夏易
傳》、《逸周書》、河上公《老子注》、劉向著述、《與蘇武書》等也有考辨，
稱《子夏易傳》「豈非後來，假憑先哲？亦猶石崇謬稱阮籍，鄭璞濫名周寶，
必欲行用，深以為疑」〔註20〕，《逸周書》「殆似後之好事者所增益也」〔註
21〕，河上公《老子注》「豈非注者欲神其事，故假造其說耶？其言鄙陋，其
理乖訛」〔註22〕，劉向「自造《洪範五行》及《新序》《說苑》《列女》《神
仙》諸傳，而皆廣陳虛事，多構偽辭，非其識不周而才不足，蓋世人多不可
欺故也」〔註23〕，《與蘇武書》「詞采壯麗，音句流靡，觀其文體，不類西漢
人，殆後來所為，假稱陵作也」〔註24〕。韓愈《議詩序》認為《毛詩序》非
子夏作：「子夏不序《詩》有三焉：知不及，一也；暴揚中冓之私，《春秋》
所不道，二也；諸侯猶世，不敢以云，三也。漢之學者欲顯其傳，因籍之子
夏。」〔註25〕韓愈還認為《孟子》「非軻自著，軻既沒，其徒萬章、公孫丑
相與記軻所言焉耳」〔註26〕。柳宗元開考辨群書之先河，尤其是在子書辨偽
方面卓有成就，辨及《列子》《文子》《論語》《鬼谷子》《晏子春秋》《亢倉
子》《鶡冠子》等子書，對後世有很大影響，高似孫《子略》在辨偽方面頗
受柳宗元的啟發。胡應麟高度評價柳宗元的辨偽功績：「若抉邪摘偽，辨別
妄真，子厚之鑒裁良不可誣。所論《國語》《列禦寇》《晏嬰》《鬼谷》，皆洞

〔註18〕（宋）鄭樵：《六經奧論》，文淵閣四庫全書本。

〔註19〕（宋）王溥：《唐會要》卷七十七，北京：中華書局，1955 年，頁 1406。

〔註20〕（宋）王溥：《唐會要》卷七十七，北京：中華書局，1955 年，頁 1408。

〔註21〕（唐）劉知幾撰，（清）浦起龍釋：《史通通釋》，上海：上海古籍出版社，1978
　　　年，頁 2。

〔註22〕（宋）王溥：《唐會要》卷七十七，北京：中華書局，1955 年，頁 1408。

〔註23〕（唐）劉知幾撰，（清）浦起龍釋：《史通通釋》，上海：上海古籍出版社，1978
　　　年，頁 516。

〔註24〕（唐）劉知幾撰，（清）浦起龍釋：《史通通釋》，上海：上海古籍出版社，1978
　　　年，頁 525。

〔註25〕（明）楊慎：《升菴集》卷四十二，文淵閣四庫全書本。

〔註26〕（唐）韓愈著，馬其昶校注，馬茂元整理：《韓昌黎文集校注》卷二，《答張
　　　籍書》，上海：上海古籍出版社，2014 年，頁 155。

見肝膈，厥有功斯文，亦不細矣。」〔註27〕鄭良樹認為柳宗元是「第一位將一系列古籍辨偽的文字從目錄學、經學及注疏學獨立出來的學者」〔註28〕。司馬朝軍教授認為：「柳宗元在辨偽方法方面頗具原創性，發明了比勘證偽法、學術源流證偽法、稱謂證偽法，但其辨偽往往是單維度的，甚至抓住片言隻語即下結論……平心而論，柳宗元以發明辨偽方法為主，其辨偽之作還比較單薄，證據還不夠充分。」〔註29〕

到了宋代，辨偽之風空前盛行，形成一種思潮。關於這種風氣，王十朋說：「後世諸儒因孟子之不盡信《詩》《書》而好為異論，往往於古之信書、信史皆不能無疑於其間。《詩大序》，世傳為子夏作久矣，而唐韓子不信之。《春秋傳》為丘明釋經久矣，而啖、趙之徒不信之。《易·繫辭》為夫子作無疑矣，而近代歐陽子不信之。至於疑五千言非老子作有如崔浩，疑《答蘇武書》非李陵所作有如劉知幾，有謂《周禮》非周公之書，《家語》非孔氏之書。文籍去古稍遠而見疑於後世者非一，五經且不見信而況其他耶……信其所可信，疑其所可疑，斯善觀書者也。」〔註30〕

宋初歐陽修繼承柳宗元，勇於疑經，開宋代疑經之風氣，他作《易童子問》質疑《十翼》非孔子所作：「何獨《繫辭》焉，《文言》《說卦》而下，皆非聖人之作，而眾說淆亂，亦非一人之言也。」〔註31〕辨《爾雅》「非聖人之書，考其文理，乃是秦、漢之間，學《詩》者纂集說《詩》博士解詁之言」〔註32〕。歐陽修對《詩序》《尚書·泰誓》《周禮》《河圖》《洛書》也有疑辨。蘇軾比勘《莊子》和《列子》，認為《莊子》一書中有後人竄入的成分，「昧者剿之以入其言」。程頤在辨偽方面也有不少獨到的見解，對《尚書》《詩序》《儀禮》《禮記》《左傳》《論語》《孟子》等經書都有考辨，還辨及諸子，認為《老子》書甚雜，為集錄眾家之言，《素問》《陰符經》成書於戰國之末。蘇轍認為《周禮》不可信，「言周公之所以治周者，莫詳於《周禮》，然以吾觀之，秦、漢諸儒以意損益之者眾矣，非周公之完書也」，並提出三條證據，「三者既不

〔註27〕（明）胡應麟：《少室山房筆叢》卷三十一，《四部正訛中》，北京：中華書局，1958 年，頁 402～403。

〔註28〕鄭良樹：《古籍辨偽學》，臺北：學生書局，1997 年，頁 5。

〔註29〕司馬朝軍：《文獻辨偽學研究》，武漢：武漢大學出版社，2008 年，頁 6～7。

〔註30〕（宋）王十朋：《梅溪集·前集》卷十三，《問策》，文淵閣四庫全書本。

〔註31〕（宋）歐陽修：《歐陽修全集·易童子問》，北京：中國書店，1986 年，頁 568。

〔註32〕（宋）歐陽修：《詩本義》卷十，文淵閣四庫全書本。

可信，則凡《周禮》之詭異遠於人情者皆不足信也」〔註33〕。胡宏認為《周禮》是劉歆附會而成，非周公所作：「《周禮》之書本出於孝武之時，為其雜亂，藏之秘府，不以列於學官。及成、哀之世，歆得校理秘書，始列序為經。眾儒共排其非，惟歆以為是……假託《周官》之名，剟入私說，希合賊莽之所為耳。」〔註34〕葉夢得《春秋考》卷三《統論》專辨《春秋左氏傳》非左丘明作，其考辨相當深入。《崇文總目》辨及《子夏易傳》《毛詩草木鳥獸蟲魚疏》《帝王歷紀譜》《春秋世譜》《春秋繁露》《晏子》《鶡冠子》和《搜神記》等典籍。

降及南宋，辨偽學更加繁榮，辨偽的範圍更廣，經史子集均有涉及。晁公武《郡齋讀書志》考辨的偽書近百種，遍及四部，其中對《易乾鑿度》《鉤隱圖》《江南錄》《新書》《尹文子》《鄧析子》《孔叢子》《脈訣》《天機子》《李臨淮武記》《稽神異苑》的辨偽，在辨偽學史上均屬首次。鄭樵認為「《易》有《彖》《象》，皆仲尼之後，往往戰國時人作」，「《詩》《書》可信，然不必字字可信」，專作《詩辨妄》斥《毛序》之失；又疑《爾雅》非周公作：「《爾雅》憑《詩》《書》以作，往往出自漢代箋注未行之前，其孰以為周公哉？」洪邁《容齋隨筆》多有辨偽之言，如辨《方言》非楊雄所作，「必漢魏之際好事者為之」，稱《逸周書》「與《尚書》體不相類，所載事物亦多過實」，疑《孔叢子》「略無楚、漢間風骨，豈非齊、梁以來好事者所作乎」，辨王通《文中子》「所載門人，多貞觀時知名卿相，而無一人能振師之道者，故議者往往致疑……其不合於史如此」，洪邁還對《尚書·泰誓》《尚書·金滕》《周禮》《雲仙散錄》《開元天寶遺事》《孔氏野史》《老杜事實》等有所辨偽。朱熹是南宋辨偽學的代表人物，他感歎「天下多少是偽書，開眼看得透，自無多書可讀」，強調「學者讀書，須是於無味處當致思焉，至於群疑並興，寢食俱廢，乃能驟進」，其辨偽之法「一則以其義理之所當否而知之，二則以其左驗之異同而質之」，以義理作為辨偽的第一標準，這種辨偽研究不免存在侷限。朱熹考辨古書達四十餘部，對《歸藏》《正易心法》《古文尚書》《周禮》《大戴禮》《春秋左氏傳》《春秋繁露》《孝經》《爾雅》《世本》《曾子》《孔叢子》《文中子》《潛虛》《管子》《握奇經》《脈訣》《子華子》《陰符經》《龍虎經》等古書均有考辨。葉適最早對《孔子兵法》提出懷疑，否定孫武其人，《習學記言》卷四十六「孫子」條云：「自周之盛至春

〔註33〕（宋）蘇轍：《欒城後集》卷七，文淵閣四庫全書本。
〔註34〕（宋）胡宏：《五峰集》卷四，文淵閣四庫全書本。

秋，凡將兵者必與聞國政，未有特將於外者。六國時，此制始改。吳雖蠻夷，而孫武為大將，乃不為命卿，而《左氏》無傳焉，可乎？故凡謂穰苴、孫武者，皆辯士妄相標指，非事實。其言闔閭試以婦人，尤為奇險，不足信。」〔註35〕葉適還辨及《連山易》《歸藏易》《周易》《書序》《中庸》《春秋左氏傳》《管子》《六韜》《孫子》《本草》等古書。南宋的學術筆記中多有辨偽之語，如吳曾《能改齋漫錄》辨《胡笳十八拍》《李靖兵法》，程大昌《考古編》辨《詩序》《水經》《西京雜記》，葉大慶《考古質疑》辨《列子》《文子》《文中子》，張邦基《墨莊漫錄》辨《龍城錄》《雲仙散錄》《碧雲騢》，王明清《揮塵前錄》辨《文中子》，章如愚《群書考索》辨《子夏易傳》《詩序》《儀禮》，等等。

第二節 高似孫辨偽之成就、特點與影響

高似孫疑辨的子書包括《陰符經》《風后握奇經》《鬻子》《金匱》《六韜》《孔叢子》《曾子》《莊子》《列子》《文子》《戰國策》《尹文子》《亢桑子》《鶡冠子》《鬼谷子》《中說》，此外還辨及《山海經》。高似孫不迷信前人成說，能夠獨立思考，不僅對子書進行辨偽，而且注重辨真，在一些子書的真偽問題上有獨到見解。

一、高似孫的辨偽成就

（一）辨《陰符經》

《陰符經》是道教的重要典籍，被稱為「道教四書」之一。《新唐書·藝文志》道家類著錄《集注陰符經》一卷。《戰國策·秦策一·蘇秦始將連橫章》載蘇秦「說秦王書十上而說不行」，窮困而歸，「得《太公陰符》之謀，伏而誦之」，《史記·蘇秦列傳》也稱蘇秦「得周書《陰符》，伏而讀之」，唐司馬貞《史記索隱》根據這些記載認為「《陰符》是太公兵法」。自宋以降，學者多疑其偽。黃庭堅跋《陰符經》曰：「《陰符》出於唐李筌，熟讀其文，知非黃帝書也。蓋欲其文奇古，反詭譎不經。蓋籹雜兵家語作此言，又妄託子房、孔明諸賢，訓注尤可笑。惜不經柳子厚一搏擊也。」〔註36〕陸游《讀老子》詩：「《陰

〔註35〕 （宋）葉適：《習學記言》，《全宋筆記》第9編第10冊，鄭州：大象出版社，2018年，頁277。

〔註36〕 （宋）黃庭堅著，屠友祥校注：《山谷題跋》，上海：上海遠東出版社，1999年，頁124。

符》偽書實荒唐，稚川金丹空有方。」朱熹提出該書為唐李筌偽造：「《陰符經》恐是唐李筌所為，是他著意去做，學那古文。何故只是他說起，便行於世？某向以語伯恭，伯恭亦以為然。一如《麻衣易》，只是戴氏自做自解，文字自可認。」〔註37〕

高似孫對《陰符經》極為重視，評價很高，列為《子略》之首。高氏《子略》評《陰符經》云：

> 軒轅氏鑿天之奧，泄神之謀，著書曰「陰符」，雖與八卦相表裏，而其辭其旨涉乎幾、入乎深。唯深也，故能通天下之志；唯幾也，故能通天下之蹟。唯神也，故不疾而速，不行而至。軒轅氏皆有得於此者。堯、舜、禹以來，皆精一危微，行所無事之時。陰符之學，無所著見，豈非行之於心，仁於天下者乎？湯、武有《誓》，《韜》《匵》有兵，八陣有圖，遂皆用此，以神其武，而況有《風后握奇》一書，又為之經緯乎？此黃帝心法，而後世以為兵法者，是以此書見之兵家者流，殆未曾讀《陰符》矣。嗚呼，若符之學一乎兵，則黃帝之所以神其兵者，豈必皆出於此哉！古之聰明睿知，神武而不殺，故通其變，使民不倦。神而化之，使民宜之。此為《陰符》之機矣。〔註38〕

高似孫認為《陰符經》並非偽書，而是一部價值很高的典籍。第一，高氏認為《陰符經》的作者就是黃帝，否定黃庭堅和朱熹「唐李筌偽造」的說法，這是根據撰者辨真。第二，《陰符經》云：「八卦甲子，神機鬼藏。陰陽相勝之術，昭昭乎進乎象矣。」高氏據此認為《陰符經》「與八卦相表裏」，與《周易》有密切關係。這是根據思想源流辨真。第三，高氏認為《陰符經》「其辭其旨涉乎幾、入乎深」，以致於能夠「通天下之志」「通天下之跡」，指出該書不僅是一部兵法書，而且是教化百姓、治國安邦的重要文獻，這是根據文辭和學術價值來辨真。

高似孫之後的學者多尊信朱子之「李筌偽造」說，如陳振孫曰：「《陰符玄機》一卷，即《陰符經》也。監察御史新安朱安國注。此書本出於李筌，云得

〔註37〕 （宋）朱熹：《朱子語類》卷一百二十五，武漢：崇文書局，2018 年，頁 2281～2282。

〔註38〕 （宋）高似孫撰，司馬朝軍校釋：《子略校釋》，濟南：山東人民出版社，2018年，頁 208。

於驪山老姥。舊志皆列於道家。安國以為兵書之祖。要之，非古書也。」〔註39〕黃震云：「經以符言，既異矣；符以陰言，愈異矣……言用兵而不能明其所以用兵，言修煉而不能明其所以修煉，言鬼神而不能明其所以鬼神，蓋異端之士掇拾異說，而本無所定見者，豈此其所以為《陰符》歟？然則人生安用此書為也？」〔註40〕對於高氏的見解，明楊慎大加貶斥：「《陰符經》之文，李筌偽作，或信以為黃帝者，無目者也。其文尚不能望《六韜》《三略》之藩籬，《素問》《汲冢》之萬一，而以軒轅之書視之，有目者如是乎？」〔註41〕

關於《陰符經》的真偽問題，歷來聚訟紛紜，現代學者傾向於認為它是唐前的著作，並非唐李筌偽造。〔註42〕

（二）辨《風后握奇經》

《風后握奇經》一名《風后握機》。《中興館閣書目》《遂初堂書目》最早著錄《風后握機》。宋薛季宣以為非偽，《浪語集》卷三十《敘握奇經》云：「得《握奇經》讀之，而八陣之勢判然矣……《握奇經》舊傳風后受之玄女，用佐黃帝殺蚩尤於涿鹿之野，荒唐之說無所考信。《漢志》兵陰陽家書有《風后》，劉歆、班固已言依託，觀公孫丞相注釋則非所謂書十三篇、圖二卷者。先秦典籍類皆口以傳授，反覆其義，未易以晚出浮偽訾也。」〔註43〕但自宋以降，學者多視此書為偽書。朱熹對該書的看法前後有矛盾之處，他說「《握奇經》等文字，恐非黃帝作，唐李筌為之」〔註44〕，又稱「《握機》文雖未必風后所作，然由來須遠」〔註45〕。《四庫全書總目》云：「疑唐以來好事者因諸葛亮八陣之法，推演為圖，託之風后。其後又因及此記，推衍以為此經，並取經中『握機制勝』之語以為之名。《宋史·藝文志》始著於錄，其晚出之顯證矣。」

〔註39〕（宋）陳振孫：《直齋書錄解題》卷十二，上海：上海古籍出版社，1987年，頁362。

〔註40〕（宋）黃震：《黃氏日抄》卷五十八，文淵閣四庫全書本。

〔註41〕（明）楊慎撰，王大淳箋證：《丹鉛總錄箋證》卷十七，杭州：浙江古籍出版社，2013年，頁715。

〔註42〕參見龔鵬程：《〈陰符經〉敘論》，載《道教新論》，臺北：學生書局，1991年，頁309；王明：《試論〈陰符經〉及其唯物主義思想》，載《道教與道教思想研究》，北京：中國社會科學出版社，1984年，頁146。

〔註43〕（宋）薛季宣撰，張良權點校：《薛季宣集》，上海：上海社會科學院出版社，2003年，頁415。

〔註44〕（宋）朱熹：《朱子語類》卷一百二十五，武漢：崇文書局，2018年，頁2282。

〔註45〕（宋）朱熹：《朱子語類》卷一百三十六，武漢：崇文書局，2018年，頁2461。

姚際恒《古今偽書考》定為「後世偽撰」。顧實《重考古今偽書考》疑「唐末宋初人所依託」。

高氏《子略》卷一「風后握奇經」條：

似孫曰：《風后握奇經》三百八十四字，其妙本乎奇正相生，變化不測，蓋潛乎伏羲氏之畫，所謂天、地、風、雲、龍、鳥、蛇、虎，則其為八卦之象明矣。蓋注「奇」讀如「奇耦」之「奇」，則尤可與《易》準。諸儒多稱諸葛武侯八陣、唐李衛公六花皆出乎此。唐裴緒之論，又以為六十四陣之變，其出也無窮。若此，則所謂八陣者，特八卦之統爾。焦氏《易》學，卦變至乎四千九十有六。奇正相錯，變化無窮，是可以名數該之乎？然觀太公《武韜》，且言牧野之師有天陣、有地陣，此固出於《握奇》。而又有人陣焉，此又出於天、地陣之外者，非八陣、六花所能盡也。獨孤及作《風后八陣圖記》，有曰：「黃帝順煞氣以作兵法，文昌以命將風后握機制勝，作為陣圖……唐天寶中，客有得其遺制於黃帝書之外篇，裂素而圖之。」按魚復之圖全本於握機。〔註46〕

高似孫不認為《風后握奇經》晚出，其主要論點為：（1）《握奇經》與《周易》有深厚的淵源關係，《握奇經》「天、地、風、雲、龍、鳥、蛇、虎」八陣為八卦之象，《握奇經》「奇正相生，變化不測」的特點與《周易》的卦變極其相似。（2）諸葛武侯八陣、唐李衛公六花陣都本自《握奇經》；（3）太公《武韜》載牧野之師有天陣、地陣，高氏認為它們出自《握奇經》；（4）唐獨孤及作《風后八陣圖記》有「風后握機制勝，作為陣圖」之語。總之，高氏根據內容特點、思想淵源、傳承關係辨《握奇經》為真。

（三）辨《鬻子》

《鬻子》一書，題為楚祖鬻熊撰。《漢書·藝文志·諸子略》道家類著錄《鬻子》二十二篇，注云：「名熊，為周師，自文王以下問焉，周封為楚祖。」《隋書·經籍志》道家類著錄《鬻子》一卷，題周文王師鬻熊撰。《舊唐書·經籍志》列入小說家類，《新唐書·藝文志》列入神仙家類，《崇文總目》列入道家類，《宋史·藝文志》列入雜家類。今本《鬻子》為唐人逢行珪注本，至宋代已有殘缺。

《文獻通考·經籍考》引葉夢得云：「世傳《鬻子》一卷，出祖無擇家。

〔註46〕（宋）高似孫撰，司馬朝軍校釋：《子略校釋》，濟南：山東人民出版社，2018年，頁227～228。

《漢·藝文志》本二十二篇，載之道家。鬻熊，文王所師，不知何以名道家，而小說家亦別出十九卷，亦莫知孰是，又何以名小說。今一卷，止十四篇，本唐永徽中逄行珪所獻。其文大略，古人著書不應爾。庾仲容《子抄》云六篇，馬總《意林》亦然。其所載辭略，與行珪先後差不倫，恐行珪書或有附益云。」《文獻通考·經籍考》引李燾曰：「《藝文志》二十六篇，今十四篇，《崇文總目》以為其八篇亡，特存此十四篇耳。某謂劉向父子及班固所著錄者或有他本，此蓋後世所依託也。熊既年九十始遇文王，胡乃尚說三監曲阜時，何邪？又文多殘闕，卷第與目篇皆錯亂，甚者幾不可曉，而注尤謬誤，然不敢以意刪定，姑存之以俟考。」

高氏《子略》卷一《鬻子》提要云：

> 《魏相奏記》載霍光曰：文王見鬻子，年九十餘，文王曰：「噫，老矣。」鬻子曰：「君若使臣捕虎逐麋，臣已老矣。若使坐策國事，臣年尚少。」文王善之，遂以為師。今觀其書，則曰「發政施仁謂之道，上下相親謂之和，不求而得謂之信，除天下之害謂之仁」。其所以啟文王者決矣，其與太公之遇文王有相合者。太公之言曰：「君有六守：仁、義、忠、信、勇、謀。」又曰：「鷙鳥將擊，卑飛翕翼。武狼將擊，弭耳俯伏。聖人將動，必有愚色。」尤決於啟文王者矣。非二公之言殊相經緯，然其書辭意大略淆雜。若《大誥》《洛誥》之所以為書者，是亦漢儒之所綴輯者乎？太公又曰：「天下，非一人之天下，天下之天下也。」奇矣。《藝文志》敘鬻子名熊，著書二十二篇。今一卷，六篇。唐貞元間柳伯存嘗言：「子書起於鬻熊。」此語亦佳，因錄之。永徽中，逄行珪為之序曰：「《漢志》所載六篇，此本凡十四篇。」予家所傳，乃篇十有二。〔註47〕

高似孫認為《鬻子》「辭意大略淆雜」，因而懷疑《鬻子》由漢儒綴輯而成，但又承認《鬻子》一書反映的是鬻子本人的思想。高氏首先引用「文王見鬻子」的相關記載，《子略》稱引自《魏相奏記》霍光之語，而翁元圻《困學紀聞》注和《四庫全書總目》都說《魏相奏記》中的那段話出自《漢書》。按，「文王見鬻子」的這段文字又見於逄注本《鬻子序》，馬總《意林》也抄有這段文字，《太平御覽》卷三百八十三也有引用。高似孫又認為，文王見鬻子的經歷，

〔註47〕（宋）高似孫撰，司馬朝軍校釋：《子略校釋》，濟南：山東人民出版社，2018年，頁237。

與太公遇文王很相似，他將《鬻子》與《六韜》相比較，認為鬻子、姜太公對周文王的進言「殊相經緯」，兩人在思想上有相通之處。有人把這段話理解為，高氏認為世傳鬻熊年九十遇文王是從姜尚年八十遇文王附會而來，因而疑今本《鬻子》為漢儒綴輯〔註48〕，可備一說。

黃震《黃氏日抄》卷五十五認為「其書首之以文王問，此必戰國處士假託之辭」〔註49〕。宋濂受高氏《子略》影響，提出《鬻子》「經漢儒補綴之手」，但認為該書不偽：「其文質，其義弘，實為古書無疑；第年代久邈，篇章舛錯，而經漢儒補綴之手，要不得為完書。黃氏疑為戰國處士所託，則非也……其書頗及三監、曲阜時事，蓋非熊自著，或者其徒名『政』者之所記歟？」〔註50〕楊慎、王世貞、崔述等學者對該書均有辨偽。清田雯《古歡堂集》卷三十四《讀鬻子跋》稱「其文俚，其詞淺，必後世偽作之書，無足稱述也」，賈誼《新書》和《文選》所引《鬻子》之文不見於今本，「知為偽書無疑矣」。《四庫全書總目》認為今本《鬻子》為唐以來好事之徒偽造。鍾肇鵬《鬻子校理》認為：「高似孫以為《鬻子》為漢儒之所綴輯，無乃稍晚，因賈誼《新書·修政語下》已明引《鬻子》。」〔註51〕

（四）辨《金匱》《六韜》

《漢書·藝文志》儒家類著錄有《周史六弢》，顏師古注云「即今之《六韜》也」。《隋書·經籍志》兵家類最早著錄《太公六韜》五卷，注云：「梁六卷，周文王師姜望撰」，又著錄有《太公金匱》二卷。《舊唐書·經籍志》著錄《太公金匱》二卷、《太公六韜》六卷。唐孔穎達最早考辨《六韜》之真偽，稱「好事者妄矜太公，非實事也」〔註52〕。柳伯存在《意林序》中稱「《六韜》盛於春秋」，未視其為偽書。宋儒多疑《六韜》非太公作。北宋武學博士何去非奉旨校正《武經七書》，稱「《六韜》非太公所作」〔註53〕。劉恕《資治通

〔註48〕鄧瑞全、王冠英主編：《中國偽書綜考》，「鬻子」條，合肥：黃山書社，1998年，頁405。

〔註49〕（宋）黃震：《黃氏日抄》卷五十五，文淵閣四庫全書本。

〔註50〕（明）宋濂：《諸子辨》，《古籍考辨叢刊》第1集，北京：社會科學文獻出版社，2010年，頁622。

〔註51〕鍾肇鵬：《鬻子校理》，北京：中華書局，2010年，頁97。

〔註52〕（漢）孔安國傳，（唐）孔穎達等正義：《尚書正義》卷二，《周書·泰誓中》，上海：上海古籍出版社，1990年，頁152。

〔註53〕（宋）何薳：《春渚紀聞》卷五，文淵閣四庫全書本。

鑒外紀》云：「今《六韜》周文王、武王問太公兵戰之事，其言鄙俚煩雜，不類太公之語，蓋後人依託為之。」〔註54〕《文獻通考・經籍考》引《周氏涉筆》曰：「《六韜》不知出何時，其屑屑共議，以家取國，以國取天下，殆似丹徒布衣、太原宮監所經營者……此書並緣吳起，漁獵其詞，而綴緝以近代軍政之浮談，淺駁無可施用，蓋吳起、武侯真答問也。」葉適稱：「自《龍韜》以後四十三篇，條畫變故，預設方御，皆為兵者所當講習。孫子之論至深不可測，而此四十三篇繁悉備舉，以為《孫子》義疏也。其言避正殿，乃戰國後事，固當後於孫子……至莊周亦稱九徵，則真以為太公所言矣。然周嫚侮為方術者，而不悟《六韜》之非偽，何也？蓋當時學術無統，諸子或妄相詆訾，或偶相崇尚，出於率爾，豈足據哉？」〔註55〕

而高似孫《子略》提出《金匱》和《六韜》不偽，他分析相關典籍對《金匱》和《六韜》的引用情況，認為《六韜》中「武王乃駕驚冥之車，周旦為之御，至於孟津，大黃參連弩，大才扶骨車、飛鳧、電影、方頭鐵錘、行馬、渡溝飛橋、鷹爪方凶鐵把、天陣、地陣、人陣、積楹臨衝，雲梯飛樓，武衡大櫓，雲火萬炬，吹鳴箛」（源自《太平御覽》卷三百三十六）的這段文字與《詩經・大雅・大明》的記載相吻合。《金匱》和《六韜》中有周武王與姜太公關於伐殷、安民等國家大事的對話：「武王曰：『殷可伐乎？』太公曰：『天與不取，反受其咎。』武王又曰：『諸侯已至，士民何如？』太公曰：『大道無親，何急於元士。』武王又曰：『民吏未安，賢者未親，何如？』太公曰：『無故無新，如天如地。』」高似孫引用的這段文字源自《意林》和《太平御覽》，高似孫認為這些記載與《尚書》相合。通過文本比較，高氏發現《六韜》與《詩經》《尚書》有相互印證的地方，從而對該書辨真，這種看法與以往學者有很大的不同。不過，高氏的主張並沒有受到重視，宋代以來多數學者視《六韜》為偽書，如陳振孫稱「其辭鄙俚，世俗依託也」〔註56〕。王應麟引唐氏云：「春秋以前中國未有騎戰，計必起於戰國之時。今《六韜》言騎戰最詳，決非太公所作，當出於孫、吳之後，謀臣策士之所託也。」〔註57〕黃震指出《六

〔註54〕（宋）劉恕：《資治通鑒外紀》卷一，四部叢刊本。
〔註55〕（宋）葉適：《習學記言》卷四十六，《六韜》，文淵閣四庫全書本。
〔註56〕（宋）陳振孫：《直齋書錄解題》卷十二，上海：上海古籍出版社，1987 年，頁 359。
〔註57〕（宋）王應麟：《漢藝文志考證》卷五，「周史六弢」條，《王應麟著作集成》，北京：中華書局，2011 年，頁 202。

韜》中「騎兵」「王霸」「贅婿」等說法都出自後世，太公之時不可能存在，又認為「其為書類多掇拾」，其中部分內容抄自《吳子兵法》《尉繚子》《孫子兵法》等書。〔註58〕《四庫全書總目》認為《六韜》「大抵詞意淺近，不類古書」，「依託之跡，灼然可驗」。《六韜》一書，長期以來被斥為淺薄鄙俚的偽書，而余嘉錫先生精闢地指出：「古人著書，不皆精粹，淺陋之說，固所時有。九流百家，所出既異，故操術不同。宋以後人讀書，好以理學家言是非古人，尤非通方之論。《六韜》之為古書，流傳有緒，而說者乃以書名不見《漢志》為疑，此不知古書編次著錄之例也。」〔註59〕1972 年，山東臨沂銀雀山漢墓出土了《六韜》等殘簡，偽書之說不攻自破。

（五）辨《孔叢子》

此書《漢書·藝文志》不載，《隋書·經籍志》經部論語類著錄《孔叢》七卷，題陳勝博士孔鮒撰。《舊唐書·經籍志》著錄《孔叢子》七卷，《舊唐書·經籍志》著錄《孔叢》七卷，均入經部論語類。《崇文總目》改入子部雜家類。

北宋宋咸最早為此書作注，他在《注孔叢子序》中稱該書「語或淺固，弗極於道，疑後人增益」，但沒有說它是偽書。自南宋以來，學者對其多有懷疑，洪邁認為：「《孔叢子》一書，《漢書·藝文志》不載，蓋劉向父子所未見……唐以前不為人所稱。至嘉祐四年，宋咸始為注釋以進，遂傳於世。今讀其文，略無楚漢間氣骨，豈非齊梁以來好事者所作乎？」〔註60〕朱熹辨《孔叢子》的話很多，他說：「《孔叢子》說話多類東漢人，其文氣軟弱。」又說：「《家語》雖記得不純，卻是當時書。《孔叢子》是後來白撰出。《家語》只是王肅編古錄雜記，其書雖多疵，然非肅所作。《孔叢子》乃其所注之人偽作，讀其首幾章，皆法《左傳》句，已疑之。及讀其《後序》，乃謂渠好《左傳》，便可見。《孔叢子》鄙陋之甚，理既無足取，而詞亦不足觀。有一處載其君曰必然云云，是何言語。」〔註61〕又說：「《孔叢子》亦偽書，而多用左氏語者。但《孝經》相傳已久，蓋出於漢初《左氏》未盛行之時，不知何世何人為之也。《孔

〔註58〕（宋）黃震：《黃氏日抄》卷五十八，文淵閣四庫全書本。

〔註59〕余嘉錫：《目錄學發微·古書通例》，上海：上海古籍出版社，2014 年，頁 177〜178。

〔註60〕（宋）洪邁：《容齋隨筆·容齋三筆》，《唐宋史料筆記叢刊》，北京：中華書局，2005 年，頁 547。

〔註61〕（宋）朱熹：《朱子語類》卷一百二十二，武漢：崇文書局，2018 年，頁 2742。

叢子》敘事至東漢，然其詞氣甚卑近，亦非東漢人作。所載孔臧兄弟往還書疏，正類《西京雜記》中偽造漢人文章，皆甚可笑；所言不肯為三公等事，以前書考之，亦無其實，而《通鑑》皆誤信之。其他此類不一，欲作一書論之而未暇也。」〔註62〕

高似孫也懷疑《孔叢子》，並提出了新的證據，《子略》卷一《孔叢子》提要云：

> 《漢藝文志》無《孔叢子》，而《孔甲盤盂》二十六篇出於雜家，而又益以《連叢》。其《獨治篇》稱孔鮒一名甲，世因曰「孔叢子」。《盤盂》者，其事雜也。《漢書注》又以孔甲為黃帝之史，或夏帝時人，篇第又不同，若非今《孔叢子》也。《記問篇》載子思與孔子問答，如此，則孔子時子思其已長矣，然《孔子家語》後敘及《孔子世家》皆言子思年止六十二，《孟子》以子思在魯穆公時，固常師之，是為的然矣。按孔子沒於哀公十六年，後十六年哀公卒，又悼公立三十七年，元公立二十一年。穆公既立，距孔子之沒七十年矣。當是時，子思猶未生，則問答之事安得有之耶？此又出於後人綴集之言，何其無所據若此！〔註63〕

高似孫認為《孔叢子》出於後人綴集，理由是《孔叢子·記問篇》載有子思與孔子的對話，而據《孔子家語》後敘、《史記·孔子世家》、《孟子》等文獻記載推算，孔子在世時子思尚未出生，因此判定兩人對話屬於杜撰，絕不可能發生。

明方以智對高氏之說提出不同看法，《通雅》卷三云：「《文選注》引《七略》云：『盤盂書，黃帝史孔甲為之。』而人遂以附會《孔叢子》。《直齋》言：其《記問篇》，子思與孔子問答，孟子言魯繆公與子思同時，則孔子沒且七十年矣……宋景濂因咸注而以為咸偽作，又疑之太過矣。伯魚卒在孔子前，則子思無不見孔子者，《史記表》不足信也。」〔註64〕方以智所引陳振孫之說，實際上出自高似孫《子略》，乃誤題。方以智不同意《子略》的說法，認為子

〔註62〕（宋）朱熹：《晦庵先生朱文公集》，見《四部備要》第57冊，北京：中華書局，1989年，頁932。

〔註63〕（宋）高似孫撰，司馬朝軍校釋：《子略校釋》，濟南：山東人民出版社，2018年，頁247～248。

〔註64〕（明）方以智：《通雅》，《方以智全書》第1冊，上海：上海古籍出版社，1988年，頁164。

思見孔子之事並非不可能發生,《史記表》有誤。

　　清王謨在漢魏叢書本《孔叢子》跋中批評高氏《子略》辯證之誤,稱《子略》「竟不顧上文已言伯魚年五十,先孔子卒,真謬說也」。

　　清汪琬也對高氏的辨偽觀點提出質疑,他在《堯峰文鈔》卷三十九《跋高似孫子略》中指出,據《漢書・孔光傳》所載孔氏譜牒和《孔子家語》的記載,子思當見過孔子,《孔叢子》並非偽書,「《孔叢子》與譜牒皆出孔氏子孫之手,其說必有證左,非他書臆度者比也」。

　　今按,根據學術界公認的看法,孔子生卒年分別為公元前 551 年、前 479 年,子思生卒年分別為前 483、前 402 年,孔子去世時,子思 4 歲,他們進行對話是有可能的。

（六）辨《曾子》

　　《漢書・藝文志》儒家類著錄《曾子》十八篇,注云「名參,孔子弟子」。《隋書・經籍志》儒家類著錄《曾子》二卷,《目》一卷。《舊唐書・經籍志》《新唐書・藝文志》著錄《曾子》二卷,亡《目》一卷。其書約在南北朝時已殘缺,宋代時僅存十篇,與《大戴禮記》中的《曾子》十篇基本無異。《郡齋讀書志》稱:「今世傳《曾子》二卷,十篇本也……視隋亡《目》一篇,考其書已見於《大戴禮》。」宋代以降,學者開始懷疑《曾子》十篇晚出。朱熹《書劉子澄所編曾子後》云:「世傳《曾子》書者,乃獨取《大戴禮》之十篇以充之,其言語氣象,視《論》《孟》《檀弓》等篇所載相去遠甚……然熹嘗考之,竊以謂曾子之為人敦厚質實,而其學專以躬行為主,故其真積力久而得以聞乎一以貫之之妙。然其所以自守而終身者,則固未嘗離乎孝敬信讓之規,而其制行立身又專以輕富貴、守貧賤、不求人知為大,是以從之遊者所聞雖或甚淺,亦不失為謹厚修潔之人,所記雖或甚疏,亦必有以切於日用躬行之實。蓋雖或附而益之,要亦必為如是之言,然後得以自託於其間也。」〔註65〕朱熹認為《曾子》十篇非曾子作,懷疑是「從之遊者」所偽託。《文獻通考・經籍考》引《周氏涉筆》曰:「《曾子》一書議道褊迫又過於荀卿,蓋戰國時為其學者所論也。孔子言七十而從心所欲,不踰矩,正指聖境妙處,此書遽謂七十而未壞,雖有後過亦可以免。七十而壞與否,已不置論,

---

〔註65〕（宋）朱熹:《晦庵集》卷八十一,《書劉子澄所編曾子後》,文淵閣四庫全書本。

而何以為過？何以為免？聖門家法無此語也。」

高似孫對《曾子》一書的真偽提出了自己的看法，高氏《子略》卷一《曾子》提要云：

> 《曾子》者，曾參與其弟子公明儀、樂正子春、單居離、曾元、曾華之徒講論孝行之道、天地事物之原，凡十篇。自《修身》至於《天圓》，已見於《大戴禮》，篇為四十九、為五十八。它又雜見於《小戴禮》，略無少異，是固後人掇拾以為之者歟？劉中壘父子秦漢《七略》已不能致辨於斯，況他人乎？然董仲舒對策已引其言，有曰：「尊其所聞則高明，行其所知則光大。」則書固在董氏之先乎？又其言曰：「君子愛日，及時而成，難者不避，易者不從。且就業，夕自省，可謂守業。年三十、四十無藝，則無藝矣。五十不以善聞，則無聞矣。」質者「吾日三省吾身」，何其辭費耶？〔註66〕

高似孫指出，《曾子》十篇從《修身篇》到《天圓篇》都見於《大戴禮記》第四十九篇至第五十八篇，有的內容又雜見於《小戴禮記》，據此他說《曾子》是「後人掇拾以為之」，懷疑《曾子》有後人附益的內容。高氏認為，與《論語》相比，《曾子》文辭費解，又稱劉向父子作《七略》時已無法考辨該書。關於《曾子》的成書時間，高似孫據董仲舒《對策》引用《曾子》「尊其所聞則高明，行其所知則光大」句，主張《曾子》成書早於漢代的董仲舒。關於《曾子》的作者，高似孫則謂「《曾子》者，曾參與其弟子公明儀、樂正子春、單居離、曾元、曾華之徒，講論孝行之道，天地事物之原」，可見高氏承認《曾子》十篇代表曾子本人的思想，由其門人弟子纂述而成。

宋王應麟《漢藝文志考證》云：「參與弟子公明儀、樂正子春、單居離、曾元、曾華之徒論述立身孝行之要、天地萬物之理。今十篇，自《修身》至《天圓》，皆見於《大戴禮》，蓋後人摭出為二卷。」〔註67〕王氏的論述基本上沿襲了高似孫的看法。

黃震比高似孫的看法更為激烈，認為《曾子》乃無名氏偽撰，言辭淺薄，《黃氏日抄》云：「《曾子》之書，不知誰所依仿而為之。言雖雜而衍，然其不

〔註66〕 （宋）高似孫撰，司馬朝軍校釋：《子略校釋》，濟南：山東人民出版社，2018年，頁251～252。

〔註67〕 （宋）王應麟：《漢藝文志考證》卷五，「曾子」條，《王應麟著作集成》，北京：中華書局，2011年，頁198。

合於理者蓋寡。若云『與父言，言畜子；與子言，言孝父；與兄言，言順弟；與弟言，言承兄』，皆世俗委曲之語。而『良賈深藏如虛』，又近於老子之學，殊不類曾子弘毅氣象。」〔註68〕

明代學者宋濂認為《曾子》「明白皎潔」「敷腴諄篤」，「《大孝篇》有及樂正子春事，固出後人所輯而非曾子所自著」，他反對高似孫「辭費」之說：「『七十而從心』，進學之序；『七十免過』，勉人之辭：其立言迥然不同也。周氏不察而譏之，過矣！『君子愛日』，誨學者也；『一日三省』，自治功也：語有詳略，事有不同也。高氏以辭費誚之，亦何可哉！」〔註69〕

關於《曾子》十篇的真偽問題，歷來爭論不休。不過隨著新材料的不斷出現，出土文獻為考辨《曾子》真偽提供了有力的新證據，上博簡《內禮》與《曾子・立孝》《曾子・事父母》存在密切關聯，《曾子》十篇不偽成為學術界的共識。〔註70〕

（七）辨《莊子》

《漢書・藝文志》著錄《莊子》五十二篇。司馬遷在《史記・老莊申韓列傳》中說：「《畏累虛》《亢桑子》之屬，皆空語無事實。」不過司馬遷還是認為《莊子》是莊子所作。魏晉時期，出現不少《莊子》的注家，他們已經懷疑《莊子》有後人附益。唐陸德明也注意到這種現象，他在《經典釋文・序錄》中說：「然莊生弘才命世，辭趣華深，正言若反，故莫能暢其弘致；後人增足，漸失其真。故郭子玄云：『一曲之才，妄竄奇說，若《閼弈》《意修》之首，《危言》《游鳧》《子胥》之篇，凡諸巧雜，十分有三。』」

蘇軾在《莊子祠堂記》中最早懷疑《盜跖》《漁父》《讓王》《說劍》非莊子自著：「余以為莊子蓋助孔子者，要不可以為法耳……故莊子之言皆實予而文不予，陽擠而陰助之。其正言蓋無幾，至於詆訾孔子，未嘗不微見其意。其論天下道術，自墨翟、禽滑釐、彭蒙、慎到、田駢、關尹、老聃之徒，以至於其身，皆以為一家，而孔子不與，其尊之也至矣。然余嘗疑《盜跖》《漁父》，則若真詆孔子者。至於《讓王》《說劍》皆淺陋，不入於道……莊

〔註68〕（宋）黃震：《黃氏日抄》卷五十五，文淵閣四庫全書本。
〔註69〕（明）宋濂：《諸子辨》，《古籍考辨叢刊》第1集，北京：社會科學文獻出版社，2010年，頁629。
〔註70〕參見劉光勝：《出土文獻與〈曾子〉十篇比較研究》，上海：上海古籍出版社，2016年。

子之言未終，而昧者剿之以入其言，余不可以不辨，凡分章名篇皆出於世俗，非莊子本意。」〔註71〕

　　洪邁對蘇軾之論有進一步的發揮，《容齋續筆》卷十二「東坡論莊子」條云：「東坡之識見至矣，盡矣……予按《列子》書第二篇內首載禦寇饋漿事數百言，即綴以楊朱爭席一節，正與東坡之旨異世同符，而坡公記不及此，豈非作文時偶忘之乎？」〔註72〕

　　高似孫也認為《莊子》中的不少篇目值得懷疑：「若其言託孔子以自致其過者二十有九章，又言堯、禹、文王、太公之事，皆非《詩》《書》所見，而竊快其無稽之論，狎聖侮道，茲為已甚矣。」〔註73〕高氏認為《莊子》中託名孔子的篇章有二十九章，具體是哪些篇章，高氏沒有交待，結合《莊子》的篇章情況分析，高氏很可能認為《莊子》外篇、雜篇都存在這種情況。高氏以為《莊子》所載堯、禹、文王、太公之事不見於《詩》《書》，稱這些內容為「無稽之論」。根據高氏的這段話，可以看出高氏對《莊子》篇章的懷疑比蘇軾還要激進。

（八）辨《列子》

　　《列子》舊本題周列禦寇撰，《漢書·藝文志》著錄《列子》八篇，早佚。唐柳宗元最早對《列子》進行考辨，他對劉向《列子書錄》稱列子為鄭穆公時人的說法提出質疑，認為鄭穆公當為魯穆公之誤，懷疑《列子》經後人增竄，「其《楊朱》《力命》，疑其楊子書；其言魏牟、孔穿，皆出列子後，不可信」。〔註74〕不過柳宗元仍然認為《列子》不可廢，未將其定為偽書。宋代疑《列子》者漸多。葉適、朱熹均注意到《列子》與佛書的關係，《文獻通考·經籍考》引葉適云：「《列子》《天瑞》《黃帝》兩篇皆其至理之極，盡言之而不隱，故與佛書直相表裏。」朱熹《朱子語類》稱佛書「大抵多是剽竊老子、列子意思，變換推衍以文其說」，「《列子》語佛氏多用之」。

　　在柳宗元的考辨基礎上，高似孫最早從內容方面對《列子》進行辨偽，

〔註71〕（宋）蘇軾著，鄧立勳編校：《蘇東坡全集》，合肥：黃山書社，1997年，頁41～42。

〔註72〕（宋）洪邁：《容齋隨筆·容齋續筆》，《唐宋史料筆記叢刊》，北京：中華書局，2005年，頁367。

〔註73〕（宋）高似孫撰，司馬朝軍校釋：《子略校釋》，濟南：山東人民出版社，2018年，頁281。

〔註74〕（唐）柳宗元：《柳河東集》，上海：上海人民出版社，1974年，頁67。

首次提出列子為虛構人物，高氏《子略》卷一《曾子》提要云：

> 劉向論《列子》書穆王、湯問之事，迂誕恢詭，非君子之言。
> 又觀穆王與化人遊，若清都、紫微、鈞天、廣樂，帝之所居，夏革
> 所言，四海之外，天地之表，無極無盡。傳記所書，固有是事也。
> 人見其荒唐幻異，固以為誕。然觀太史公《史》，殊不傳列子，如《莊
> 周》所載許由、務光之事。漢去古未遠也，許由、務光往往可稽，
> 遷猶疑之。所謂禦寇之說，獨見於寓言耳，遷於此詎得不致疑耶？
> 周之末篇，敘墨翟、禽滑釐、慎到、田駢、關尹之徒，以及於周，
> 而禦寇獨不在其列，豈禦寇者其亦所謂鴻蒙列缺者歟？然則是書與
> 《莊子》合者十七章，其間尤有淺近迂僻者，特出於後人會粹而成
> 之耳。至於「西方之人有聖者焉，不言而自信，不化而自行」，此固
> 有及於佛，而世尤疑之。〔註75〕

高似孫辨《列子》為偽，其證據有三：（1）《史記》不載列子其人，《莊子·天
下篇》也無列禦寇之名，故疑列禦寇乃「鴻蒙列缺」，只是寓言中虛構的人物。
（2）高似孫認為《列子》與《莊子》相合的有十七章，其中多有「淺近迂僻」
之語，必後人據《莊子》及他書會粹而成。這一看法與柳宗元有別，柳氏稱
《列子》有後人附益，但未視《列子》為偽書，且認為《莊子》引用《列子》：
「要之，莊周為放依其辭，其稱夏棘、狙公、紀渻子、季咸等，皆出《列子》，
不可盡紀。」（3）高似孫據《列子》「西方之人有聖者焉，不言而自信，不化
而自行」之語，指出《列子》中混入了佛教的思想，因而認為《列子》晚出。
這一看法不同於朱熹，朱熹認為佛書抄列子，高氏卻認為《列子》抄佛書。

　　高似孫的這些看法對後世學者考辨《列子》產生了很大影響。黃震《黃
氏日抄》進一步指出「疑於佛氏者凡二章」：一是「周穆王時西域有化人來」，
「化人」很可能指的是佛；一是「聖者歸之西方之人」，「西方之人」也指的是
佛。黃震由此推論《列子》摻入了晉人的思想。〔註76〕

　　明宋濂明確反對高似孫的「列子虛構」說，同時繼承高氏之說，也認為
《列子》經後人薈萃而成，並對《列子》抄襲佛經的問題有進一步的發揮，而
關於《莊子》與《列子》的關係，宋濂認為《莊子》抄《列子》，「禦寇先莊周，

〔註75〕（宋）高似孫撰，司馬朝軍校釋：《子略校釋》，濟南：山東人民出版社，2018
　　　　年，頁283。
〔註76〕（宋）黃震：《黃氏日抄》卷五十五，文淵閣四庫全書本。

周著書多取其說，若書事簡勁宏妙則似勝於周」。

《四庫全書總目》對高似孫的「列子虛構」說也有辨駁：

> 其後高似孫《緯略》遂疑列子為鴻蒙雲將之流，並無其人。今考第五卷
> 《湯問》篇中，並有鄒衍吹律事，不止魏牟、孔穿。其不出禦寇之手，更無疑
> 義。然考《爾雅疏》引《尸子‧廣澤篇》曰：「墨子貴兼，孟子貴公，皇子貴
> 衷，田子貴均，列子貴虛，料子貴別囿，其學之相非也數世矣。而已皆弇於私
> 也。天、帝、皇、后、辟、公、宏、廓、宏、溥、介、純、夏、幠、冢、晊、
> 昄，皆大也，十有餘名，而實一也。若使兼、公、虛、均、衷、平、易、別囿
> 一實也，則無相非也（云云）。」是當時實有列子，非莊周之寓名。

孫德謙《諸子通考》同樣反對高似孫的「列子虛構」說：「《列子》貴虛，
彼未識其指歸，疑為「鴻蒙列缺」之類。」〔註77〕

（九）辨《文子》

柳宗元《辨文子》認為《文子》內容駁雜，抄襲《孟子》等他書，文詞自
相矛盾，懷疑《文子》經後人增益或編造。高似孫對《文子》的看法沿襲柳宗
元，並無新意。

（十）辨《戰國策》

《漢書‧藝文志‧六藝略》春秋家著錄《戰國策》三十三篇，注云「記春
秋後」，未題作者。《隋書‧經籍志》雜史類著錄《戰國策》三十二卷，題「劉
向錄」。《舊唐書‧經籍志》和《新唐書‧藝文志》雜史類著錄《戰國策》，題
「劉向撰」「劉向《戰國策》」。晁公武《郡齋讀書志》認為《戰國策》紀事不
盡實錄，難以盡信，而改置《戰國策》於子部縱橫家類。〔註78〕

高氏《子略》卷三《戰國策》提要云：

> 班固稱太史公取《戰國策》、《楚漢春秋》、陸賈《新語》作《史
> 記》，三書者，一經太史公采擇，後之人遂以為天下奇書。予惑焉，
> 每讀此書，見其叢脞少倫，同異錯出，事或著於《秦》《齊》，又復
> 見於《楚》《趙》，言辭謀議如出一人之口。雖劉向校定，卒不可正
> 其淆駁，會其統歸。故是書之泪，有不可得而辨者。況於《楚漢春

〔註77〕孫德謙：《諸子通考》，長沙：嶽麓書社，2013 年，頁 78〜79。
〔註78〕（宋）晁公武撰，孫猛校證：《郡齋讀書志校證》，上海：上海古籍出版社，
　　　　1990 年，頁 506。

秋》、陸賈《新語》乎？二書紀載殊無奇耳。然則太史公獨何有取於
此？夫載戰國、楚、漢之事，舍三書，他無可考者，太史公所以加
之采擇者在此乎？〔註79〕

《戰國策》與《史記》的部分篇章非常相似，班固稱《史記》採《戰國策》。
高似孫從《戰國策》與《史記》的關係問題入手，對《戰國策》提出質疑，認
為該書「從脞少倫，同異錯出」，在內容上多有混亂、矛盾之處，例如《秦策》
《齊策》中的某些言辭，跟《楚策》《趙策》的內容有相似之處，因而對這些
言辭的作者產生懷疑。高氏認為《戰國策》不可盡信，故而對司馬遷《史記》
採擇《戰國策》頗有微詞。今按，今本《戰國策》中存有後人附益的文字，但
並非偽書，基本上是一部縱橫家文章的彙集。

（十一）辨《尹文子》

《漢書・藝文志》著錄《尹文子》一篇，注云「說齊宣王，先公孫龍」。
今本《尹文子》由仲長統編定為上下篇。宋代學者開始懷疑此書，晁公武《郡
齋讀書志》因《漢志》《史記》記載尹文子早於公孫龍，認為仲長統序中「尹
文子學於公孫龍」之說不合事實，又稱《尹文子》「雖專言刑名，然亦宗六藝，
數稱仲尼，其叛道者蓋鮮，豈若龍之不宗賢聖、好怪妄言哉」。〔註80〕洪邁認
為今本《尹文子》「言論膚淺，多及釋氏，蓋晉、宋時衲人所作」〔註81〕。關
於尹文子是否學於公孫龍，高似孫的看法與晁公武相同。對於晁氏所謂尹文
子「宗六藝，數稱仲尼」，高氏則提出反對意見。關於《尹文子》的思想內容，
高氏認為「其學淆雜」，「大略則學老氏而雜申、韓也」。宋濂《諸子辨》認為
仲長統《序》蓋後人依託，進而認為《尹文子》為後人依託。〔註82〕《四庫
全書總目》也認為《尹文子》與孔子無關，但對高似孫「其學淆雜」的看法並
不贊同：「晁公武《讀書志》以為誦法仲尼，其言誠過，宜為高似孫《緯略》
所譏。然似孫以儒理繩之，謂其淆雜，亦為未允。百氏爭鳴，九流並列，各尊

〔註79〕（宋）高似孫撰，司馬朝軍校釋：《子略校釋》，濟南：山東人民出版社，2018
　　　　年，頁290。
〔註80〕（宋）晁公武撰，孫猛校證：《郡齋讀書志校證》，上海：上海古籍出版社，
　　　　1990年，頁495。
〔註81〕（宋）洪邁：《容齋隨筆・容齋續筆》，《唐宋史料筆記叢刊》，北京：中華書
　　　　局，2005年，頁386。
〔註82〕（明）宋濂：《諸子辨》，《古籍考辨叢刊》第1集，北京：社會科學文獻出版
　　　　社，2010年，頁634。

所聞，各行所知，自老、莊以下，均自為一家之言，讀其文者，取其博辨閎肆足矣，安能限以一格哉？」〔註83〕

（十二）辨《亢桑子》

此書《漢志》《隋志》不載。唐天寶中，上賜名《洞靈真經》，下詔求之而不得，後襄陽處士王襃獻此書。柳宗元已辨其偽，認為《史記》已稱其書空言無事實，《亢桑子》首篇抄自《莊子》，而益以庸言。〔註84〕唐劉肅稱：「道家有《庚桑子》者，代無其書。開元末，襄陽處士王源撰《亢桑子》兩卷以補之。」〔註85〕晁公武《郡齋讀書志》認為該書是王襃取諸子文義類似者補亡之作。〔註86〕

高氏《子略》卷三《亢桑子》提要云：

> 孔子曰：「上有好者，下有甚焉。」《亢桑子》之謂歟？開元天寶間，天子方鄉道家者流之說，尊老氏、表莊列，皇皇乎清虛沖澹之風矣。又以亢桑子號「洞靈真經」，上既不知其人之仙否，又不識其書之可經，一旦表而出之，固未始有此書也。襄陽處士王襃來獻其書，書襃所作也。按《漢略》《隋志》皆無其書，襃之作也，亦思所以趨世好、迎上意耶？今讀此編，往往采諸《列子》《文子》，又采諸《呂氏春秋》《新序》《說苑》，又時采諸《戴氏禮》，源流不一，往往論殊而辭異，可謂雜而不純、濫而不實者矣。太史公作《莊周列傳》，固嘗言其語空而無實，而柳宗元又以為空言之尤，皆足知其人、決其書。然柳氏所見必是王襃所作者。〔註87〕

高似孫將《亢桑子》徹底證偽，其主要證據有：（1）從書籍的流傳來看，該書不見於《漢志》《隋志》，到唐代才突然出現，實為可疑，「固未始有此書也」；（2）從思想內容和言辭來看，該書「論殊而辭異，可謂雜而不純、濫而不實者」；（3）從作偽動機來看，該書是為了迎合唐開元天寶間天子對老、莊的尊

〔註83〕（清）紀昀等：《欽定四庫全書總目》，北京：中華書局，1997年，頁1565。

〔註84〕（唐）柳宗元：《柳河東集》，上海：上海人民出版社，1974年，頁71～72。

〔註85〕（唐）劉肅：《大唐新語》卷九，《唐宋史料筆記叢刊》，北京：中華書局，1984年，頁137。

〔註86〕（宋）晁公武撰，孫猛校證：《郡齋讀書志校證》，上海：上海古籍出版社，1990年，頁485。

〔註87〕（宋）高似孫撰，司馬朝軍校釋：《子略校釋》，濟南：山東人民出版社，2018年，頁311。

崇和民間對仙道的追捧；（4）從作偽材料的來源上來看，高氏認為《亢桑子》剽竊《列子》《文子》《呂氏春秋》《新序》《說苑》《戴氏禮》，「源流不一」，作偽之跡昭然可揭；（5）關於作偽者，高氏認為是獻書之人即襄陽處士王襃。關於《亢桑子》的作者，《四庫全書總目》不認同高氏之說：「《亢倉子》為王士元所補，高似孫《子略》誤以士元為王襃，紕謬殊甚。」

（十三）辨《鶡冠子》

《漢書‧藝文志》道家類著錄《鶡冠子》一篇，注云「楚人，居深山，以鶡為冠」。《隋書‧經籍志》入道家類。韓愈對此書評價較高，他在《讀鶡冠子》中說：「《鶡冠子》十有六篇，其詞雜黃老、刑名。其《博選篇》『四稽』『五至』之說當矣。使其人遇其時，援其道而施於國家，功德豈少哉。《學問篇》稱賤生於無所用，中流失船，一壺千金者。余三讀其辭而悲之。」〔註88〕柳宗元的看法則與韓愈相對，他作《辨鶡冠子》，最早將《鶡冠子》歸為偽書，認為該書抄賈誼《鵩賦》，為好事者偽撰：「余讀賈誼《鵩賦》，嘉其辭，而學者以為盡出《鶡冠子》。余往來京師，求其書，無所見。至長沙，始得其書讀之，盡淺陋言也。吾意好事者偽為其書，用《鵩賦》以文飾之⋯⋯遷號為博極群書，假令當時有其書，遷豈不見耶！」〔註89〕《崇文總目》認為今本《鶡冠子》非「古所謂《鶡冠子》」。晁公武也贊同柳宗元之說，認為「其辭雜黃老刑名，意皆鄙淺，宗元之評蓋不誣」〔註90〕。

也有少數宋代學者不同意柳宗元的說法。宋張淏《雲谷雜記》卷一稱《鶡冠子‧世兵篇》「文辭奇古，與《鵩賦》自不同，子厚謂為偽書，若他篇固不得而知，如此篇恐後人筆力未易至此」，指出賈誼《鵩賦》實合《鶡冠子》《列子》以成文，又說：「太史公謂為賈子云則可，謂《鶡冠子》云則非矣。蓋子厚一時亦不審上文非《鶡冠子》語，遂至於誤。」〔註91〕

針對柳宗元「《鶡冠子》抄襲賈誼《鵩賦》」的觀點，高似孫在《子略》卷三中也提出反對意見，認為《鵩賦》「殊為鄙淺」，而賈誼所引的《鶡冠子》

〔註88〕（唐）韓愈著，馬其昶校注，馬茂元整理：《韓昌黎文集校注》，上海：上海古籍出版社，2014年，頁42。

〔註89〕（唐）柳宗元：《柳河東集》，上海：上海人民出版社，1974年，頁72。

〔註90〕（宋）晁公武撰，孫猛校證：《郡齋讀書志校證》，上海：上海古籍出版社，1990年，頁483。

〔註91〕（宋）張淏：《雲谷雜記》，《全宋筆記》第7編第1冊，鄭州：大象出版社，2003年，頁10。

「甚美」,書中言辭頗有可取之處,認定該書不偽,全書的思想傾向接近於道家和刑名,這是根據史源、言辭和思想內容辨真。關於該書的作者,高似孫引用《列仙傳》的話,認為是春秋戰國時一位楚國隱士所作,其人「不得其時,不得其位,不得其志,退而藏之山谷林莽之間,無所泄其謀慮智勇,大抵見之論著;然其經營馳騁天下之志,未始一日忘,而其志亦可窺見其萬一者矣」。

明宋濂認為:「其書述三十變,通古今治亂之道……立言雖過乎嚴,要亦有激而云也……第其書晦澀,而後人又雜以鄙淺言,讀者往往厭之,不復詳究其義。所謂『天用四時,地用五行,天子執一,以守中央』,此亦黃老家之至言。使其人遇時,其成功必如韓愈所云。」〔註92〕對高似孫的看法有進一步的發揮。

不過,高似孫關於《鶡冠子》真偽的看法並未帶來多大影響,宋代以來的多數學者尊信柳宗元之說,斥《鶡冠子》為偽書而否定其價值。如宋黃震《黃氏日抄》卷六十稱柳宗元「所辨皆當」。明胡應麟在《四部正訛》中指出:「《鶡冠》之偽與《亢倉》不同。蓋賈誼《鵩賦》所云初非出《鶡冠子》,後世偽《鶡冠》者剽誼賦中語以文飾其陋,唐人不能辨,以《鶡冠》在誼前,遂指為誼所引。河東之說極得之。昌黎嚴於二氏而恕於百家,凡子書若荀卿、楊雄皆極褒美,猶之可也,甚而墨翟之邪、鶡冠之瑣,亦標顯其所長,蓋其衷寬然長者。若扶邪摘偽,判別妄真,子厚之裁鑒,良不可誣。」〔註93〕1974年馬王堆帛書出土後,學者發現《鶡冠子》不少語句同帛書《黃帝書》相合,證明《鶡冠子》並非偽書,李學勤先生《〈鶡冠子〉與兩種帛書》對此有專門考述。〔註94〕黃懷信在《鶡冠子匯校集注·前言》中說《鶡冠子》作者是一名出生於楚、遊學並定居於趙、以鶡冠為號、做過龐煖老師的隱士,今本十九篇是《漢志》道家《鶡冠子》與兵權謀家《龐煖》的合編,成書時代當在公元前二三六至二二八年之間,《鶡冠子》確是一部先秦文獻。〔註95〕出土文獻的新證據使我們改變長期以來對此書的偏頗看法,也顯示出高似孫的獨到之處。

〔註92〕 （明）宋濂:《諸子辨》,《古籍考辨叢刊》第1集,北京:社會科學文獻出版社,2010年,頁632。

〔註93〕 （明）胡應麟:《少室山房筆叢》卷三十一,《四部正訛中》,北京:中華書局,1958年,頁402～403。

〔註94〕 李學勤:《簡帛佚籍與學術史》,南昌:江西教育出版社,2001年,頁84～96。

〔註95〕 黃懷信:《鶡冠子匯校集注·前言》,北京:中華書局,2004年。

（十四）辨《鬼谷子》

《鬼谷子》一書，《漢書·藝文志》未著錄。《隋書·經籍志》縱橫家類著錄皇甫謐注《鬼谷子》三卷，注云「鬼谷子，周世隱於鬼谷」。南朝時樂壹曾注《鬼谷子》，認為該書為蘇秦所作。唐司馬貞《史記索隱》云：「樂壹注鬼谷子書云：『蘇秦欲神秘其道，故假名曰鬼谷。』」唐馬總《意林》卷二「鬼谷子」條稱「此蘇秦作書記之也」，也認為蘇秦作《鬼谷子》。因此《舊唐書·經籍志》《新唐書·藝文志》著錄《鬼谷子》時，直接題蘇秦撰。

《鬼谷子》意在通過研究人的心理特徵，討論勸諫、協商、談判、游說等技巧，集中代表了縱橫家的思想，但由於該書的思想內容與儒家違背，受到統治階級的排斥，《漢書·藝文志》又未予著錄，故長期以來該書被斥為異端，歸入偽書一類。柳宗元最早論及《鬼谷子》的真偽問題，他在《鬼谷子辨》一文中認為《鬼谷子》晚出，對其持否定態度：「《鬼谷子》要為無取，漢時劉向、班固錄書無《鬼谷子》，《鬼谷子》後出而險戾峭薄，恐其妄言亂世，難信，學者宜其不道，而世之言縱橫者，時葆其書。尤者，晚乃益出七術，怪謬異甚，不可考校。」〔註96〕柳宗元對《鬼谷子》的辨偽，引起後世對該書的不斷懷疑。

高似孫是宋代反對柳宗元之說的少數學者。他根據《鬼谷子》的思想內容和文辭特點，認為該書是戰國時古書、奇書，並非偽書，對其作者鬼谷讚揚倍至，許為「一代之雄」。高氏《子略》卷三《鬼谷子》提要云：

> 鬼谷子書，其智謀，其數術，其變譎，其辭談，蓋出於戰國諸人之表。夫一闔一闢，《易》之神也；一翕一張，老氏之幾也。鬼谷之術往往有得於闔闢、翕張之外，神而明之，益至於自放，潰裂而不可禦。予嘗觀諸《陰符》矣，窮天之用，賊人之私，而陰謀詭秘有《金匱》《韜》《略》之所不可該者，而鬼谷盡得而泄之，其亦一代之雄乎？按劉向、班固錄書無《鬼谷子》，《隋志》始有之，列於縱橫家，《唐志》以為蘇秦之書。然蘇秦所記以為「周時有豪士隱者居鬼谷，自號鬼谷先生，無鄉里族姓名字」。今考其言，有曰「世無常貴，事無常師」，又曰「人動我靜，人言我聽」，「知性則寡累，知命則不憂」，凡此之類，其為辭亦卓然矣。至若《盛神》《養志》諸

〔註96〕（唐）柳宗元：《柳河東集》，上海：上海人民出版社，1974年，頁70。

篇，所謂「中稽道德之祖，散入神明之賾」者，不亦幾乎。郭璞《登樓賦》有曰：「揖首陽之二老，招鬼谷之隱士。」又《遊仙詩》曰：「青溪千餘仞，中有一道士……借問此何誰，云是鬼谷子。」可謂慨想其人矣。徐廣曰：「潁川陽城有鬼谷。」注其書者樂臺、皇甫謐、陶弘景、尹知章。

高似孫認為《鬼谷子》不偽，其主要論點為：（1）鬼谷其人真實存在，是戰國時期的人物。高氏認為：「蘇秦所記以為『周時有豪士隱者居鬼谷，自號鬼谷先生，無鄉里族姓名』。」這實際上引用了馬總《意林》的說法。又《史記·蘇秦列傳》記載蘇秦「東事師於齊而習之於鬼谷先生」，《史記集解》注云：「徐廣曰：『潁川陽城有鬼谷。』」晉郭璞《登百尺樓賦》《遊仙詩》中有關於鬼谷的詩句。根據這些文獻記載，高氏認為鬼谷確有其人。（2）高氏認為《鬼谷子》的思想內容既源自《周易》《老子》，又汲取了《陰符經》《六韜》《三略》等智謀之書的精萃，故而認為《鬼谷子》是戰國時期的典籍，並非偽書。（3）從文辭方面來看，高氏認為「其為辭亦卓然矣」，不可能是後世所能偽造。

明宋濂雖然也視《鬼谷子》為真，但認為其書禍國殃民，對高氏的看法大加貶斥，他在《諸子辨》中說：「大抵其皆捭闔、鉤箝、揣摩之術……是皆小夫蛇鼠之智，家用之則家亡，國用之則國僨，天下用之則失天下。學士大夫宜唾去不道。高氏獨謂其得於《易》之闔闢翕張之外，不亦過許矣哉……初非有甚高論也。嗚呼！曷不觀之儀、秦乎？儀、秦用其術而最售者，其後竟何如也？高愛之慕之，則吾有以識高矣。」〔註97〕胡應麟攻駁高似孫之論：「《鬼谷》，縱橫之書也。余讀之淺而陋矣，即儀秦之師，其術宜不至猥下如是。柳宗元謂：『劉氏《七略》所無，蓋後世偽為之者，學者宜其不道。』而高似孫輩輒取而尊信之，近世之耽好之者又往往而是也。甚矣，邪說之易於入人也……《鬼谷子》，《漢志》絕無其書，文體亦不類戰國……東漢人本二書之言，會萃附益為此，或即謅手所成而託名鬼谷。」〔註98〕楊慎亦不同意高氏之說，提出《鬼谷子》就是《漢志》著錄的《鬼谷區》：「《漢書·藝文志》

〔註97〕（明）宋濂：《諸子辨》，《古籍考辨叢刊》第 1 集，北京：社會科學文獻出版社，2010 年，頁 632。

〔註98〕（明）胡應麟：《少室山房筆叢》卷三十，《四部正訛中》，北京：中華書局，1958 頁，頁 401。

鬼谷區三篇，注即鬼臾區也⋯⋯今按鬼谷即鬼容者，又字相似而誤也。高似孫《子略》便謂《藝文志》無《鬼谷子》，何其輕於立論乎！」〔註99〕姚際恆《古今偽書考》同樣反對高氏的看法：「然則其人無考，況其書乎！是六朝所託無疑。晁子止、高似孫皆信之，過矣。」〔註100〕據現代學者研究，《鬼谷子》一書並非偽書。〔註101〕

（十五）辨王通《中說》

王通是隋朝大儒，但正史沒有為他立傳，《隋書》對王通隻字未提，而且其著作多有散佚，其人其書在北宋以來就受到懷疑，理學思潮興起後更是不斷遭到批評與否定。北宋進士宋咸作《駁中說》，最早懷疑王通實無其人。鄭獬在《書文中子後》中說：「王氏《中說》所載門人，多貞觀時知名卿相，而一人能振師之道者，故議者往往致疑⋯⋯故或者疑為阮逸所作。」〔註102〕洪邁《容齋續筆》卷一「文中子門人」條抄襲鄭獬之文，亦疑阮逸偽作。葉大慶據《容齋續筆》之辨進一步指出「容齋之所辯證是矣，嘗觀杜淹所撰《世家》年世既已牴牾，且或疏略自戾，豈止如容齋所疑乎？蓋容齋所疑尚猶有可諉者」，《中說》「亦有可疑處，往往王氏子弟如王凝、福畤不無附會於其間」，但認為《中說》「決非阮逸所作」。〔註103〕晁公武稱：「今觀《中說》，其跡往往僭聖人，模擬竄竊，有深可怪笑者。獨貞觀時諸將相若房、杜、李、魏、二溫、王、陳，皆其門人。予嘗以此為疑。及見李德林、關朗、薛道衡事，然後知其皆妄也。」〔註104〕朱熹認為《中說》經阮逸等人增益：「文中子《中說》被人亂了⋯⋯《文中子》，看其書忒裝點，所以使人難信，如說諸名卿大臣，多是隋末所未見有者⋯⋯文中子議論，多是中間暗了一段，無分明。其間弟子問答姓名，多是唐輔相，恐亦不然，蓋諸人更無一語及其師⋯⋯考其事蹟，亦多不合⋯⋯伊川謂《文中子》有些格言，被後人添入壞了。看來必是阮逸

〔註99〕（明）楊慎：《丹鉛餘錄》卷三，文淵閣四庫全書本。

〔註100〕（清）姚際恆：《古今偽書考》，《辨偽叢刊》，北京：景山書社，1929年，頁29。

〔註101〕參見許富宏：《鬼谷子研究》上編，《〈鬼谷子〉真偽考辨》，上海：上海古籍出版社，2008年，頁3～112。

〔註102〕（宋）鄭獬：《鄖溪集》卷十八，文淵閣四庫全書本。

〔註103〕（宋）葉大慶：《考古質疑》卷五，文淵閣四庫全書本。

〔註104〕（宋）晁公武撰，孫猛校證：《郡齋讀書志校證》，上海：上海古籍出版社，1990年，頁444。

諸公增益張大，復借顯者以為重耳。」〔註105〕

針對這些懷疑，王明清提出不同意見：「唐李習之嘗有讀《文中子》，而劉禹錫作《王華卿墓銘序》，載其家世行事甚詳，云『門多偉人』，則與書所言合矣，何疑之有？又皮日休有《文中子碑》，見於《文粹》。」〔註106〕

高似孫對王通《中說》也有所考辨，他說「通之用心足以知聖人矣，世率以是疵王氏，是殆未知其所以知聖人者乎？」認為王通其人不僅存在，而且將他視為傳承孔孟的一代大儒，《中說》就是王通的著作。高氏的主要依據為：（1）唐陸龜蒙《送豆盧處士謁宋丞相序》云：「文中子生於隋代，知聖人之道不行，歸河汾間，修先王之業，九年而功就，謂之王氏六經。」（陸龜蒙《甫里集》卷十六）（2）唐皮日休《文中子碑》曰：「孟子疊踵孔聖而贊其道，敻乎千世，而可繼孟氏者復何人哉？文中子王氏諱通，生於陳隋之間，以亂世不仕，退於汾晉，序述六經，敷為《中說》以行教於門人……有《禮論》二十五篇，《續詩》三百六十篇，《元經》三十一篇，《易贊》七十篇。」（皮日休《皮子文藪》卷四）（3）唐杜淹《文中子世家》記載了王通的家世、生平與著述。（見《中說》附）（4）唐司空圖《文中子碑》云：「五胡繼亂，極於周、齊，天其或者，生文中子，以致聖人之用，得眾賢而廓之，以俟我唐，亦天命也。故房、魏數公為其徒，恢文武之道以躋貞觀治平之盛，今三百年矣。」（《司空表聖文集》卷五）

（十六）辨《山海經》

《漢志·數術略·形法》著錄《山海經》十三篇。《隋書·經籍志》《舊唐書·經籍志》地理類著錄《山海經》十八卷，題「郭璞撰」。《新唐書·藝文志》地理類著錄郭璞注《山海經》二十三卷。由於書中內容「怪誕不經」，不斷有人對其產生懷疑。司馬遷在《史記·大宛列傳》中說：「至《禹本紀》《山海經》所有怪物，余不敢言之也。」顏之推《顏氏家訓·書證篇》載：「或問：『《山海經》夏禹及益所記，而有長沙、零陵、桂陽諸暨，如此郡縣不少，以為何也？』答曰：『史之闕文為日久矣，加復秦人滅學、董卓焚書，典籍錯亂非止於此。』」〔註107〕杜佑《通典》曰：「又按，《禹本記》《山海經》，不知何

〔註105〕（宋）朱熹：《朱子語類》卷一百二十二，武漢：崇文書局，2018 年，頁 2483 ～2485。

〔註106〕（宋）王明清：《揮塵前錄》卷三，文淵閣四庫全書本。

〔註107〕（北齊）顏之推：《顏氏家訓·書證篇》，諸子集成本，上海：上海書店，1986 年，頁 37。

代之書，詳其恢怪不經，疑夫子刪《詩》《書》以後尚奇者所作，或先有其書，如詭誕之言必後人所加也。若《古周書》《吳越春秋》《越絕書》諸緯書之流是矣。」晁公武《郡齋讀書志》曰：「十父嘗考之，於其書有曰：『長沙、零陵、雁門，皆郡縣名，又自載禹鯀，似後人因其名參益之。』」〔註108〕朱熹《楚辭辯證》認為《山海經》為解《天問》而作：「大抵古今說《天問》者皆本此二書（指《山海經》《淮南子》）。今以文意考之，疑此二書本皆緣解此問而作。」

　　高似孫對《山海經》一書提出了自己的看法，《史略》卷六「山海經」條云：

　　　　按《越絕書》：「禹治水，巡行天下，所歷山川，命伯益記之，遂為《山海經》。」世或以其書為荒異，然考酈道元注《水經》，凡山川譎異之事必以《山海經》為據。郭璞之言曰：「古者皇聖原化以極變，象物以應怪，鑒無稽䫰，曲盡幽情，神焉廋哉，神焉廋哉！此書歷載三千，暫顯於漢。」蓋武帝時有獻異方鳥，不知何以飼之，東方朔既言其名，又言其食，帝問何以知之，曰：「《山海經》所出也。」又宣帝時，擊磻石於上郡，陷得石室，其中有反縛盜械之人，劉向曰：「此貳負之臣也。」帝問何以知之，以《山海經》對，其辭曰：「貳負殺窫窳，帝乃梏之疏屬之山，桎其右足，反縛其兩手。」上大駭。於是人多奇《山海經》。其後東方朔作《神異經》，張華箋之，華曰：「方朔周旋天下，所見神異，《山海》所不載者列之，有而不具其說者列之。」謂《山海經》也。陶淵明有《讀山海經》詩：「泛覽周王傳，流觀山海圖。俛仰終宇宙，此樂復何如。」〔註109〕

針對「世或以其書為荒異」的看法，高似孫提出不同意見，他根據漢代和兩晉時期學者對《山海經》的閱讀和引用情況辨此書為古書：（1）北魏酈道元《水經注》大量引用《山海經》；（2）晉郭璞為《山海經》作注，郭璞《序》稱「此書歷三千，暫顯於漢」；（3）漢代學者重視《山海經》，東方朔、劉向對《山海經》非常熟悉，東方朔作《神異經》對《山海經》進行補充；（4）東晉大詩人陶淵明有《讀山海經》詩。

〔註108〕　（宋）晁公武撰，孫猛校證：《郡齋讀書志校證》，上海：上海古籍出版社，1990年，頁338。

〔註109〕　（宋）高似孫著，王群栗點校：《史略》卷六，《高似孫集》，杭州：浙江古籍出版社，2015年，頁362。

二、高似孫辨偽的特點

根據以上對高似孫辨偽成就的分析，結合宋代以前辨偽學的發展情況，關於高似孫辨偽的特點，我們可以得出以下認識：

（一）深受柳宗元影響

從辨偽的淵源來看，高似孫對子書的辨偽深受唐代文學巨擘柳宗元的影響。柳宗元發揚疑古徵實的學風，對《列子》《文子》《論語》《鬼谷子》《晏子春秋》《亢倉子》《鶡冠子》諸子書進行考辨，開闢了子書辨偽的新領域。一方面，高氏對《列子》《文子》《亢桑子》的辨偽直接繼承柳宗元的看法，據思想辨偽和史源辨偽的方法也源於柳宗元。另一方面，高氏在柳宗元辨偽的基礎上進一步發展，其主要表現為：一是考辨子書的範圍有進一步的擴展，辨偽書達十六種，高氏所辨的《陰符經》《風后握奇經》《鬻子》《金匱》《六韜》《孔叢子》《曾子》《莊子》《戰國策》《尹文子》《山海經》均為柳宗元所未及；二是尊古而不泥古，敢於抒發己見，高似孫對《鬼谷子》《鶡冠子》的見解就與柳宗元完全相反，首次提出列子虛構說。

（二）體現出一定的正統色彩

高似孫在考辨一些子書時以儒家的正統觀念來衡量其人其書，他對春秋戰國時期士人縱橫捭闔、追逐名利、捨棄仁義的做法頗為反感。他對孟子極為推重，把孟子視為傳承孔學正統的典範：「嗚呼，士之生於春秋、戰國之間，其所以薰烝染習、變幻捭闔，求騁於一時而圖其所大欲者，往往一律而同歸，其能屹立中流、一掃群異、學必孔氏、言必六經者，孟子一人而已。」

《戰國策》一書推崇縱橫陰謀之術，為儒家所排斥，而《史記》大量引用該書，高氏對此頗不以為然，稱「是書之汨，有不可得而辨者」。

《尹文子》一書糅合了道家、法家、儒家、名家等思想，高氏稱：「其書言大道，又言名分，又言仁義禮樂，又言法術權勢，大略則學老氏而雜申、韓也……然則其學雜矣，其學淆矣，非純乎道者……晁氏嘗稱其宗六藝，數稱仲尼，熟考其書，未見所以稱仲尼、宗六藝者，僅稱誅少正卯一事耳。」高氏以是否「純乎道」作為評判標準，這裡的「道」指的就是儒家正統思想。《四庫全書總目》對高氏「以儒理繩之」的做法就提出了批評。

又如《莊子》一書中存在一些貶抑孔子的內容，高氏認為：「若其言託孔子以自致其過者二十有九章，又言堯、禹、文王、太公之事，皆非《詩》《書》

所見，而竊快其無稽之論，狎聖侮道，茲為已甚矣。」〔註110〕顯然是批判《莊子》狎侮孔子、堯、禹、文王、太公等聖人，與儒家正統不類。

　　總而言之，高似孫的考辨體現出一定的正統色彩，但他並非將是否合乎儒家正統作為辨偽的唯一標準。有學者提出高似孫在辨偽中以「道統」作為斷定真偽的標準，其目的在於維護傳統的道統，凡是不符合傳統的道統思想的就痛加貶斥，所以結論往往不正確。〔註111〕筆者認為這種看法並不完全正確。高氏對《戰國策》《尹文子》等書的考辨體現較濃的正統色彩，但對一些不合乎正統的子書也能提出自己的真知卓見。如《鬼谷子》一書，柳宗元稱它「妄言亂世難信，學者宜其不道」，宋濂稱它誤家誤國誤天下，斥為離經判道之書，學者們紛紛將它打入冷宮，但高似孫卻視《鬼谷子》為天下奇書，與當時學者的普遍看法大相徑庭，頗具卓識。又如《鶡冠子》一書思想駁雜，融合了道家、儒家、法家、陰陽家、兵家的思想，被視為鄙淺之書，而高氏認為該書不偽，對撰者的志向、謀慮和智勇給予高度評價。又如《孫子兵法》一書，許多學者視其為偽書，高氏雖然認為該書過於崇尚謀略、不重仁義而對其評價很低，但並未因此否認孫子其人，也沒有將《孫子兵法》視為偽書。由此來看，高氏並未完全把「道統」作為斷定真偽的標準，他的一些辨偽成果獨樹一幟，獨具慧眼，我們不能因其正統色彩而輕視之。

（三）辨偽的態度較為謹慎

　　宋人疑古最勇，所辨偽書既多，但主觀臆斷亦復不少。從《子略》一書來看，高似孫對諸子典籍的辨偽較為謹慎，雖所辨或有不確，但總體上辨而有據，不憑空立論。不僅在子書辨偽方面有所貢獻，而且在辨真方面提出了一些有價值的看法。對於前人關於《陰符經》《風后握奇經》《鬼谷子》《鶡冠子》《金匱》《六韜》《山海經》《中說》等書的懷疑，高氏並未完全信從，而是提出了自己的獨特見解，花了相當大的工夫進行辨真的工作，這方面的考辨也是高氏辨偽的一大特色。

（四）注意到古書中的某些規律

　　現在我們知道，先秦古籍往往有後人竄入的現象。例如《論語》一書，

〔註110〕　（宋）高似孫撰，司馬朝軍校釋：《子略校釋》，濟南：山東人民出版社，2018年，頁281。

〔註111〕　張三夕：《中國古典文獻學》第3版，武漢：華中師範大學出版社，2018，頁186。

崔述說其最後五篇——《季氏》《微子》《楚張》《子張》《陽貨》與前十五篇文體不類，疑後人竄入。梁啟超在《古書真偽及其年代》中指出：「《論語》各篇末尾幾乎都有一二章不相關的話，那自然是讀書時添上去的，後人刻印時加入正文，而後無人敢懷疑。」從《子略》一書來看，高似孫已經注意到這種現象，他在《子略目》中說：

> 自書災於秦，文字掃蕩，斷章脫簡，不絕如線。上天祿、石渠、麒麟閣者，曾不一二。又雜以漢儒記臆綴續之言，書益蕪駁……天不殄喪，猶有可傳者，而後世乃復與之疏闊，鮮克是訂，而書益窮矣。〔註112〕

高似孫認識到先秦古書經歷秦朝焚書之後，普遍存在文本殘缺的問題，流傳到後世的本子多竄入「漢儒記臆綴續之言」。這一見解不失為通達之論，對於弄清古書真偽、判定偽書的程度有很重要的作用。在具體的辨偽實踐中，高似孫發現一些子書中存在這類後人綴集的現象，如高氏懷疑《鷃子》「亦漢儒之所綴輯」，《孔叢子》中子思與孔子問答的內容「出於後人綴集之言」，《曾子》「固後人掇拾以為之」，《列子》中「淺近迂僻」的內容「特出於後人會稡而成之」。

總體來看，高氏《子略》一書在辨偽態度上較為謹慎，論證簡明，多有新見，或對子書的真偽問題提出新的看法，或在前人的辨偽基礎上提出新的證據。如《孔叢子》一書，洪邁、朱熹已有考辨，兩人主要從文氣方面入手，說服力顯然不夠，高似孫則從文本角度考辨，開闢了新的途徑，引發後人的激烈爭論，方以智、王士禛、汪琬等人持反對意見，宋濂、姚際恒則信從其說。又如《金匱》《六韜》兩書，學者多定為偽書，高似孫將它們與《詩》《書》對讀以證其真，其觀點為出土文獻所證實。分析偽書的作偽動機是辨偽的一項重要內容，余嘉錫先生強調「傳訛之本必知其起因，偽造之書必明其用意」〔註113〕，胡應麟在《四部正訛》中最早系統總結和歸納辨書產生的原因和類型，分為二十一條，但在此之前，學者考辨偽書時對這一方面用力不多。高似孫在辨偽時注意結合文獻的編撰背景來分析其作偽動機，如《亢

〔註112〕（宋）高似孫撰，司馬朝軍校釋：《子略校釋·子略目》，濟南：山東人民出版社，2018 年，頁 6。

〔註113〕余嘉錫：《目錄學發微·古書通例》，上海：上海古籍出版社，2014 年，頁 145。

桑子》一書，柳宗元、晁公武均有辨說，高似孫分析其書問世時的背景：「開元天寶間，天子方鄉道家者流之說，尊老氏、表莊列，皇皇乎清虛沖澹之風矣。」據此高氏指出其作偽動機是「趨世好、迎上意」，這種動機與常見的託古、射利、炫名、爭勝一類頗為不同。平心而論，高似孫《子略》上承柳宗元並在辨偽的方法、範圍上均有發展，其觀點不乏洞見，但《子略》的辨偽成果長期以來不為學人所重，如楊緒敏《中國辨偽學史》對高氏辨偽成就的評價就不夠客觀。

三、高似孫辨偽的影響

高氏《子略》作為一部子部專科書目，在辨偽方面有不少創見，對黃震、宋濂、胡應麟等後世辨偽學者產生了較大的影響，其成果往往被後世的目錄著作所引用。黃震《黃氏日鈔》、宋濂《諸子辨》、胡應麟《四部正訛》多援引《子略》之說。《文獻通考·經籍考》《四庫全書總目》對《子略》的辨偽成果均有大量徵引。清姚際恒《古今偽書考》對《鬻子》《亢桑子》《鬼谷子》《孔叢子》《列子》等書進行辨偽時也引用了《子略》之說，對其辨偽成績多有肯定，如關於《子略》辨《列子》，姚氏稱讚「高氏此說最為有見」。張心澂的《偽書通考》和鄭瑞全、王冠英主編的《中國偽書綜考》在很多地方利用了高似孫的辨偽成果。高氏的辨偽也影響了後世學者對諸子的看法，如《鬼谷子》一書，高氏《子略》以為不偽，稱其書「出於戰國諸人之表」，贊鬼谷為「一代之雄」。此論與眾不同，可謂獨具慧眼。清田雯《古歡堂集》卷三十四《讀鬼谷子跋》曰：「戰國之士雋邁譎變者多矣，而騁其才氣以自放於文章者，唯《鬼谷子》最著。今讀其《捭闔》《反應》《內揵》《抵巇》《飛箝》《忤合》《揣摩》《權謀》諸篇，抑何奇也。大約出自《陰符》，深於老氏，而自逞一代之雄，此其所以奇耳。郭璞《遊仙詩》云：『青溪千餘仞，中有一道士。借問此阿誰，云是鬼谷子。』景純之愐慕其人如此。」田氏盛讚《鬼谷子》之奇，稱《鬼谷子》在戰國之士中最著，其書出自《陰符》，深於老氏，而自逞一代之雄，這些說法實際上出自高氏《子略》，可見高氏《子略》的影響。

顧頡剛先生在 20 世紀 30 年代主編《辨偽叢刊》時，將《子略》列入其中，選錄了其中的《鬻子》《孔叢子》《曾子》《列子》《文子》《戰國策》《尹文子》《鬼谷子》數篇提要。顧頡剛先生對《子略》評價不高，但也承認高似孫「是上承柳宗元，下開宋濂、胡應麟的一個人，不能抹殺他的篳路藍縷的功

勞」〔註114〕。在論及高似孫對宋濂的影響時，顧頡剛先生說：「宋代辨偽之風非常盛行，北宋有司馬光、歐陽修、蘇軾、王安石等，南宋有鄭樵、程大昌、朱熹、葉適、洪邁、唐仲友、高似孫、晁公武、黃震等。宋濂生在他們之後，當受到他們的影響，所以他的書裏徵引他們的話很多，尤其是高似孫、黃震二家，而此書的體裁也與《子略》和《黃氏日抄》相類。」〔註115〕

　　回顧南宋以來的辨偽學史，筆者認為，在南宋以來的諸多辨偽學者中，宋濂受高似孫的影響最深。《諸子辨》究竟在多大程度上參考了《子略》？對於這一問題我們有必要進行考辨。以下對《諸子辨》和《子略》兩書加以比較：

1. 關於《鬻子》，高氏《子略》認為其書為「漢儒之所綴輯」，宋濂《諸子辨》繼承了高氏的觀點，也認為其書「經漢儒補綴之手，要不得為完書」。

2. 關於《管子》，宋濂《諸子辨》分別引用晁公武和高似孫的議論，作為「是仲」與「非仲」兩種觀點的代表，然後折衷兩家之說，加之評論：「嗚呼，非之者固失，而是之者亦未為得也！何也？仲之任術立伯，假義濟欲，縱能致富強，而汲汲功利，禮義俱喪，其果有聞正心誠意之道乎！周自平王東遷，諸侯僭王，大夫僭諸侯，文、武、成、康、周公之法一切盡壞，列國盡然，非止仲一人而已也！然則仲何如人？曰：人也，功首而罪魁者也。曰：齊之申、韓、鞅、斯之列，亦有間乎？曰申、韓、鞅、斯刻矣，而仲不至是也。原其作俑之意，仲亦烏得無罪焉，薄乎云爾。」〔註116〕在宋濂看來，管仲與戰國時期的禮義俱喪不無關係，但又指出，高似孫把三代之法盡壞的責任歸於管仲一人也是不合理的。

3. 關於《鶡冠子》，高氏《子略》認為《鶡冠子》並非偽書，而是「不得其時，不得其位，不得其志」的隱士所作，其思想出於黃老，雜於刑名。宋濂《諸子辨》也認為《鶡冠子》一書中含有明顯的黃老思想，

〔註114〕顧頡剛：《秦漢的方士與儒生·中國辨偽史略》，上海：上海古籍出版社，2005年，頁193。

〔註115〕顧頡剛：《諸子辨序》，《古籍考辨叢刊》第1集，北京：社會科學文獻出版社，2010頁，頁620。

〔註116〕（明）宋濂：《諸子辨》，《古籍考辨叢刊》第1集，北京：社會科學文獻出版社，2010年，頁623。

對其完全否定並不可取，又稱「使其人遇時，其成功必如韓愈所云」，所論與高氏《子略》有相通之處。

4. 關於《鄧析子》，宋濂《諸子辨》認為「析之學兼名、法家者也」「其被誅戮，宜也，非不幸也」，這與高氏《子略》所謂「其意義蓋有出於申、韓之學者矣」「析之見殺，雖歜之過，亦鄭之福也」之說，可謂異曲同工。

5. 關於《列子》，宋濂《諸子辨》一方面批評高似孫的「列子虛構」說，「高氏以其書多寓言而並其人疑之，所謂禦寇者有如鴻蒙列缺之屬，誤矣」，另一方面又繼承高氏「《列子》經後人薈萃」的觀點，並對《列子》抄襲佛經的問題作進一步發揮：「書本黃老言，決非禦寇所自著，必後人會粹而成者。中載孔穿、魏公子牟及西方聖人之事皆出禦寇後……間嘗熟讀其書，又與浮屠言合……中國之與西竺相去一二萬里，而其說若合符節，何也？豈其得於心者亦有同然歟？近世大儒謂華、梵譯師皆竊《莊》《列》之精微以文西域之卑陋者，恐未為至論也。」〔註117〕

6. 關於《鬼谷子》，宋濂《諸子辨》有這樣一段話：「劉向、班固錄書無《鬼谷子》，《隋志》始有之，列於縱橫家，《唐志》以為蘇秦之書。」這些文字實際上抄自高氏《子略》。宋濂辨《鬼谷子》為真，很明顯受到高氏《子略》的影響，但兩人對《鬼谷子》價值的看法完全相反：高似孫認為「鬼谷子書，其智謀，其數術，其變譎，其辭談，蓋出於戰國諸人之表」，而宋濂則認為《鬼谷子》是「小夫蛇鼠之智，家用之則家亡，國用之則國債，天下用之則失天下」。

7. 關於《孫子》，高氏《子略》云：「兵流於毒，始於孫武乎？」宋濂《諸子辨》曰：「古之談兵者，有仁義，有節制，至武一趨於權術變詐，流毒至於今未已也。然則武者固兵家之祖，亦兵家之禍首歟？」〔註118〕可見宋濂對孫武的評價與高似孫如出一轍。

8. 關於《吳子》，高氏《子略》認為《吳子》勝於《孫子》：「讀《吳子》，其說蓋與孫武截然其不相侔也。起之書幾乎正，武之書一乎奇；起之

〔註117〕（明）宋濂：《諸子辨》，《古籍考辨叢刊》第 1 集，北京：社會科學文獻出版社，2010 年，頁 628。

〔註118〕（明）宋濂：《諸子辨》，《古籍考辨叢刊》第 1 集，北京：社會科學文獻出版社，2010 年，頁 633。

書尚禮義明教訓，或有得於司馬法者，武則一切戰國馳騁戰爭，奪謀逞詐之術耳。」宋濂《諸子辨》批判戰國時期以智術詐譎謀求戰爭勝利的做法，關於《孫子》《吳子》的優劣，他認為：「較之孫武，則起幾於正，武一乎奇，其優劣判矣。或者謂起為武之亞，抑未之思歟？」〔註119〕宋濂對《吳子》的看法顯然源自高似孫。

9. 關於《風后握奇經》，高氏《子略》認為非偽，宋濂《諸子辨》贊同其說，並進一步考證《孫子》對《風后握奇經》的繼承關係：「或曰：『《風后握奇經》實行兵之要，其說實合乎伏羲氏之卦畫，奇正相生，變化不測，諸葛亮得之以為八陣，李靖得之以為六花陣，而武為一代論兵之雄，顧不及之何也？』曰：『《兵勢篇》不云乎，戰者以正合，以奇勝，戰勢不過奇正，奇正之變不可勝窮，奇正相生如循環之無端。《九地篇》又不云乎，用兵者譬如率然，率然者常山之蛇也，擊其首則尾至，擊其尾則首至，擊其中則尾首俱至。斯固風后之遺說也，曾謂其不及之，可乎？』」〔註120〕

10. 關於《尹文子》，宋濂《諸子辨》認為「其書言大道似老氏，言刑名類申韓，蓋無足稱者。晁氏獨謂其亦宗六藝，數稱仲尼，其叛道者蓋鮮。嗚呼，世豈有專言刑名而不叛道者哉？晁失言矣！仲長統序稱其出於周尹氏，齊宣王時居稷下，與宋鈃、彭蒙、田駢同學於公孫龍。按龍客於平原君，君相趙惠文王，宣王死，下距惠文王之立已四十餘歲。是非學於龍者也。」〔註121〕將此段與高氏《子略》對讀，可知宋濂之說本自《子略》，只是在文字表述上有所變動而已。

11. 關於《商子》，高氏《子略》批評商鞅道：「井田既壞，概量既立，而商鞅之毒益滋矣，封建既隳，《詩》《書》既燎，而李斯之禍益慘矣，果誰之咎？」在高似孫看來，焚書坑儒之禍不僅是李斯之責，追溯其源，商鞅也有很大的關係。宋濂《諸子辨》云：「鞅好刑名之學……其毒流至嬴政，遂大焚《詩》、《書》、百家語，以愚天下黔首，鞅實啟之，

〔註119〕（明）宋濂：《諸子辨》，《古籍考辨叢刊》第 1 集，北京：社會科學文獻出版社，2010 年，頁 633～634。

〔註120〕（明）宋濂：《諸子辨》，《古籍考辨叢刊》第 1 集，北京：社會科學文獻出版社，2010 年，頁 633。

〔註121〕（明）宋濂：《諸子辨》，《古籍考辨叢刊》第 1 集，北京：社會科學文獻出版社，2010 年，頁 634～635。

非特李斯過也。」〔註122〕兩人均將焚書坑儒的罪魁禍首指向商鞅。

12. 關於《孔叢子》，高氏《子略》認為出於漢人綴集，而宋濂《諸子辨》明確作偽者為宋咸，其重要證據之一就是《孔叢子・記問篇》有子思與孔子問答之語，這一說法就是《子略》所提出來的。

13. 關於王通《中說》，高氏《子略》據陸龜蒙《送豆盧處士謁宋丞相序》、皮日休《文中子碑》、杜淹《文中子世家》、司空圖《文中子碑》等多種文獻記載認為王通確有其人，且《中說》亦為王氏之書，稱王通是繼承孔孟道統的一代大儒。宋濂《諸子辨》則進一步辨駁關於王通的三種懷疑，指出：「孟子而下知尊孔子者曰荀、楊，楊本黃、老，荀雜申、商，唯通為近正，讀者未可以此而輕訾之！」宋濂的考辨後出轉精，但他對王通的評價與高似孫有相通之處。

根據以上比較，可以很清晰地看出宋濂《諸子辨》多受高似孫《子略》影響。從兩書內容上看，《諸子辨》的許多條目都參考了《子略》的成果，有的條目直接抄《子略》原文而略作改動，但多未注明出處；有的條目摘抄《子略》辨偽的觀點、論據；有的條目則對《子略》重加評論。從兩書的辨偽特點上來看，《子略》的正統觀念和辨偽態度對《諸子辨》也有很深的影響，《子略》所提出的《鬻子》《孔叢子》《曾子》等書經後人綴輯的看法對《諸子辨》也有啟發，《諸子辨》進而提出子書多非自著。《諸子辨》大量參考《子略》，其原因主要在於：一是宋濂《諸子辨》和高似孫《子略》都繼承了柳宗元開創的子書辨偽傳統，兩書在辨偽對象上多有重合；二是宋濂對高似孫的評價比胡應麟、楊慎等明代學者更高，對《子略》的價值更為重視。

當然，高似孫的辨偽也存在一定的疏誤之處，具體表現在：第一，對一些顯係依託的典籍，信以為本人所作，如信《陰符經》出黃帝之手，視《管子》之書為管子自著。《四庫全書總目》對高氏辨偽之失有過總結：「似孫能知《亢倉子》之偽，而於《陰符經》、《握奇經》、《三略》、諸葛亮《將苑》《十六策》之類，乃皆以為真，則鑒別亦未為甚確。」不過，《四庫提要》的說法也有值得討論的地方。關於《陰符經》，高氏信以為黃帝所著，這當然是不可信的，不過高氏對該書價值的看法是值得重視的。此書雖非黃帝之書，乃後人依託，仍然是唐前古書，也不必視為偽作。關於《握奇經》，高氏認為非偽，

〔註122〕（明）宋濂：《諸子辨》，《古籍考辨叢刊》第 1 集，北京：社會科學文獻出版社，2010 年，頁 635。

《總目》辨為偽書，據今人的研究來看，此書必非風后之書，但頗有價值，不必視為偽書。關於《三略》，高氏以其作者為黃石公，又稱黃石公還著有《素書》《兵書》《三奇法》《陰謀軍秘》《玉壘圖》《內記敵法》《秘經》《記》，可見高氏沒有認識到這些作品的依託問題。關於《將苑》《十六策》，高氏認為是諸葛亮的作品，但不少學者對其作者問題多有懷疑，如晁公武《郡齋讀書志》稱「陳壽錄孔明書，不載此策，疑依託者」，明人諸葛羲指出係後人偽造，《四庫全書總目》視其書為「偽書之晚出者」，張澍說「考五十篇內大都竊取孫子書，而附以迂腐之言，至不足道，蓋妄人所偽作」，姚際恒定為偽書。總的來看，《四庫全書總目》的批評雖然不能說完全準確，但也指出高氏在辨偽中存在的一些失誤。第二，某些辨偽的證據不夠充分，如高氏辨《鬻子》時稱其「辭意大略淆雜」，類似於《尚書》中的《大誥》《洛誥》篇，疑為「漢儒之所綴輯」，不過高氏沒有給出明確的證據，沒有具體說明哪些內容是漢儒的綴輯。高似孫的辨偽雖然存在一定的不足，但總體而言，高氏在辨偽方面頗具功力，是南宋時期子書辨偽的代表性人物之一，他沿著柳宗元開闢的道路，進一步以諸子為專題進行系統辨偽，在諸子辨偽方面起到承前啟後的重要作用，他在辨偽學上的貢獻不應被抹殺。

第三節　高似孫之辨偽方法

　　高似孫在辨偽方法上能夠綜合運用多種方法，深入子書的文本和思想內容加以考辨，顯示出他在辨偽方法上的成熟。顧頡剛先生最早對高似孫的辨偽方法進行總結：「高似孫的辨偽方法，有三點值得注意：第一，高氏能從年代的量度上提出問題……第二，高氏能從資料的比較上提出問題……第三，高氏能注意到古書有綴輯的現象及古書在綴集中的發展。」〔註123〕關於高似孫的辨偽方法，筆者將其歸納為九種：

一、據目錄辨偽

　　核之書目，根據著錄與否，考察該書的歷代流傳情況，這是判斷真偽的一個基本手段，如果一書的傳授來源不清楚，那麼其書可疑。明胡應麟「辨

〔註123〕顧頡剛主編：《古籍考辨叢刊》第 1 集，北京：社會科學文獻出版社，2010
　　　　年，頁 606～607。

偽八法」第一條就是「核之《七略》以觀其源」，可知這一方法的重要性。高似孫對古代書目非常熟悉，故能靈活運用這一方法。如辨《鬼谷子》云：「按劉向、班固錄書無《鬼谷子》，《隋志》始有之，列於縱橫家。《唐志》以為蘇秦之書；然蘇秦所記，以為周時有豪士隱者居鬼谷，自號鬼谷先生，無鄉里、族姓、名字。」〔註124〕高似孫認為《鬼谷子》一書，《漢志》《隋志》《唐志》相繼都有著錄，其書之流傳曉然可考，因而視《鬼谷子》為真。

又如《亢桑子》一書至唐代始出，《漢略》《隋志》均不載，高似孫認為其流傳可疑：「上既不知其人之仙否，又不識其書之可經，一旦表而出之，固未始有此書也。襄陽處士王襃來獻其書，書襃所作也。按《漢略》《隋志》皆無其書。」

二、據偽造事實辨偽

若一書中所記載的事件與其他可信的史書存在矛盾，這個事件不可能發生，則此書很可能是偽撰。高似孫辨《孔叢子》之偽即用此法。《子略》卷一《孔叢子》解題云：「《記問篇》載子思與孔子問答，如此，則孔子時子思其已長矣，然《孔子家語》後敘及《孔子世家》皆言子思年止六十二，孟子以子思在魯穆公時，固常師之，是為的然矣。按孔子沒於哀公十六年，後十六年哀公卒，又悼公立三十七年，元公立二十一年。穆公既立，距孔子之沒七十年矣。當是時，子思猶未生，則問答之事安得有之耶？此又出於後人綴集之言，何其無所據若此！」〔註125〕高氏指出《孔叢子·記問篇》中所載子思與孔子問答之事是不可能發生的，並根據《孔子家語後敘》《孔子世家》《孟子》的記載，證明子思生於孔子死後，因此懷疑《孔叢子》為偽書。

三、據思想辨偽

通過考察某一典籍中的思想與作者所處的時代是否相合，我們可以考辨其書的真偽與否。高似孫辨《列子》就是用的這種方法。《子略》卷二《列子》解題云：「至於『西方之人有聖者焉，不言而自信，不化而自行』，此故有及於佛，而世猶疑之。『天毒之國紀於《山海》，竺乾之師聞於柱史』，此楊文公之

〔註124〕（宋）高似孫：《子略》，叢書集成初編本，上海：商務印書館，1939年，頁34。

〔註125〕（宋）高似孫：《子略》，叢書集成初編本，上海：商務印書館，1939年，頁14。

文也。佛之為教已見於是，何待於此者乎！」〔註126〕《子略》指出《列子》一書存在佛教思想，而佛教思想在先秦時還沒出現，從而證《列子》晚出。此說影響甚廣，黃震《黃氏日鈔》、宋濂《諸子辨》、姚際恒《古今偽書考》、錢大昕《十駕齋養新錄》、梁啟超《古書真偽及其年代》、馬敘倫《列子偽書考》等辨偽專著都沿用他的觀點。

又如，高似孫辨《鬼谷子》云：「夫一闔一闢，《易》之神也；一翕一張，老氏之幾也。鬼谷之術往往有得於闔闢、翕張之外，神而明之，益至於自放，潰裂而不可禦。予嘗觀諸《陰符》矣，窮天之用，賊人之私，而陰謀詭秘有《金匱》《韜略》之所不可該者，而鬼谷盡得而泄之。」高氏指出《鬼谷子》的思想源於《易》和《老子》，故而認為該書是先秦古書，這就是根據思想來源進行辨真。

四、據內容矛盾辨偽

如果一部著作在內容上互相矛盾，或所述觀點淺陋，則這部書值得懷疑。高似孫在辨《戰國策》時採用了這一方法，《戰國策》「叢脞少倫，同異錯出，事或著於秦、齊，又復見於楚、趙，言辭謀議，如出一人之口」，認為《戰國策》一書在內容上存在前後牴牾之處，因此懷疑該書的真實性，這就是從內容矛盾上進行考辨。

五、據稱引辨偽

一部著作的內容一般都會存在引用與被引用的情況，當世及後世對該書的稱引或評論情況可以幫助考辨其書之真偽。胡應麟總結這種方法為「核之並世之言以觀其稱，核之異世之言以觀其述」。高似孫辨《金匱》《六韜》時就採用了這種方法，《子略》卷一《太公金匱六韜》解題云：

> 《詩》曰：「維師尚父，時維鷹揚，諒彼武王，肆伐大商，會朝清明。」鄭康成稱其「天期已至，兵甲之疆，師率之武，故今伐商，合兵以清明也」。《牧誓》曰「時甲子昧爽，武王朝至於商郊牧野」，與《詩》合也。武王之問太公曰：「何以知人心？」王時寢疾。太公負而起之曰：「行迫矣，勉之！」武王乃駕鷟冥之車，周旦為之御，

〔註126〕（宋）高似孫：《子略》，叢書集成初編本，上海：商務印書館，1939年，頁24。

至於孟津，大黃參連弩，大才扶骨車、飛鳧、電影、方頭鐵錘、行馬，渡溝飛橋、鷹爪方凶鐵把、天陣、地陣、人陣、積楛臨衝，雲梯飛樓，武衝大櫓，雲火萬炬，吹鳴箛。審此，則康成所曰「兵甲之疆，師率之武」為可考歟？亦《詩》所謂「檀車煌煌，駟騵彭彭」者也。又考諸武王曰：「殷可伐乎？」太公曰：「天與不取，反受其咎。」武王又曰：「諸侯已至，士民何如？」太公曰：「大道無親，何急於元士。」武王又曰：「民吏未安，賢者未親，何如？」太公曰：「無故無新，如天如地。」其言若有合於《書》者。《詩》之上章曰「保右命爾，燮伐大商」「上帝臨汝，無貳爾心」，此之謂歟？〔註127〕

高似孫認為《金匱》《六韜》所記載的文字與《詩經》《尚書》多有相合之處，因而認為《金匱》《六韜》實非偽書。

六、據序跋辨偽

若一書序跋中的記載有不符合事實的情況，或其中存在杜撰之事，則此序跋很可能是偽撰，其書可疑。高似孫辨《尹文子》時對仲長統《序》的真假提出懷疑：「仲長統為之序，以子學於公孫龍。按龍客於平原君，趙惠文王時人也。齊宣王死，下距趙王之立四十餘年矣。則子之先於公孫龍，為甚明，非學乎此者也。」〔註128〕高似孫根據尹文子先於公孫龍，指出仲長統《序》所謂「尹文子學於公孫龍」之說並不符合事實，從而證《尹文子》之偽。

七、據因襲辨偽

如果一書的大部分內容與之前的書相似，抄襲痕跡明顯，那麼此書很可能就出自偽造。找出其書抄襲的文獻來源，揭露抄襲的具體手段，這是一種較為可靠的辨偽方法。高似孫在辨偽的過程中善於使用這種方法，如關於《曾子》一書，高似孫認為：

《曾子》者，曾參與其弟子公明儀、樂正子春、單居離、曾元、曾華之徒，講論孝行之道、天地事物之原，凡十篇。自《修身》至於《天圓》，已見於《大戴禮》，篇為四十九，為五十八；他又雜見

〔註127〕（宋）高似孫：《子略》，叢書集成初編本，上海：商務印書館，1939年，頁13。

〔註128〕（宋）高似孫：《子略》，叢書集成初編本，上海：商務印書館，1939年，頁28。

於《小戴禮》，略無少異。是固後人掇拾以為之者歟？〔註129〕

高似孫根據《曾子》的材料來源於《大戴禮》和《小戴禮》，認為《曾子》是後人綴集之書。

又如關於《亢桑子》一書，高似孫說：「今讀此編，往往采諸《列子》《文子》，又采諸《呂氏春秋》《新序》《說苑》，又時采諸《戴氏禮》，源流不一，往往論殊而辭異，可謂雜而不純，濫而不實者矣。」〔註130〕高似孫發現《亢桑子》剽竊《列子》《文子》《呂氏春秋》《新序》《說苑》《戴氏禮》之文，源流不一，從而斷定其為偽書。

八、據文辭辨偽

不同時代的文辭有各自的特點，先秦、兩漢、魏晉典籍的文辭風格絕難相混，因而可據之辨偽，此即胡應麟所謂「核之文以觀其體」之法。高似孫辨《鬻子》《曾子》等就使用了這種方法。高似孫辨《鬻子》云：「其書辭意大略淆雜，若《大誥》《洛誥》之所以為書者。是亦漢儒之所綴輯者乎？」〔註131〕高似孫認為《鬻子》文辭淆雜，懷疑該書經漢儒綴輯。

關於《曾子》，高似孫云：「又其言曰：『君子愛日，及時而成，難者不避，易者不從。且就業夕自省，可謂守業。年三十四十無藝，則無藝矣；五十不以善聞，則無聞矣。』質諸『吾日三省吾身』，何其辭費耶？」〔註132〕高似孫將《曾子》中的這一段話與《論語》中曾子所說的「吾日三省吾身，為人謀而不忠乎？與朋友交而不信乎？傳不習乎？」進行對比，得出了「辭費」的結論，從而對《曾子》一書產生了懷疑。

九、據撰者辨偽

作偽的一種重要手段就是不自署名而假託他人，藉重他人之名以傳其書。若一書的作者為作偽者所假託或其人根本不存在，那麼其書可疑。高似孫在

〔註129〕（宋）高似孫：《子略》，叢書集成初編本，上海：商務印書館，1939年，頁14。

〔註130〕（宋）高似孫：《子略》，叢書集成初編本，上海：商務印書館，1939年，頁31。

〔註131〕（宋）高似孫：《子略》，叢書集成初編本，上海：商務印書館，1939年，頁13。

〔註132〕（宋）高似孫：《子略》，叢書集成初編本，上海：商務印書館，1939年，頁14。

考辨偽書時注意到從撰者的角度加以分析。如關於《亢桑子》一書，高似孫指出：「上既不知其人之仙否，又不識其書之可經，一旦表而出之，固未始有此書也。襄陽處士王襃來獻其書，書襃所作也。」〔註133〕高氏認為《亢桑子》並非庚桑楚所撰，實際是襄陽處士王襃偽撰。

又如關於《列子》一書，高似孫辨曰：「觀太史公史殊不傳列子，如莊周所載許由、務光之事。漢去古未遠也，許由、務光往往可稽，遷獨疑之；所謂禦寇之說，獨見於寓言耳，遷於此詎得不致疑耶？周之末篇敘墨翟、禽滑釐、慎到、田駢、關尹之徒以及於周，而禦寇獨不在其列。豈禦寇者，其亦所謂鴻蒙列缺者歟？」高似孫根據漢代以前文獻對列子其人的稱引情況，認定列子為虛構人物，從而證《列子》之偽：首先，《史記》不載列子就說明司馬遷已經懷疑列子其人；其次，《莊子‧天下篇》敘先秦諸子而不載列子。

綜上所述，高似孫在辨偽方法上體現出多樣化的特點，體現較為成熟的一面。張富祥先生在《宋代文獻學研究》一書對宋人的辨偽方法有這樣的評價：「宋人的辨偽方法已經相當成熟，後世所作的條理工作，如明代胡應麟在《四部正訛》中提出的八條方法，近人梁啟超在《中國歷史研究法》中提出的十二條公例，在宋人的辨偽實踐和論說中都可以找到許多例證。究實言之，古書辨偽的具體途徑到兩宋時期差不多都已打通。後人雖做得較為細密，而大要不外有三：一是從著錄和流傳上作考察；二是從書籍的內容上（包括事實和義理）作比較研究；三是從體例和文法、文風上作鑒別。」〔註134〕此不失為持平之論。高似孫的辨偽為這一論斷提供一個實例。高似孫注重對書籍的內容進行比勘，或找出後人作偽、附益的材料來源以證偽，或根據其書與先秦古籍的相互印證以辨真。這種比勘證偽法創自柳宗元，但唐宋時期運用這一方法的學者寥寥無幾，到了高似孫這裡，就成了非常重要的辨偽手段。如《陰符經》一書，其真偽頗有爭議，高氏根據《陰符經》「與八卦相表裏」以及《六韜》《金匱》對《陰符經》的引用，辨《陰符經》為先秦古書。又如《鬼谷子》一書，柳宗元以為「難信」的偽書，高氏則認為《鬼谷子》在風格上與《周易》《老子》接近，吸收了《陰符經》《六韜》等典籍的思想內容，「出

〔註133〕（宋）高似孫：《子略》，叢書集成初編本，上海：商務印書館，1939年，頁31。

〔註134〕張富祥：《宋代文獻學研究》，上海：上海古籍出版社，2006年，頁320～321。

於戰國諸人之表」，不當以偽書視之。從高似孫的例子可以看出，到了南宋時期，辨偽方法逐漸向實證化的方向發展，這是其成熟性的一個重要表現。顧頡剛先生對高似孫的這種辨偽方法有高度評價：「這種溯流尋源的方法，到了清代學者手裏就成了極銳利的武器，像閻若璩、惠棟、丁晏之於偽《古文尚書》，孫志祖、范家相之於偽《孔子家語》，把偽作者的會萃和綴緝的手段完全揭露了出來，哪些是有所根據的，哪些是把原文修改或誤用的，哪些是偽作者杜造出來的，和盤托出，就再沒有辯護的餘地了。」〔註135〕

〔註135〕顧頡剛主編：《古籍考辨叢刊》第 1 集，北京：社會科學文獻出版社，2010年，頁 607。

第五章　高似孫之輯佚學

　　關於輯佚工作的起源，自王鳴盛、章學誠以來，聚訟不已，但多數學者主張輯佚工作始於宋代〔註1〕，其中又分為「源於《相鶴經》」、「源於高似孫《古世本》」和「源於王應麟《三家詩考》」三種說法。近年來，又有學者提出「晉代說」「唐代說」「補亡說」「南朝說」等新說。一些學者對高似孫的輯佚專書《古世本》有所討論。不過，學界對高似孫的輯佚觀念、輯佚成就等問題還缺乏較為深入的探討。日本著名漢學家內藤湖南對《史略》輯佚成就的看法值得注意，他在《中國史學史》指出《史略》「對於那些已經亡佚的書籍，作者就從其他書中引用的部分抄出，雖說形式簡略但是後來王應麟那種寫作方法，在他這裡已經有了一次嘗試」，「與王應麟同樣的方法在高似孫這裡更早就已經意識到了，所以不能不承認其偉大的意義」〔註2〕。南宋時期，鄭樵的輯佚思想影響深遠，極具啟發意義，不過其說也存在粗淺空泛的一面，沒有提出有效、細緻的輯佚方法。高似孫的輯佚工作則是南宋學者在輯佚實踐上的一次嘗試，儘管他的輯佚成果現在看來較為簡略，漏輯之處亦復難免，其輯佚專書《古世本》因亡佚而無從窺其原貌，但他已經意識到輯佚的重要

〔註1〕張舜徽先生說：「葉氏對過去學者們的說法加以反駁，認為不是從王應麟才開始輯佚。儘管他們的見解有些不同，但輯佚的工作，畢竟是宋代學者開其端，這是大家所公認了的。」（張舜徽：《中國文獻學》，武漢：華中師範大學出版社，2004 年，頁 149）趙振鐸先生也認為：「從前代文獻裏也許還可能找到更早的記載，但是，一般公認輯佚工作是從宋代開始。」（趙振鐸：《古代文獻知識》，成都：四川人民出版社，1980 年，頁 204）。

〔註2〕（日）內藤湖南著，馬彪譯：《中國史學史》，上海：上海古籍出版社，2008 年，頁 192、194。

意義，並且基本上掌握了輯佚的方法，從輯佚方法這一層面上為後來王應麟輯《三家詩考》及《周易鄭康成注》提供了有益的借鑒。一般認為，清代輯佚學開端於王應麟。〔註3〕實際上，高似孫也是南宋從事輯佚工作的代表性人物之一，為南宋輯佚學的發展乃至後來清代輯佚學的繁榮提供了可貴的實踐經驗。本章重點對高似孫的輯佚觀念和輯佚成就進行分析。

第一節　高似孫之前的輯佚學

輯佚作為一種文獻方法出現較早。劉向校書時就有增補佚文的工作。〔註4〕東漢馬融已經運用輯佚的方法考辨《尚書·泰誓》的真偽。唐馬總《意林》就是從經注、類書中摘出漢代以前諸子的佚文，這同樣具有輯佚的性質。一般認為輯佚學作為一門學問起源於宋代。宋初因五代戰亂之弊，圖書多蕩然無存，對古書進行輯佚的欲望較前代更為突出，而雕版印刷的廣泛應用使圖書獲取更為容易，士大夫藏書之風盛行，同時大型類書的編纂也為輯佚提供了良好的條件。兩宋從事輯佚的學者既多，輯佚的範圍也涵蓋經史子集，尤以集部為多。清代版本學家葉德輝指出：「漢、魏、六朝諸家集見於宋以後書目者，大都後人從唐、宋人類書採輯而出。」〔註5〕劉咸炘先生也有類似觀點：「宋世所傳唐人小說、唐以上人文集，卷數多與原書不合，校以他書所引，往往遺而不錄，蓋皆出於宋人拾掇而成，此即輯佚之事也。」〔註6〕以下對宋人輯佚的重要成果進行簡要說明。

陳景元（1025～1094），字太虛，號真靖師，自號碧虛子，南城（今江西南城）人，北宋道士，著有《道德經注》《莊子注》《老氏藏室纂微》《南華真經章句音義》等，輯有《相鶴經》。黃伯思《東漢餘論·跋慎漢公所藏〈相鶴經〉後》云：「《隋·經籍志》《新·藝文志》，《相鶴經》皆一卷。今完書逸矣，特自馬總《意林》及李善《文選注》、鮑照《武鶴賦》抄出大略，今真靖陳尊

〔註3〕關於王應麟在輯佚上的開創之功，《四庫全書總目》卷十五《詩考》提要云：「古書散佚，搜採為難，後人踵事增修，較創始易於為力，篳路藍縷，終當以應麟為首庸也。」

〔註4〕參見孫德謙：《劉向校讎學纂微》，元和孫氏思益宦1923年刊本。

〔註5〕葉德輝：《郋園讀書志》卷七，《湖南近現代藏書家題跋選》第1冊，長沙：嶽麓書社，2011年，頁359。

〔註6〕劉咸炘：《劉咸炘論目錄學·目錄學》，上海：上海科學技術文獻出版社，2008年，頁18。

師所書即此也……政和六年秋，於山陽從慎漢公借覽，並觀漢公題後……此經蓋真靖頃遺漢公者。」可見，陳景元確輯有《相鶴經》一書。

　　譚愈輯有《揚子雲集》五卷。《揚雄集》在宋時已不見流傳。《郡齋讀書後志》卷二載：「古無雄集，皇朝譚愈好雄文，患其散在諸篇籍，離而不屬，因綴輯之，得四十餘篇。」陳振孫《直齋書錄解題》卷十六稱此書「大抵皆錄《漢書》及《古文苑》所載」。《四庫全書總目》稱：「《漢書·藝文志》《隋書·經籍志》《唐書·藝文志》皆載雄集五卷。其本久佚，宋譚愈始取《漢書》及《古文苑》所載四十餘篇，仍輯為五卷，已非舊本。」

　　歐陽修（1007～1072），輯有《詩譜補亡》。東漢時鄭玄在《毛詩傳箋》之外另撰《詩譜》以補《詩序》之不足。後來《詩譜》亡佚，歐陽修輯《詩譜補亡》，並撰有《詩譜補亡序》及《詩譜補亡後序》。《郡齋讀書志》卷二《詩譜》解題云：「歐陽永叔補其闕，遂成全書。」《直齋書錄解題》對其輯佚經過有詳細的敘述：「其序云：慶曆四年至絳州得之，有注而不見名氏。《譜序》自『周公致太平』已上皆亡之，取孔氏《正義》所載補足之，因為之注。自此以下即用舊注。考《春秋》《史記》，合以毛、鄭之說，補《譜》之亡者，於是其書復完。」

　　曾鞏（1019～1083），輯有劉向《新序》。《新序》原書 30 卷，至宋時已殘缺，曾鞏輯為 10 卷。《郡齋讀書志》稱《新序》「世傳本多亡闕，皇朝曾子固在館中，日校正其訛舛，而綴緝其放逸，久之，《新序》始復全」。

　　馮椅，字奇之，一作儀之，號厚齋，南康都昌人，性敏博學，精於經術。對《易》《書》《詩》《論語》《孟子》《孝經》等書皆有輯說。《四庫全書總目》稱其書「今多不傳，惟所輯《易說》，尚散見《永樂大典》中……《永樂大典》編纂不出一手，割裂其文，雜附於各卦爻下」。

　　吉天寶，輯有《孫子十家注》。《宋史·藝文志》兵書類著錄此書。清孫星衍《孫子兵法序》稱：「十家者：一魏武，二梁孟氏，三唐李筌，四杜牧，五陳暤，六賈林，七宋梅聖俞，八王晳，九何延錫，十張預也。」〔註7〕

　　翟書，字耽伯，濟南人，輯田告佚文四十八篇為《睽叟別傳》一書。《澠水燕談錄》載：「田徵君告，字象宜，篤學好文，理致高古。嘗學詩於希夷先生，先生以《詩評》授之，故詩尤清麗。平居寡薄，志在經世……淳化中，韓丕言於天子，召君赴闕，詔書及門而卒。其後，文多散墜。皇佑中，濟南

<hr>

〔註7〕（清）孫星衍：《孫子十家注》，岱南閣叢書本。

翟書耽伯哀其遺逸，得四十八篇，析為三卷，又次其出處，為《暎叟別傳》云。」〔註8〕

宋敏求（1019～1079），輯有《劉賓客詩外集》。《劉禹錫集》在宋時已零落不全，《崇文總目》僅載《劉賓客詩外集》三卷。宋敏求廣泛搜集劉夢得的遺詩逸文，編成《劉賓客詩外集》十卷，其輯佚經過載於宋敏求《〈劉賓客外集〉後序》。《直齋書錄解題》卷十六：「集本四十卷，今逸去十卷。常山宋次道哀輯其遺文，得詩四百七篇、雜文二十二篇，為《外集》。然未必皆十卷所逸也。」

王欽臣等輯有《陶弘景集》。《陶弘景集》至宋代已經散佚，宋本《貞白先生陶隱居文集》江總序云：「先生文集三十卷，內集十五卷，今皆亡失不傳。故禮部侍郎王公欽臣哀其遺文三十二篇，以為一卷。南豐曾恂復得《寒夜愁》《胡笳》二詩於《古樂府集》中，《難沈鎮軍〈均聖論〉》於《弘明集》中。因考其製作先後，為之次，以類相從，並殘文附於後。」〔註9〕除王欽臣外，曾恂也參與了該書的輯佚。

佚名輯《曹植集》。曹植生前曾自編文集為《前錄》，載賦七十八篇，後來魏明帝曹叡又下詔重編，但最初的兩種版本都已散佚。陳振孫《直齋書錄解題》卷十六：「《陳思王集》二十卷……其間亦有採取《御覽》《書抄》《類聚》諸書中所有者，意皆後人附益，然則亦非當時全書矣。」宋人還輯有《曹植集》十卷，刻於南宋嘉定六年。

宋代學者不僅從事具體的輯佚實踐，而且在實踐基礎上對輯佚理論加以總結。南宋學者鄭樵是對輯佚理論進行探討的第一人，他在《通志·校讎略》中集中對亡書訪求及輯佚問題進行專門論述，相關篇章有《書有名亡實不亡論》《闕書備於後世論》《亡書出於後世論》《亡書出於民間論》《求書之道有八論》《編次必記亡書論》等。他在《書有名亡實不亡論》中指明了輯佚的具體途徑：「古書有亡者，有雖亡而不亡者，有不可以不求者，有不可求者。《文言略例》雖亡，而《周易》具在；漢魏吳晉鼓曲雖亡，而《樂府》具在；三禮目錄雖亡，可取諸《三禮》；《十三代史目錄》雖亡，可取諸《十三代史》……《毛詩蟲魚草木圖》蓋本陸機疏而為圖，今雖亡，有陸機疏在，則其圖可圖

〔註8〕（宋）王辟之撰，呂友仁點校：《澠水燕談錄》，北京：中華書局1981年，頁44。

〔註9〕（南朝梁）陶弘景著，王京州校注：《陶弘景集校注》，上海：上海古籍出版社，2009年，頁252。

也……凡此之類，名雖亡而實不亡者也。」〔註10〕《求書之道有八論》云：
「求書之道有八：一曰即類以求，二曰旁類以求，三曰因地以求，四曰因家
以求，五曰求之公，六曰求之私，七曰因人以求，八曰因代以求。」〔註11〕
這八種求書方法不僅是圖書搜集的方法，也是佚書輯錄的具體方法。雖然鄭
樵的輯佚理論還不夠精密細緻，但不可否認其見識之卓越，他的輯佚思想對
高似孫、王應麟等後來學者無疑具有啟發作用。

第二節　高似孫之輯佚觀念

　　高似孫對文獻散佚的嚴重性有著清醒的認識，他在著作中對圖書散佚的
問題頗為關注。關於秦代焚書之厄，《子略》稱：「先秦古書，甫脫燼劫，一入
向筆，採擷不遺。」〔註12〕高氏以「燼」「劫」二字來形容焚書坑儒對圖書文
獻的破壞程度，同時對劉向輯佚之功表示讚賞。又《史略》卷五「《七略》中
古書」條：「凡《七略》書五百九十三家，而古之奇書為絕少。今錄三代以前
書，不及一二十種。春秋以來至秦諸子雜書百餘家，不必錄，有以古書為名，
而師古諸人以為後人所作，或曰『以後世語』，或曰『其言俗薄』者，亦不錄。
是知秦火之厄酷矣！所謂不必錄者，入《隋·經籍》《唐·藝文》，則又無此書
矣，惜哉！」〔註13〕高氏發現《七略》中三代以前的古書極少，認為其中的
原因在於秦代焚書帶來的嚴重破壞，造成圖書大量亡佚。

　　高氏注意到自《史記》以來史書大量失傳的現象，《史略》自序云：

　　　　太史公以來，載籍之作，大義粲然著矣。至於老蝕半瓦，著力
　　汗青，何止間見層出，而善序事，善裁論，比良班、馬者，固有犖
　　犖可稱。然書多失傳，世固少接，被諸簽目，往往莫詳，況有窺津
　　涯、涉閫奧者乎！乃為網羅散軼，稽輯見聞，採菁獵奇，或標一二。

　　對於唐代安史之亂對史書的破壞，高氏寫道：「喪亂之餘，實錄散失，纂
開元、天寶間事，唯得諸家文集，編其詔冊名臣傳記，十無三四，後人以漏略

〔註10〕（宋）鄭樵：《通志二十略·校讎略》，北京：中華書局，2000 年，頁 1807～
　　　　1808。
〔註11〕（宋）鄭樵：《通志二十略·校讎略》，北京：中華書局，2000 年，頁 1813。
〔註12〕（宋）高似孫撰，司馬朝軍校釋：《子略校釋》，濟南：山東人民出版社，2018
　　　　年，頁 356。
〔註13〕（宋）高似孫著，王群栗點校：《史略》卷五，《高似孫集》，杭州：浙江古籍
　　　　出版社，2015 年，頁 352。

稱之。初至德二年，史官于休烈等奏，自經賊火，《國史》《實錄》並無其本，合詔府縣搜訪，重加購賞，數月唯得書一二百卷。」〔註14〕

　　高氏在《史略》中列《漢書》音義十六家，其中只有五家見於顏師古所列的二十三家《漢書》舊注，如隋代著名學者蕭該所撰《漢書音義》儘管「最為精祥」，但也沒有被顏師古引用，以至於難窺其貌。高氏注意到顏注之前的《漢書》舊注大多亡佚不傳，不為人所知：「書之遺落者，蓋不止此而已。」

　　高似孫作為一名詩人熟知詩賦文獻，集部文獻散佚的嚴重情況也令他頗為感歎，《緯略》卷三「子雲千賦」條載：

　　　　桓譚少好文，見子雲工賦頌，欲從學。子雲曰：「能讀千賦，則善之矣。」（《新論》）按《藝文志》：自《屈原》《唐勒》至《劉向》《王襃賦》二十家、三百六十一篇；又自《陸賈》《枚皋》至《張豐》《朱宇賦》二十一家、二百七十四篇；《孫卿》《秦時雜賦》至《華龍》《路恭賦》，二十五家、百三十六篇；又《客主賦》《頌德賦》至雜賦，十二家、二百三十三篇，數亦千篇。子雲所讀，其謂是歟？獨淮南《賦》八十二篇，枚皋《賦》百二十篇。今所見者，淮南《屏風賦》、枚皋《兔園賦》耳。〔註15〕

《漢志》載《淮南王賦》八十二篇、《枚皋賦》一百二十篇。高似孫稱當時僅淮南王劉安的《屏風賦》和枚皋的《兔園賦》傳世，文學作品亡佚之嚴重於此可見一斑。這裡高似孫把枚乘的《兔園賦》誤認為是枚皋的作品，實際上枚皋的賦作都亡佚了。

　　《史略》「東漢以來書考」條對東漢至南宋歷代的圖書收藏情況進行了總結，雖然這些內容依據《隋書‧經籍志序》《容齋隨筆》改編而成，但高似孫在編纂材料時有意突出圖書散佚這一現象，如東漢董卓之亂、西晉劉石亂華、齊末秘閣失火、梁元帝自焚圖書、陳朝戰亂、後魏尒朱之亂、唐安史之亂、唐黃巢之亂等，尤其是「本朝」部分重點說明了宋代官方圖書散佚的情況以及宋綬、晁氏、邯鄲李氏及劉壯輿等私家藏書散佚的情況。高似孫《子略目》對前代書目的案語也涉及書籍散佚問題，如《漢書‧藝文志》案語：「自書災於秦，文字

〔註14〕（宋）高似孫著，王群栗點校：《史略》卷三，《高似孫集》，杭州：浙江古籍出版社，2015年，頁308。

〔註15〕（宋）高似孫著，王群栗點校：《緯略》卷三，《高似孫集》，杭州：浙江古籍出版社，2015年，頁566。

掃蕩，斷章脫簡，不絕如線。上天祿、石渠、麒麟閣者，曾不一二。」《隋書・經籍志》案語：「煬帝立，別錄副本，分三品……東都及觀文殿藏焉。又聚魏以來古蹟名繪於二閣，此為奇矣。而唐舟沉於砥柱，存不一二，為之嗟惜。」《唐書・藝文志》案語：「初，隋嘉則殿書卷三十七萬，太府卿宋遵貴運入京，覆於砥柱……安祿山反，尺簡不藏。元載相奏以錢一千購一卷。文宗時，侍講鄭覃言經籍未備，詔秘閣搜訪，乃復完。黃巢亂，又益少。昭宗播遷，在京制置使孫惟晟斂書，寓教坊於秘閣，詔以書還。既徙洛，蕩無遺矣。」從這些記載來看，高似孫對歷代的圖書散佚情況頗為熟悉，對宋代圖書的散亡更是了然於胸。

　　高似孫曾分析文獻散逸的原因，總結文獻保存的經驗教訓。《緯略》卷七「三本書」條載：

> 余在館時，日以校對，猶是郡國民間所上本，館閣不曾再行繕書，又止有一本一篇，借出竟成失落，故闕書亦多。又秘閣所藏書亦無書目，真贗無辨，殊闕典也。承平時，士大夫家藏書如常山宋氏、南都戚氏、歷陽沈氏、廬山李氏、九江陳氏、鄱陽吳氏，中興初如三山余氏、臨川吳氏、會稽陸氏、諸葛氏，今皆散逸矣，況有三本乎？〔註16〕

高似孫認為官府藏書散逸的主要原因在於：第一，藏書副本過少，由於民間所進獻的圖書是官府藏書的重要來源，但館閣沒有抄錄副本，圖書借出後容易造成缺書問題；第二，秘閣藏書沒有經過編目；第三，政府對藏書管理不嚴，官書流失現象嚴重。對於如何解決藏書的散逸問題，高似孫認為增加圖書副本是一個重要措施。

　　從高氏自身的學術愛好來看，他好古敏求，尤嗜於搜羅遺文逸篇，自言有「好古之癖，每有悅乎異帙奇篇」〔註17〕，故而《太平御覽》、《世說新語》劉孝標注、《文選》李善注等書受到高氏的青睞，我們在高氏著述中往往能看到他所搜羅的逸文。高似孫是宋代學者中對書籍散佚問題非常關注的一位，歷史上書籍散佚之嚴重令他數次「為之嗟惜」，他不僅對文獻輯佚有著很大的興趣，而且具有搜集和保存文獻的責任感，他以「網羅散軼，稽輯見聞」為己

〔註16〕　（宋）高似孫著，王群栗點校：《緯略》卷七，《高似孫集》，杭州：浙江古籍出版社，2015年，頁641。

〔註17〕　（宋）高似孫撰，司馬朝軍校釋：《子略校釋》，濟南：山東人民出版社，2018年，頁248。

任，盡力搜尋遺文佚句，就是為了彌補文獻散佚的缺憾，使人們對那些佚書的內容有所瞭解。

　　結合當時的時代背景來看，高似孫的輯佚工作有著深刻的社會背景和現實需求。兩宋之際，兵燹頻繁，對宋代的公私藏書帶來了嚴重破壞，靖康之難更是古代圖書史上的一次浩劫，時人對此多有記載，如汪藻《靖康要錄》曰：「秘閣圖書狼藉泥中，金帛尤多，踐之如糞壤。書史以來，安祿山陷長安以後，未有如今日之甚。二百年來庫藏蓄積，二百年府庫蓄積，一旦掃地盡矣。」〔註18〕孫覿《鴻慶居士集》云：「嗚呼！慨自靖康之亂，中秘圖書之府與夫私家之所藏、鬻書之肆，焚滅為炭，爐無遺者。學者訪異書，問奇字，屬古文，漫然無所考。」〔註19〕高似孫《史略》引《容齋隨筆》說「本朝承五季後，書皆蕩焚」。南宋初期文獻的保存狀況與北宋相比發生了相當大的變化，「奇秘缺逸較前稍損，所增多近代編述」，文獻訪求的迫切需要是當時學者不得不面對的一個重要現實問題。崔文印指出：「高似孫和章如愚，主要生活在宋孝宗、光宗、寧宗時期。這一時期，偏安一隅的南宋王朝政局相對穩定，他們對我國古代文獻的考索之作的出現，從某種意義來說並非偶然，因為這種對古代文獻的考索和探求，正是經過靖康之難對文獻的空前浩劫之後，人們注重探索和訪求古代文獻的一種必然趨勢。」〔註20〕靖康之難客觀上促進了學者對古今文獻保存的反思，更加重視輯錄佚書佚文，成為南宋輯佚學形成的一個直接推動因素。

　　從書籍傳播的形式來看，宋代的雕版印刷達到了一個新的高度。唐代以前，書籍主要以寫本形式存在，人們獲取知識主要靠人工抄書，速度慢，效率低，錯誤多，成本高，知識的傳播效率很低。總集、類書等大部頭書因卷帙繁重，傳抄不易，導致傳本稀少，以至於易於失傳。而唐後期以來，雕版印刷的逐漸應用使這一情況大為改觀，特別是北宋慶曆年間活字印刷術的發明，對圖書刊刻帶來了革命性的變化，大大提高了印刷效率，降低了印刷成本，雕版印刷不斷普及，以至於「鋟板成市，板本布滿天下，而中秘所儲，莫不家藏而人有」「無漢以前耳受之艱，無唐以前手抄之勤，讀書事半而功倍」〔註21〕。文化的

〔註18〕（宋）汪藻著，王智勇箋注：《靖康要錄箋注》卷十六，四川大學出版社，2008年，頁1792。

〔註19〕（宋）孫覿：《鴻慶居士集》卷三十，文淵閣四庫全書本。

〔註20〕崔文印：《高氏諸略與章氏〈山堂考索〉》，《史學史研究》1994年第1期。

〔註21〕（元）吳澄：《吳文正公集》卷十九，《贈鬻書人楊良輔序》，清乾隆二十一年（1756）刊本。

傳播速度大大加快，宋人的讀書方式和治學方式發生了顯著變化，書籍的廣泛傳播使學者獲取書籍的條件大為改善，以往的珍本秘籍得以在民間流傳。蘇軾曾這樣形容當時刻本流行的情形：

> 自秦、漢以來，作者益眾，紙與字畫日趨於簡便，而書益多，世莫不有，然學者益以苟簡。何哉？余猶及見老儒先生自言其少時欲求《史記》《漢書》而不可得，幸而得之，皆手自書，日夜誦讀，惟恐不及。近歲市人轉相摹刻諸子百家之書，日傳萬紙，學者之於書，多且易致如此，其文詞學術當倍蓰於昔人。〔註22〕

宋代在類書編纂上成就斐然，這種知識型文獻查找方便、包羅萬象、徵引極廣，也為學者輯佚提供了豐富的資料來源。

從輯佚學的發展歷程來看，宋代是輯佚學的初步形成時期，歐陽修、曾鞏、宋敏求等不少著名學者都投身於文獻輯佚的實踐，輯佚的自覺意識逐漸形成，如朱熹曾有據《文選》李善注輯《韓詩》的打算：「李善注《文選》，其中多有《韓詩》章句，常欲寫出。『易直子諒』，《韓詩》作『慈良』。」〔註23〕朱熹在《孝經刊誤》中還提到「欲掇取他書之言可發此經之旨者，別為《外傳》」。鄭樵等學者對輯佚的方法進行了一定的探索和總結，輯佚學的理論也在這一時期初步形成。輯佚學的發展為高似孫進行輯佚工作提供了參考和借鑒。

第三節　高似孫之輯佚成就

現代學者在討論輯佚的起源問題時都提到高似孫所輯的《古世本》。事實上，高氏輯佚的範圍遠不止此。李宗鄴先生在談及古書的輯佚時說：「到了南宋，就有人開始輯佚，如高似孫的《子略》《史略》《緯略》《騷略》《剡錄》等書，王應麟的《玉海》《困學紀聞》等書……都是輯佚範圍的工作。」〔註24〕李宗鄴先生的觀點發前人未發之覆，惜未進一步探討。李裕民《四庫提要訂誤》卷三《緯略》提要亦指出：「此書所引《東觀漢記》、諸家《後漢書》《晉書》《宋書》等，原書已佚，可供輯佚之用，吉光片羽，彌足珍貴。」〔註25〕高似孫對輯佚頗感興趣，投入了相當大的精力從事輯佚工作，除《古世本》

〔註22〕　（宋）蘇軾：《蘇軾文集》卷十一，北京：中華書局，1986年，頁359。
〔註23〕　（宋）朱熹：《朱子語類》卷八十，武漢：崇文書局，2018年，頁2066。
〔註24〕　李宗鄴：《中國歷史要籍介紹》，上海：上海古籍出版社，1982年，頁467。
〔註25〕　李裕民：《四庫提要訂誤》，北京：書目文獻出版社，1990年，頁140。

外，他的輯佚成果零散地分布於《子略》《史略》《緯略》《剡錄》等著述之中。

一、輯謝承、司馬彪、薛瑩和謝沈四家《後漢書》的佚文

　　謝承（生卒年不詳），字偉平，會稽山陰（今浙江紹興）人。三國吳大帝孫權謝夫人之弟，其父為東漢尚書郎。博學洽聞，尤熟於東漢史事及本郡掌故。孫權時曾任吳郡督郵，後升為五官郎中，遷長沙東部都尉、武陵太守，事蹟見《三國志・吳志・吳主權謝夫人傳》及裴松之注。著有《後漢書》一百三十餘卷、《會稽先賢傳》七卷，皆佚。謝承《後漢書》至宋代已不傳，宋太宗淳化年間吳淑在《進注事類賦狀》中稱此書遺逸。〔註26〕此書紀、志、傳俱全，並有所創新，如《兵志》《風教傳》為其首創，《獨行》《方術》《逸民》《烈女》諸傳為范書所繼承。魯迅稱「謝書最先，草創之功，足以稱紀」。清代以來，輯此書者甚眾，今有姚之駰、汪文臺、孫志祖、魯迅、周天游等人輯本。

　　司馬彪（公元240～306年），字紹統，河內溫縣（今河南溫縣）人。出身晉朝宗室，是高陽王司馬睦的長子。少篤學不倦，潛心經史，博覽群籍。泰始二年（266），為秘書郎，轉秘書丞。元康四年（294），拜散騎侍郎。事蹟見《晉書》本傳。注《莊子》，作《九州島春秋》，敘述三國史事。據《汲冢紀年》校正譙周《古史考》之誤共一百二十二條。以東漢史籍中史事「記述煩雜」，於是「討論眾書，綴其所聞」，著成《續漢書》八十篇，記載了自東漢光武帝至孝獻帝間約二百年的歷史，紀、傳、志均備。劉勰認為「司馬彪之詳實，華嶠之準當，則其冠也」，劉知幾對此書的評價也較高。司馬彪《續漢書》最遲在北宋初期已經佚而不全。〔註27〕姚之駰、章宗源、黃奭、汪文臺、王仁俊、周天游等人對此書有輯本。

　　薛瑩（？～282），字道言，沛郡竹邑（今安徽宿州）人。初為吳秘府中書郎，孫休即位，為散騎中常侍，後任左執法、曹尚書、太子少傅。孫皓在位時任左國史，參與編修《吳書》。入晉，官至散騎常侍。著有《新議》八篇、《後漢記》一百卷，均佚。《後漢記》是他的私撰之作，隋時殘缺，到宋代時已經散佚，高似孫稱此書不可見，今存佚文甚少，僅《光武贊》《明帝贊》《章帝贊》《安帝贊》《桓帝贊》《靈帝贊》及少數人物傳記的零散之語。有姚之駰、

〔註26〕（宋）吳淑：《進注事類賦狀》，《全宋文》卷一百一十四。

〔註27〕宋志英：《司馬彪〈續漢書〉考辨》，《史學史研究》2005年第2期，頁25～32。

黃奭、汪文臺、周天游等人的輯本。

謝沈（292～344），字行思，會稽山陰（今浙江紹興）人。《晉書》本傳稱他「博學多識，明練經史」。康帝即位後，任太學博士、尚書度支郎。尚書令何充、中書監庾冰稱其有史才，遷著作郎。撰《晉書》三十餘卷、《毛詩注》二十卷、《尚書注》十五卷、《後漢書》一百二十二卷、《文章志錄雜文》八卷、文集十卷等，均散佚。謝沈《後漢書》是《東觀漢紀》之後第一部關於東漢歷史的私撰史籍。《隋書·經籍志》著錄謝沈《後漢書》為八十五卷，則唐初已有殘缺，至宋代時《崇文總目》《直齋書錄解題》《郡齋讀書志》均不錄此書，高似孫稱此書不可見。此書輯本有姚之駰、黃奭、汪文臺、魯迅、周天游諸家。

高似孫《史略》卷二《後漢書》類載：

> 謝承、司馬彪、薛瑩、謝沈《後漢書》，先儒最稱其精，今是書不復可見，乃略采其精語一二。謝承史云：「徐孺子清妙高峙，超世越俗。」司馬彪史云：「蔡伯喈通達有雋才，博學善屬文，伎藝數術，無不精練。郭林宗處約味道，不改其樂。李元禮曰：『吾見士多矣，無如林宗者也。』及卒，蔡伯喈為作碑，曰：『吾為人作銘，未嘗不有慚容，惟郭有道碑頌無愧耳。』」薛瑩史云：「李元禮抗志清妙，有文武雋才。」又曰：「李膺、王暢、荀緄、朱寓、魏郎、劉佑、杜楷、趙典為八俊。」謝沈史曰：「俊者，卓出之名也。」諸人史句如此，可曰精矣。〔註28〕

高似孫明確指出謝承、司馬彪、薛瑩和謝沈《後漢書》都已佚失，對這四家《後漢書》的重要價值進行了肯定，以「先儒最稱其精」「採其精語」「可曰精矣」等語給予它們非常高的評價，並摘抄這四部書的佚文。從這些佚文的來源來看，都出自《世說新語》劉孝標注，具體來說就是《德行》《品藻》兩篇的注文。

另外，高似孫《緯略》還輯有謝承《後漢書》的四條佚文。如《緯略》卷一「解鳥語」條：「魏尚字文仲，高皇帝時為太史，曉鳥語（謝承《後漢書》）。」〔註29〕《緯略》卷二「習舊事」條：「蔣疊為太僕，久居臺閣，明習故事，在九卿位，數言便宜，奏議可觀。胡廣為太傅，時年八十四，練達事體，明解朝

〔註28〕　（宋）高似孫：《史略》，叢書集成初編本，上海：商務印書館，1939年，頁31～32。

〔註29〕　（宋）高似孫：《緯略》，叢書集成初編本，上海：商務印書館，1939年，頁15。

章，屢有補闕之益，京師號曰萬事不理問伯始。龔遂拜尚書侍郎，彌綸舊章，深識故典，每入朝奏事，當廷所問，應時捷對（謝承《後漢書》）。」〔註30〕《緯略》卷四「下榻」條：「徐穉字孺子，豫章人。陳蕃為太守，不接賓客，唯孺子來，特設一榻，去則懸之。又曰：『周璆字孟玉，陳蕃為太守，璆來置一榻，去則懸之也（出謝承《後漢書》）。』」〔註31〕《緯略》卷六「懷果」條：「殷輝字子倫，汝南人，每得甘果，持歸進其母。黃昌字聖真，會稽人，得珍玩可食之物，歸以進母（並謝承《後漢書》）。」〔註32〕

二、輯魏、吳別史佚文

《史略》輯錄了魚豢《魏略》、韋昭《吳書》、環濟《吳記》、張勃《吳錄》四家史書佚文。

魚豢，三國時京兆（今陝西西安）人。官至魏郎中，撰有《魏略》一書，事止明帝，為私撰紀傳體史書。今佚，有王仁俊、張鵬一輯本。劉知幾《史通·題目篇》云：「魚豢、姚察著《魏》《梁》二史，鉅細畢載，蕪累甚多，而俱榜之以略。考名責實，奚其爽歟。」〔註33〕高似孫《史略》對此提出不同意見：「魏氏別史五家，蓋可與陳壽《志》參考而互見者，亦一時記載之雋也，而魚豢《魏略》特為有筆力。」〔註34〕事實上，此書頗具史料價值，是《三國志·魏書》及裴松之注的主要資料來源。〔註35〕

韋昭（204～273），字弘嗣，晉時避司馬昭諱，改稱韋曜，吳郡雲陽（今江蘇丹陽）人。自幼好學，能屬文。初為丞相掾，後遷太子中庶子。會稽王孫亮即位，任太史令，與華核、薛瑩等同撰《吳書》。景帝孫休在位時，曾任中書郎，承旨校定眾書。末帝孫皓即位後，被封高陵亭侯，累官侍中，領左國史。稟性切直，因屢忤皓意，下獄死。華核嘗上疏營救韋昭，稱「今曜在吳，亦漢之史遷也」。《全上古三代秦漢三國六朝文》存其文五篇。事蹟見《三國志》卷六五《韋曜傳》。除《吳書》外，另有《漢書音義》《春秋外傳國語注》

〔註30〕 （宋）高似孫：《緯略》，叢書集成初編本，上海：商務印書館，1939年，頁24。
〔註31〕 （宋）高似孫：《緯略》，叢書集成初編本，上海：商務印書館，1939年，頁55。
〔註32〕 （宋）高似孫：《緯略》，叢書集成初編本，上海：商務印書館，1939年，頁86。
〔註33〕 （唐）劉知幾撰，（清）浦起龍釋：《史通通釋》，上海：上海古籍出版社，1978年，頁91。
〔註34〕 （宋）高似孫：《史略》，叢書集成初編本，上海：商務印書館，1939年，頁36。
〔註35〕 關於《魏略》的價值，參見柳春新：《〈魏略〉考論》，《中國典籍與文化論叢》，2009年，頁51～64。

《孝經解贊》《辨釋名》《博弈論》等著述。由於陳壽《三國志》廣為流傳，《吳書》逐漸不為人重，約在宋代時失傳。清人王仁俊有輯本，名為《吳書鈔》，見《玉函山房輯佚書補編》，僅存三條。

環濟，晉大興年間太學博士，著有《吳紀》《喪服要略》《帝王要略》。環濟《吳紀》記三國時孫吳史事。《隋書·經籍志》著錄為九卷，入正史類。新、舊《唐志》均作十卷，入編年類。鄭樵《通志·校讎略·編次之訛論》云：「《吳紀》九卷，《唐志》類於編年，是。《隋志》類於正史，非。」其書久佚，今無輯本。

張勃，西晉吳縣（今江蘇蘇州）人，張儼之子。與兄弟張翰馳名文苑。博學有史才，於三國孫吳歷史、士族及山川地貌、名勝傳奇、地名沿革、珍稀物產等探究詳贍。著有《吳錄》三十卷，該書為《三國志·吳書》裴注所引達八十餘處。其中《地理志》為《史記集解》《齊民要術》《水經注》《藝文類聚》《春秋左傳正義》《太平御覽》等書大量引用，後世輯刊為《吳錄地理志》。〔註36〕

高似孫《史略》卷二「魏、蜀、吳別史」類載：

> 魚豢《魏略》云：「李安國（豐）識別人物，海內注意。明帝得吾降人，問江東聞中國名士為誰？以安國對之。」〔註37〕又云：「許士宗（允）少與清河崔贊俱發名於冀州。」〔註38〕又云：「阮德如（侃）有俊才，而飾以名理，風儀雅潤，與嵇康為友。」〔註39〕又云：「荀文若（彧）為人英偉，折節待士，坐不累席。其在臺閣間，不以私欲撓意。」〔註40〕

〔註36〕李峰、湯鈺林編著：《蘇州歷代人物大辭典》，「張勃」條，上海：上海辭書出版社，2016 年。

〔註37〕出《世說新語·容止篇》劉孝標注，原文作「李豐字安國，衛尉李義子也。識別人物，海內注意。明帝得吳降人，問江東聞中國名士為誰？以安國對之。是時，豐為黃門郎，改名宣。上問安國所在，左右公卿即具以豐對。上曰：『豐名乃被於吳越邪？』仕至中書令，為晉王所誅」。案：「吾」劉注作「吳」，高似孫誤引。

〔註38〕出《世說新語·賢媛篇》劉孝標注，原文作「允字士宗，高陽人。少與清河崔贊俱發名於冀州，仕至領軍將軍」。

〔註39〕出《世說新語·賢媛篇》劉孝標注，實為《陳留志名》之文，高似孫誤以為《魏略》之文。

〔註40〕出《世說新語·品藻篇》注，原文作「彧字文若，潁川人。為漢侍中，守尚書令。彧為人英偉，折節待士，坐不累席。其在臺閣間，不以私欲撓意。年五十薨，諡曰敬侯，以其名德高，追贈太尉」。

　　韋昭《吳書》云：「諸葛瑾避亂渡江，大皇帝取為長史。遣使蜀，但與弟亮公會相見，退無私面。而又有容貌思度，時人服其弘量。」〔註41〕

　　環濟《吳記》云：「全子黃（琮）有德行義概。」〔註42〕又曰：「張子布（昭）忠正有才義。」〔註43〕

　　張勃《吳錄》云：「陸凱忠鯁有大節，篤志好學。」〔註44〕又曰：「孫策少有雄姿風氣。」〔註45〕

　　高似孫《緯略》也輯有魚豢《魏略》、張勃《吳錄》的佚文。如《緯略》卷四「氍毹毺㲪」條：「《魏略》曰：『大秦國以野蠶作繭，織成氍毹，文出黃白黑綠。』……《魏略》亦曰：『出大秦國，以羊氈、木皮、野絲為之，有五色、九色，鮮于東海所作。』」《緯略》卷四「十種琉璃」條：「大秦國出青、白、黑、黃、赤、綠、紺、縹、紅、紫（《魏略》）。」《緯略》卷四「謠」條：「解結理煩，我國陸君（張勃《吳錄·陸稠》）。」《緯略》卷七「種」條：「邵平，秦東陵侯之後，為布衣，種瓜於長安，瓜美俗謂之『東陵瓜』；漢施，延沛人，種瓜自給；姚俊常種瓜灌園（《吳錄》）。」《緯略》卷七「誤筆成畫」條：「曹不興善畫，孫權使畫屏風，誤落筆點素，因就畫為蠅，吳王以為生蠅，舉手彈拂之（《吳錄》）。」《緯略》卷八「屏風隔坐」條：「景帝時，紀陟父亮為尚書令，陟為中書令，每朝會，詔以御屏風，分隔其座（張勃《吳錄》）。」

〔註41〕出《世說新語·品藻篇》劉孝標注，「諸葛瑾」劉注無「諸葛」二字，「退」劉注作「反」。

〔註42〕出《世說新語·品藻篇》劉孝標注，原文作「琮字子黃，吳郡錢塘人。有德行義概。為大司馬」。

〔註43〕出《世說新語·排調篇》劉孝標注，原文作「張昭字子布，忠正有才義。仕吳，為輔吳將軍」。

〔註44〕出《世說新語·規箴篇》劉孝標注，原文作「凱字敬風，吳人，丞相遜族子。忠鯁有大節，篤志好學。初為建忠校尉，雖有軍事，手不釋卷，累遷左丞相。時後主暴虐，凱正直強諫，以其宗族強盛，不敢加誅也」。

〔註45〕出《世說新語·豪爽篇》劉孝標注，原文作「長沙桓王諱策，字伯符，吳郡富春人。少有雄姿風氣，年十九而襲業，眾號孫郎。平定江東，為許貢客射破其面，引鏡自照，謂左右曰：『面如此，豈可復立功乎？』乃謂張昭曰：『中國方亂，夫以吳、越之眾，三江之固，足以觀成敗。公等善相吾弟！』呼大皇帝授以印綬曰：『舉江東之眾，決機於兩陳之間，卿不如我。任賢使能，各盡其心，我不如卿。慎勿北渡。』語畢而薨，年二十有六」。

三、輯諸家《晉書》佚文

　　《史略》卷二「晉書」目分別輯錄了王隱《晉書》、謝沈《晉書》、虞預《晉書》、沈約《晉書》、朱鳳《晉書》、臧榮緒《晉書》以及《晉安帝紀》中的語句。

　　王隱，字處叔，東晉陳郡陳縣（今河南淮陽）人。其父王銓，官至歷陽令，有著述之志，私撰西晉史事及功臣行狀，未成而卒。王隱承父之遺業，搜集西晉史事。太興初，與郭璞同為著作郎，受詔撰晉史。為虞預排擠，被免官歸家，所著書亦被預抄竊。後投奔武昌，依附征西將軍庾亮，撰成《晉書》九十三卷。後人對此書評價不高，唐修《晉書・王隱傳》曰：「隱雖好著述，而文辭鄙拙，蕪舛不倫。其書次第可觀者，皆其父所撰，文體混漫，義不可解者，隱之作也。」〔註46〕劉知幾評價此書「專訪州閭細事，委巷瑣言，聚而編之，目為鬼神傳錄，其事非要，其言不經，異乎三史之所書、五經之所載也」（《史通・古今正史篇》），又引劉祥之言稱此書「淪溺罕華」（《史通・鑒識篇》）。北齊時宋繪曾為王隱《晉書》作注，說明此書當時尚在流傳，大約佚於南宋時期。此書有黃奭、湯球、王仁俊、陶棟等輯本。

　　謝沈，撰《晉書》三十餘卷，為紀傳體史書。唐代編修《晉書》時，該書已經亡佚，唐宋史志目錄均不載。今未見輯本。

　　虞預（約285～340），字叔寧，本名茂，東晉會稽餘姚（今浙江餘姚）人，天文學家虞喜之弟。少好學，善屬文，通經史。初為縣功曹、主簿，因庾亮等推薦，召為丞相行參軍兼記室，除佐著作郎，遷秘書丞、著作郎，因平叛有功，進爵平康縣侯，除散騎常侍。著有《晉書》四十餘卷、《會稽典錄》二十篇、《諸虞傳》十二篇等。唐修《晉書》稱虞預《晉書》剽竊王隱之書。〔註47〕唐太宗對此書頗為不滿，稱「叔寧課虛，滋味同於畫餅」〔註48〕。劉知幾《史通・二體篇》則認為此書具有一定的價值：「晉史有王、虞，而副以干《紀》……各行其美，並行於世。」《隋書・經籍志》著錄虞預《晉書》二十六卷，並說原本四十四卷，已殘缺。唐修《晉書》之後，虞預《晉書》逐漸失傳。今有黃

〔註46〕（唐）房玄齡等：《晉書》卷八十二，《王隱傳》，北京：中華書局，1974年，頁2143。

〔註47〕現代學者對此說提出疑義，參見李寧波、唐燮軍：《虞預及其〈晉書〉發微》，《古籍整理研究學刊》2012年第5期。

〔註48〕《唐大詔令集》卷八十一，《修晉書詔》。

奭、湯球、魯迅輯本，佚文僅存約 45 條。

沈約（441～513），字休文，南朝梁吳興武康（今浙江德清西）人。曾以文學遊於齊竟陵王蕭子良門下，為「竟陵八友」之一。歷仕宋、齊、梁三朝。南朝宋時起家奉朝請，官至尚書度支郎。齊時任步兵校尉、著作郎、中書郎、御史中丞、國子祭酒、南河太守等。梁時任吏部尚書、尚書僕射、侍中、尚書令、左光祿大夫等。著有《晉書》一百一十卷（沈約《宋書·自序》作一百二十卷）、《宋書》一百卷、《齊紀》二十卷、《高祖紀》十四卷、《宋文章志》三十卷、文集一百卷等。《隋書·經籍志》稱「梁有……沈約《晉書》……亡」，說明沈約《晉書》在隋代已佚。劉知幾《史通·採撰篇》曰：「沈氏著書，好誣先代，於晉則故造奇說。」又《史通·雜說篇》云：「近者沈約《晉書》喜造奇說，稱元帝牛金之子，以應牛繼馬後之征」。此書有黃奭、湯球、嚴可均輯本。

朱鳳，東晉晉陵（今江蘇武進）人。有史才，晉元帝時任著作佐郎、中書郎。《隋書·經籍志》載晉中書郎朱鳳《晉書》十卷，注云「未成，本十四卷，今殘缺」。此書約亡於唐修《晉書》之後。今存黃奭、湯球兩種輯本，所存佚文僅十餘條。

臧榮緒（415～488），自號披褐先生，東莞莒（今山東莒縣）人。出生於官宦之家，自幼篤志好學，博涉典籍，喜讀五經。與友人關康之隱居京口（今江蘇鎮江），著書立說，時人以「二隱」稱之。臧榮緒之時已有十七家晉史，這些史書有的失於簡略，有的則並不完備，他參考諸家成果，著《晉書》一百一十卷，囊括兩晉史事，使各體具備，成為一代之典，是唐初流行的十八家《晉書》中較完備的一部。褚淵評其書曰「贊論雖無逸才，亦足彌綸一代」〔註49〕。唐修《晉書》即以臧榮緒的《晉書》為主，參考其他晉史而成。安史之亂後，此書亡佚。今有黃奭、湯球、王仁俊、陶棟輯本。

王韶之（380～435），字休泰，琅琊臨沂（今山東臨沂）人。晉驃騎將軍王廙曾孫。少時家貧，篤好史籍，博涉多聞。初為衛將軍謝琰行參軍，除著作佐郎。私撰《晉安帝陽秋》，既成，時人謂宜居史職，即除著作佐郎，續寫此書直至義熙九年（413）。《宋書》本傳稱此書「善敘事，辭論可觀，為後代佳

〔註49〕 （梁）蕭子顯：《南齊書》卷五十四，《臧榮緒傳》，北京：中華書局，1972 年，頁 936。

史」。除尚書祠部郎，轉中書侍郎。晉恭帝即位，遷黃門侍郎。入宋，加驍騎將軍。宋少帝時遷侍中，景平元年（423）出為吳興太守。元嘉十年（433），徵為祠部尚書，加給事中。元嘉十二年（435），又出為吳興太守。《晉安帝陽秋》又名《晉安帝紀》《晉紀》，為編年體史書，記載晉太元至隆安年間之事。《隋書·經籍志》著錄王韶之《晉紀》十卷。此書善敘事，講究文辭，敢於秉筆直書，寫成後，為時人所稱讚，可惜記載晉末史事並不完備，《文心雕龍·史傳篇》云：「至於晉代之書，繁乎著作。陸機肇始而未備，王韶續末而不終。」此書約亡於宋代。今有黃奭輯本。

《史略》卷二輯錄諸家《晉書》佚文，其中輯王隱《晉書》佚文四條：

元凱智謀淵博，明於治亂，常稱立德者非所企及，立功立言，

所庶幾也。每有大事，輒在將帥之限。〔註50〕

王戎少清明曉悟。〔註51〕

祖士言最治行操，能清言（祖納）。〔註52〕

嵇廷祖有奇才儁辯（嵇紹）。〔註53〕

輯謝沈《晉書》佚文一條：「竇武、劉淑、陳蕃少有高操，海內尊而稱之。」〔註54〕

輯虞預《晉書》佚文五條：

荀公曾十餘歲能囑文，外祖鍾繇曰：「此兒當及其曾祖。」（荀

勖）〔註55〕

山季倫平雅有父風。〔註56〕

和嶠厚自封植，嶷然不群。〔註57〕

〔註50〕出《世說新語·方正篇》劉孝標注。
〔註51〕出《世說新語·賞譽篇》劉孝標注。
〔註52〕出《世說新語·德行篇》劉孝標注。
〔註53〕出《世說新語·德行篇》劉孝標注。
〔註54〕出《世說新語·品藻篇》劉孝標注。
〔註55〕出《世說新語·方正篇》劉孝標注，「荀公曾」劉注作「勖，字公曾，潁川潁陰人，漢司空爽曾孫也」，「曾祖」下劉注有「為安陽令，民生為立祠，累遷侍中、中書監」句。
〔註56〕出《世說新語·賞譽篇》劉孝標注，原文作「簡字季倫，平雅有父風，與嵇紹、劉漠等齊名，遷尚書，出為征南將軍」。
〔註57〕出《世說新語·品藻篇》劉孝標注，「和嶠」劉孝標注作「嶠」。

習協多所博涉，中興制度皆稟於協。〔註58〕

溫嶠少標俊，清徹英穎。〔註59〕

輯沈約《晉書》佚文一條：「周顗，王敦素憚之，見輒面熱，雖復臘月，亦扇面不休，其憚如此。」〔註60〕

輯朱鳳《晉書》佚文一條：「元帝叡，字景文，少而明惠。因亂過江起義，遂即位。《諡法》曰：『始建國都曰元。』」〔註61〕高似孫評曰「敘事甚簡淨」。

輯臧榮緒《晉書》佚文六條：

謝叔源善屬文。〔註62〕

張孟陽有才華。〔註63〕

王正長博學有雋才。〔註64〕

石季倫早有智慧。〔註65〕

〔註58〕出《世說新語‧方正篇》劉孝標注，原文作「習協，字玄亮，勃海饒安人。少好學，雖不研精，而多所博涉。中興制度皆稟於協，累遷尚書令，中宗信重之。為王敦所忌，舉兵討之，奔至江南，敗死」。

〔註59〕出《世說新語‧言語篇》劉孝標注，原文作「嶠，字太真，太原祁人。少標俊清徹，英穎顯名，為司空劉琨左司馬。是時二都傾覆，天下大亂。琨聞元皇受命中興，忼慨幽朔，志存本朝。使嶠奉使，嶠喟然對曰：『嶠雖乏管、張之才，而明公有桓、文之志，敢辭不敏，以違高旨。』以左長史奉使勸進，累遷驃騎大將軍」。

〔註60〕出《世說新語‧品藻篇》劉孝標注。

〔註61〕出《世說新語‧言語篇》劉孝標注，「元帝叡」劉注作「帝諱叡」，「文」下劉注有「祖伷，封琅邪王，父恭王覲嗣。帝襲爵為琅邪王」句，「即」下劉注有「皇帝」二字。

〔註62〕出《文選》卷二十二謝叔源《遊西池》李善注，原文作「謝混少有美譽，善屬文，為尚書左僕射。以黨劉毅誅」。

〔註63〕出《文選》卷二十三張夢陽《七哀詩》李善注，原文作「張載字孟陽，武邑人也。有才華，起家拜著作佐郎，稍遷領著作，遂稱疾，抽簪告歸，卒於家」。

〔註64〕出《文選》卷二十九王正長《雜詩》李善注，原文作「王讚字正長，義陽人也。博學有俊才，辟司空掾，歷散騎侍郎，卒」。

〔註65〕出《文選》卷四十五石季倫《思歸引序》李善注，原文作「崇早有智慧，年二十餘，為修武令，有能名」。又見《文選》卷二十七石季倫《王明君詞》李善注：「石崇字季倫，渤海人也。早有智慧，稍遷至衛尉。初，崇與賈謐善。謐既誅，趙王倫專任孫秀。崇有妓曰綠珠，秀使人求之，崇不許，秀勸倫殺崇，遂被害」。

　　　　左太沖博覽文史。〔註66〕

　　　　阮嗣宗容貌瓌傑，志氣闊放。〔註67〕

　　輯王韶之《晉安帝紀》佚文三條：

　　　　江仲凱以義正器素，知名當世（江敳）。〔註68〕

　　　　戴安道少有清操，惟甚快暢，泰於娛生，多與風流者遊，屢辭
　　徵命，遂著高尚之稱。〔註69〕

　　　　羲之風骨清舉。〔註70〕

　　最近，高似孫對諸家《晉書》提出了自己的看法：

　　　　晉人及宋齊人所撰《晉書》共十家，晉之事詳且精矣……事有
　　可稽，辭有可述。則知唐太宗詔群臣所撰，如之何其不該且核而妙
　　於辭制哉！……王隱、謝沈、虞預、沈約、朱鳳《晉書》，世不可見，
　　各錄其瓊精一二於前，斯足以表諸公才之雋、筆之英。《晉安帝紀》
　　中句亦甚美，並錄之。〔註71〕

從這段話來看，高似孫對各家《晉書》給予了相當高的評價，認為諸史作者
頗有史才，諸史記事詳細且精嚴，具有較高的史料價值，在文辭上也比較優
美，這與以往唐修《晉書》與劉知幾《史通》的看法截然不同。因王隱、謝
沈、虞預、沈約、朱鳳《晉書》與《晉安帝紀》都已經亡佚，高氏特意選錄了

〔註66〕出《文選》卷四左太沖《三都賦序》李善注，原文作「左思字太沖，齊國人，
　　　　少博覽文史，欲作《三都賦》，乃詣著作郎張載，訪岷邛之事，遂構思十稔，
　　　　門庭藩溷。皆著紙筆，遇得一句，即疏之。徵為秘書。賦成，張華見而諮嗟，
　　　　都邑豪貴競相傳寫。三都者，劉備都益州，號蜀；孫權都建業，號吳；曹操
　　　　都鄴，號魏。思作賦時，吳蜀已平，見前賢文之是非，故作斯賦以辨眾惑」。

〔註67〕出《文選》卷二十三阮嗣宗《詠懷》李善注，原文作「阮籍字嗣宗，陳留尉
　　　　氏人也。容貌瓌傑，志氣宏放。蔣濟辟為掾，後謝病去，為尚書郎，遷步兵
　　　　校尉，卒」。

〔註68〕出《世說新語‧方正篇》劉孝標注，原文作「敳字仲凱，濟陽人。祖正，散
　　　　騎常侍。父邃，僕射。並以義正器，素知名當世。敳歷位內外，簡退著稱，
　　　　歷黃門侍郎、驃騎諮議」。

〔註69〕出《世說新語‧雅量篇》劉孝標注，原文作「戴逵字安道，譙國人。少有清
　　　　操，恬和通仟，為劉真長所知。性甚快暢，泰於娛生。好鼓琴，善屬文，尤
　　　　樂遊燕，多與高門風流者遊，談者許其通隱。屢辭徵命，遂著高尚之稱」。高
　　　　似孫《剡錄》亦錄此佚文，文字與《世說》注微異，脫「恬和通仟，為劉真
　　　　長所知」一句。

〔註70〕出《世說新語‧賞譽篇》劉孝標注，「舉」下劉注有「也」字。

〔註71〕（宋）高似孫：《史略》，叢書集成初編本，上海：商務印書館，1939年，頁
　　　　40。

部分文筆比較優美的佚文，以表達對它們的欣賞。

《緯略》中也有高氏所輯王隱《晉書》和臧榮緒《晉書》的佚文。如《緯略》卷二「給札」條云：「張華有文才，晉儀制度釐革，敕有司給筆札，多所損益（王隱《晉書》）。」〔註72〕《緯略》卷八「不喜俗人」條云：「阮修性簡，不修人事，絕不喜見俗人，誤相報遇，輒便捨去（臧榮緒《晉書》）。」〔註73〕《緯略》卷十二「龜鼎」條云：「臧榮緒《晉書》曰：『愉鑄侯印而龜左顧，更鑄亦然。』」〔註74〕《緯略》卷七「相經」條：「手過膝（……王隱《晉書》……）。」

《子略》卷二《晉人好言老莊》輯有王韶之《晉安帝紀》佚文：「仲堪有理思，能清言。」〔註75〕

《剡錄》卷三《先賢傳‧人士》輯有王韶之《晉安帝紀》佚文：「《晉安帝紀》曰：逵有清操，性甚快暢，泰於娛生，好鼓琴，善屬文，尤樂遊燕，常與高門風流者遊談，許其通隱，屢辭徵命，遂著高尚之稱。」又輯有《晉中興書》佚文：

> 謝奕字無奕，陳郡陽夏人。祖衡，太子少傅。父衰，吏部尚書。
> 奕少有器鑒，辟太尉掾、剡令，累遷豫州刺史。〔註76〕
>
> 李充字宏度，江夏鄂人也。祖康，父矩，皆有美名。充初闢丞相掾、記室參軍，以貧求剡縣，遷大著作、中書郎。〔註77〕
>
> （阮裕）少有德行。〔註78〕
>
> 王徽之字子猷，羲之子。性卓犖不羈。〔註79〕

〔註72〕此條《九家舊晉書輯本》失載。《太平御覽》卷六百六：「晉張華有文雅之才，晉儀禮釐革制度，敕有司給筆札，多有損益。」文字微異，但未注出處，湯球《晉陽秋》輯本以為此條為《晉陽秋》之佚文，核《太平御覽》原文，湯氏實為誤輯。

〔註73〕此條《九家舊晉書輯本》失載。

〔註74〕出《初學記》卷三十：「孔愉字敬康，會稽山陰人也。少時嘗得一龜，放於溪中，龜中流左顧數過。及鑄侯印，而龜左顧，更鑄亦然，印工以告，愉悟，取佩焉」。亦見《太平御覽》卷二百。

〔註75〕出《世說新語‧文學篇》劉孝標注，「理思」劉注作「思理」。

〔註76〕出《世說新語‧德行篇》劉孝標注。

〔註77〕出《世說新語‧言語篇》劉孝標注。

〔註78〕出《世說新語‧賞譽篇》劉孝標注，原文作「阮裕少有德行，王敦聞其名，召為主簿。知敦有不臣之心，縱酒昏酣，不綜其事」。

〔註79〕出《世說新語‧雅量篇》劉孝標注，原文作「徽之，羲之第五子。卓犖不羈，欲為傲達。仕至黃門侍郎」。

（許詢）能清言，於時人士皆欽慕仰愛之。〔註80〕

入剡山，莫知所止，或以為升仙。〔註81〕

謝萬字萬石，太傅安弟也。才氣高俊，蚤知名，歷吏部中郎將、豫州刺史、散騎常侍。〔註82〕

萬善屬文，能談論，為《八賢論》，謂漁父、屈原、季主、賈誼、楚老、龔勝、孫登、嵇康也。〔註83〕

四、輯《東觀漢紀》佚文兩篇

《東觀漢紀》為東漢官修的本朝紀傳體史書。該書歷經多次修撰乃成。最初，漢明帝詔班固、陳宗、尹敏、孟異等共撰《世祖本紀》，班固又作列傳、載記二十八篇。安帝時，劉珍、李尤、劉騊駼等奉命續成紀、表及名臣、節士、儒林、外戚等傳。劉珍死後，伏無忌、黃景等又奉詔續撰諸王、王子、功臣、恩澤侯表及南單于、西羌傳、地理志。元嘉元年（151），桓帝又命邊韶、崔寔、朱穆等續補表、傳，共成一百一十四卷，號曰《漢紀》。靈帝熹平年間，馬日磾、蔡邕、楊彪、盧植等又補寫紀、志、傳數十篇。《隋書・經籍志》著錄為一百四十三卷。原書自北宋已經有部分散失，元後失傳。清人姚之駰曾搜集此書佚文編為八卷，但遺漏尚多。四庫館臣又以姚本為基礎，並輯錄《永樂大典》及其他類書所載佚文，增為二十四卷。今人吳樹平《東觀漢紀校注》（中州古籍出版社，1987年版）又輯補大量佚文，分為二十二卷。

《史略》卷三《東觀漢記》類有「漢記中鄧禹傳」「漢記中吳漢傳」兩條。其中「《漢記》中《鄧禹傳》」條載：

序曰：賢駿思聖主，風雲從龍武，自然之應也。鄧禹以弱冠睹廢興之兆，嬴糧策馬，以追世祖，遂信竹帛之願，建社稷之謀，襲蕭何之爵位，可謂材難矣。受命之初，躬率六師。中興治定，勒號泰山。聖上繼體，立師傅，位三公，功德之極，而禹兼之。《易》稱

〔註80〕出《世說新語・言語篇》劉孝標注，「人士」劉注作「士人」，劉注所引之書為《晉中興士人書》，葉德輝疑其為《晉中興書》中的一篇。

〔註81〕出《太平御覽》卷五百三，「入剡山」《太平御覽》作「後入剡深山」。

〔註82〕出《世說新語・言語篇》劉孝標注，「吏部中郎將」劉注作「吏部郎、西中郎將」。

〔註83〕出《世說新語・文學篇》劉孝標注，原文作「《中興書》曰：『萬善屬文，能談論。』萬《集》載其敘四隱四顯，為八賢之論，謂漁父、屈原、季主、賈誼、楚老、龔勝、孫登、嵇康也。其旨以處者為優，出者為劣」。

「利見大人」，詩有「自求多福」，其禹之謂與？〔註84〕

「《漢記》中《吳漢傳》」條載：

> 序曰：自古異代之忠，其詳不可得聞也。已近觀大漢高祖、世
> 祖受命之會，建功垂名之忠，察其屈伸，固非鄉舉里選所能拔也。
> 吳漢起鄉亭，由逆旅假階韓鴻，發策彭寵，然後遇乎聖王，把旄杖
> 鉞，佐平諸夏，東征海嶠，北臨塞漢，西逾隴山，南平巴、蜀，遂
> 斬公孫述、延岑、劉永、董憲之首，斯其跨制州域，竊號帝王，章
> 章可數者。熛起麇沸之徒，其所洒掃眾矣。天下既定，將帥論功，
> 吳公為大。覽其戰克行事，無知名，無勇功，令合於孫、吳。何者？
> 建武之行師，計出於主心，勝決廟堂，將帥咸承聖書，倚威靈，以
> 治剋亂，以智取愚，其勢然也。及漢持盈守位，勞謙小心，懼以終
> 始，勒功帝佐，同名上古，盛矣哉！〔註85〕

《史略》所保存的二傳序文，是《東觀漢記》的重要佚文。楊守敬在《史略跋》中評價《史略》的輯佚貢獻時說：「又時有逸聞，如所採《東觀漢記》，為今四庫輯本所不載，此則可節取焉耳。」

五、輯歷代《紀》佚文

《史略》輯錄了張璠《漢紀》、鄧粲《晉紀》、曹嘉之《晉紀》、劉謙之《晉紀》和徐廣《晉紀》等諸家史書的佚文。

張璠，西晉安定（今甘肅涇川）人，為秘書郎、參著作郎，著有《周易集解》十二卷、《周易略論》一卷、《後漢紀》三十卷。《隋書·經籍志》載張璠《後漢紀》三十卷，兩《唐志》均同。《三國志·三少帝紀》裴松之注云：「張璠、虞溥、郭頒皆晉之令史……璠撰《後漢紀》雖似未成，辭藻可觀。」劉知幾《史通·二體篇》：「如張瑤、孫盛、干寶、徐賈、裴子野、吳均、何之元、王劭等，其所著書，或謂之春秋，或謂之紀，或謂之略，或謂之典，或謂之志。雖名各異，大抵皆依《左傳》，以為的準焉。」此書所載略於東漢初年之事，但記載東漢末年史事頗詳，《郡齋讀書志》稱：「東京史籍，惟潘《紀》差詳。」裴松之注《三國志》，多次援引此書。唐代安史之亂時已散佚。今有汪

〔註84〕（宋）高似孫：《史略》，叢書集成初編本，上海：商務印書館，1939 年，頁52。

〔註85〕（宋）高似孫：《史略》，叢書集成初編本，上海：商務印書館，1939 年，頁52～53。

文臺、黃奭、姚之姻輯本。

　　鄧粲，東晉時長沙人，鄧騫之子。東晉孝武帝太元二年（377）為荊州別駕。長於史學，著有《晉紀》十一卷，該書紀東晉元帝、明帝二朝史事，為編年體史書。鄧氏《晉紀》有發凡起例之功，劉勰《文心雕龍·史傳篇》評曰：「《春秋》經傳，舉例發凡，自《史》《漢》以下，莫有準的。至鄧粲《晉紀》，始立條例。」劉知幾《史通·序例篇》則謂：「鄧粲、道鸞，詞煩而寡要。」唐代安史之亂時已有散佚，今有黃奭、湯球、陳運溶輯本。敦煌殘本鄧粲《晉紀》見於羅振玉《鳴沙石室佚書》，王重民《敦煌古籍敘錄》云：「此卷前後殘損，無書題，記晉元帝太興二年事……此或粲書耶？此卷雖僅百餘行，然以校《晉書》，多可補正。」〔註86〕

　　曹嘉之，又名曹嘉。西晉沛國譙縣（今安徽亳州）人，三國魏楚王曹彪之子。入晉後歷仕國子博士、東莞太守、前軍諮議，事蹟見《三國志·曹彪傳》裴松之注。著有《晉紀》十卷，該書為編年體史書，疑北宋初尚存，北宋中期以後或已不傳。今有黃奭、湯球輯本。

　　劉謙之，晉末劉宋初彭城呂縣（今江蘇徐州東）人，世居京口（今江蘇鎮江）。為劉簡之之弟。好學不倦，晉義熙中為始興相。晉義熙末年為始興相，後入廣州，平定徐道期之亂，遷振威將軍、廣州刺史，官至太中大夫。著有《晉紀》，該書為編年體史書，《南史·劉康祖傳》稱二十卷，《隋志·經籍志》著錄此書二十三卷，兩《唐志》作二十卷，高似孫《史略》作二十五卷。唐代安史之亂時已散佚。今有黃奭、湯球、王仁俊輯本。

　　徐廣（352～425），字野民，東晉東莞姑幕（今山東諸城）人，徐邈之弟。精心好學，百家數術無不研覽，孝武業，除秘書郎，典校秘書省。桓玄輔政，為大將軍文學祭酒。義熙初，除鎮軍諮議參軍，封樂侯，轉員外散騎郎，領著作，奉詔撰修國史。後為驍騎將軍，領徐州大中正，轉正員常侍、大司農，遷秘書監。事蹟見《宋書·徐廣傳》。著有《晉紀》四十六卷、《史記音義》十二卷等。徐廣《晉紀》唐代安史之亂時已散佚，今有黃奭輯本。

　　高似孫《史略》卷三「歷代紀」所輯佚文如下：〔註87〕

　　　　張璠《漢紀》曰：「范孟博（滂）為功曹，辟公府掾，升車攬轡，

〔註86〕王重民：《敦煌古籍敘錄》，北京：商務印書館，1958年，頁84。
〔註87〕（宋）高似孫：《史略》，叢書集成初編本，上海：商務印書館，1939年，頁58～59。

有澄清天下之志，百城聞滂高名，皆解印綬去。」〔註88〕又曰：「不畏強禦陳仲舉，天下模楷李元禮。」〔註89〕

鄧粲《晉紀》曰：「劉子驥（驥之）少尚質素，虛退寡欲，好遊山澤，志尚遁逸。」〔註90〕又曰：「王平子（澄）放曠不拘，時謂之達。」〔註91〕又曰：「裴遐以辯論為業，善敘名理，辭氣清暢，泠然若琴瑟。」〔註92〕

曹嘉之《晉紀》曰：「荀勖為中書監，令尚同車。至和嶠為令，而勖為監，嶠意強抗，專車而坐，乃使監、令異車，自此始。」〔註93〕

劉謙之《晉紀》曰：「王獻之性甚整峻，不交非類。」〔註94〕又曰：「桓玄欲復虎賁中郎將，疑應直與不。訪之僚佐，咸莫能定。參軍劉簡之對曰：『潘岳《秋興賦序》云：余兼虎賁中郎將，寓直於散騎之省。以此言之，是應直也。』玄歡然從之。」〔註95〕

徐廣《晉紀》曰：「劉遵祖（爰之）少有才學，能言理。」〔註96〕又曰：「殷浩清言，妙辯玄致，當時名流皆為其美譽。」〔註97〕又曰：「王導阿衡之世，經綸夷儉，政務寬恕，事從簡易，故垂遺愛之譽。」〔註98〕

以上諸史，學者所未見，故為概舉一二，庶知其筆墨焉。

《緯略》亦輯此類佚文。《緯略》卷三「風流」條載：「徐廣《晉紀》曰：

〔註88〕出《世說新語‧賞譽篇》劉孝標注。

〔註89〕出《世說新語‧品藻篇》劉孝標注，「不」上劉注有「時人為之語曰」句。

〔註90〕出《世說新語‧棲逸篇》劉孝標注。

〔註91〕出《世說新語‧簡傲篇》劉孝標注。

〔註92〕出《世說新語‧文學篇》劉孝標注，「琴瑟」下劉注有「聞其言者，知與不知，無不歎服」句。

〔註93〕出《世說新語‧方正篇》劉孝標注，原文作「中書監、令常同車入朝，至和嶠為令，而荀勖為監，嶠意強抗，專車而坐，乃使監、令異車，自此始也」，亦出《北堂書抄》。

〔註94〕出《世說新語‧忿狷篇》劉孝標注。

〔註95〕出《世說新語‧言語篇》劉孝標注，「桓玄」劉注無「桓」字，「潘」上劉注有「昔」字，「序」劉注作「敘」。

〔註96〕出《世說新語‧排調篇》劉孝標注，「劉遵祖（爰之）」劉注作「劉爰之字遵祖沛郡人」，「理」下劉注有「歷中書郎、宣城太守」。

〔註97〕出《世說新語‧賞譽篇》劉孝標注。

〔註98〕出《世說新語‧政事篇》劉孝標注，「王導」劉注作「導」，「之」劉注作「三」，「儉」劉注作「險」，「譽」下劉注有「也」字。

『凡稱風流者，以王、劉為宗焉。』」〔註99〕《緯略》卷九「竹簡」條：「張
璠《漢紀》曰：『吳佑父恢為南海太守，欲以殺青寫書，佑年十二，諫不可。
海濱多珍玩，若成，載書盈兩，必思薏苡之謗。』」〔註100〕《緯略》卷一「食
雪」條：「單于幽蘇武，置大窖中，絕不與飲食，雨大雪，武臥齧雪，與氈毛
並咽之。段潁破羌，羌復寇張掖，潁下馬，大戰力盡，羌亦引退，且行晝夜，
食雪四十日（《漢紀》）。」

六、輯《世本》

　　李宗鄴先生稱高似孫是第一個輯《世本》者。〔註101〕關於高似孫輯佚《世
本》之事，《史略》卷六《世本》條云：

> 　　《世本》敘歷代君臣世系，是書不復見。猶有傳者，劉向、宋
> 衷、宋均三家而已。予閱諸經疏，惟《春秋左氏傳》疏所引《世本》
> 者不一，因採掇匯次為一書，題曰《古世本》。周益公在西府，聞予
> 有此，面借再三，因錄本與之，益公一見曰：「天下奇書，學者雋功
> 也。」予因曰：「劉孝標注《世說》，引摯氏《世本》，蓋敘摯氏世家。
> 今人慾系譜諜，依摯氏法，名之曰『某氏世本』，殊為古雅。」益公
> 曰：「此說尤新奇。」〔註102〕

高似孫稱當時《世本》的原本已經散佚不傳，注其書者有劉向、宋衷、宋均三
家，於是他開始輯佚《世本》。高氏所輯《古世本》已佚，周必大所見之本是
高似孫抄錄之副本，南宋書目也未著錄此書，因此《古世本》未曾刊刻流傳。
高氏輯此書的原因在於他非常看重此書的價值，《史略》多處提到司馬遷採《世
本》作《史記》，高氏認為：「載筆之嚴，莫嚴於譜諜。《世本》十五篇，古史
官記黃帝以來，訖春秋，帝王、公、侯、卿大夫祖世之所出。表之作，其有據
於此乎？」這說明他已經注意到史表與《世本》的密切關係。

　　《世本》為先秦史官所修之古史，作者已不可考。《世本》為《史記》

〔註99〕　出《世說新語·品藻篇》劉孝標注，劉注「以」作「皆舉」。
〔註100〕　出《太平御覽》卷六百六十，原文作「吳佑父恢為南海太守，欲以殺青寫書。
　　　　　佑年十二，諫曰：『海濱多珍玩。此書若成，載必盈輛，昔馬援以薏苡興謗，
　　　　　王陽以書囊邀名。疑惑之間，先賢所慎。』恢大喜」。
〔註101〕　李宗鄴：《中國歷史要籍介紹》，上海：上海古籍出版社，1982年，頁107。
〔註102〕　（宋）高似孫：《史略》，叢書集成初編本，上海：商務印書館，1939年，頁
　　　　　110。

的重要史料來源，《漢書‧司馬遷傳贊》曰：「司馬遷據《左氏》《國語》，採《世本》《戰國策》，述《楚漢春秋》，接其後事，訖於天漢。」《史略》亦稱「太史公因之，以作《史記》者」。關於《世本》的內容，劉向云：「《世本》，古史官明於古事者之所記也，錄黃帝已來帝王、諸侯及卿大夫係諡名號，凡十五篇也。」（裴駰《史記集解序》）。《漢書‧藝文志》春秋類著錄《世本》，注云「古史官記黃帝以來訖春秋時諸侯大夫」〔註103〕。《史略》提到了《世本》的三個傳本，即劉向校定的《世本》二卷本、東漢初宋均注《帝譜世本》七卷本和東漢末宋衷注《世本》四卷本，這三個本子都是古本。《隋書‧經籍志》《舊唐書‧經籍志》《新唐書‧藝文志》均有著錄。古本《世本》約亡於北宋時期。

　　高似孫最早輯佚此書，其輯佚方法是採錄《春秋左氏傳》疏中的《世本》佚文。根據張富祥先生的統計，今本《春秋左氏傳》孔疏中，《世本》之名共出現 109 次，但絕大部分是概括引用，這說明《春秋左氏傳》疏中的《世本》材料是相當豐富的，今天雖然看不到《古世本》原文，但高氏已認識到輯佚《世本》的意義，並初步找到了輯佚此書的途徑，而根據《春秋左氏傳》疏中的《世本》佚文推測，高似孫所輯已初具規模，其筆路藍縷之功值得肯定。但由於高氏的輯本已佚，其材料來源僅限於《春秋左氏傳》疏，而《禮記》注疏、《尚書》、《史記》三家注、《國語》韋昭注、《山海經》注、《宋書》、《通典》、《北堂書鈔》、《初學記》等常見材料均未使用。此後，明祁承爜輯《世本》2 卷，清人輯此書者則更多，有秦嘉謨《世本輯補》10 卷，王謨輯《世本》2 卷，孫馮翼輯《世本》1 卷，陳其榮《世本增訂》2 卷，張澍粹集補注《世本》5 卷，雷學淇輯《世本》2 卷、《考證》1 卷，茆泮林輯《世本》1 卷，王梓材撰《世本集覽》1 卷。1957 年商務印書館將這些輯本匯為《世本八種》出版。

七、輯錄文集佚文

　　《剡錄》卷五：「安道文章世豈復可見，今得六篇。」高似孫在收集剡地先賢文集時發現戴逵文集已經失傳，故而對戴逵文集的佚文加以輯錄，共得六篇文章，即《申三復贊》《閒遊贊序》《贊》《酒贊》《山贊》《松竹贊》，其中

〔註103〕　（漢）班固：《漢書》卷三十，北京：中華書局，1962 年，頁 1714。

《贊》為《閑遊贊序》的一部分。這說明高似孫已經有意識地輯錄佚文，雖然沒有注明所輯佚文的出處，但筆者核查文獻發現，他是從《藝文類聚》《初學記》這些類書中輯佚的。嚴可均《全上古三代秦漢三國六朝文‧全晉文》卷一百三十七輯戴逵佚文 21 種。與嚴氏所輯相比，高似孫的輯佚遺漏尚多，但不可否認地是，他已經掌握了輯錄文集佚文的具體方法。

第六章　高似孫之考證學

　　考證學又稱考據學，是一門中國土生土長的學問，它的工作範圍有廣、狹二義：廣義的包括音韻、文字、訓詁、版本、校勘諸學；狹義的專指考訂歷史事實的然否和書籍記載的真偽和時代。〔註1〕宋代學術不僅產生了理學等思想，在考證學方面也有一定的發展，湧現出一批考證學家，產生了不少有份量的考證專著，因此宋代考證學的成就不可忽視。高似孫是南宋時期頗有特色的一位考證學者。受到人品爭議的影響，傳統觀點認為高似孫缺乏考證之功，如余嘉錫先生認為：「高氏著書，成於率爾，大抵抄撮之功多，而心得之處少也。」姚名達稱高氏「學識低暗，徒錄成文，無所發明」。這樣的看法不無偏頗之處。《四庫全書總目》認為《子略》「頗有所考證發明」，《緯略》「終出楊慎《丹鉛》諸錄之上，亦考古者所必資矣」。楊守敬稱「其《子略》《緯略》兩書頗為精覈」。劉固盛教授認為重視考證和辨偽是《子略》的一大重要特色。筆者認為，高似孫《子略》《緯略》之學術價值不容忽視，我們不能因為高氏善於輯錄文獻的特點，就否定他在考證方面取得的成就。司馬朝軍教授指出：「在高氏所處的時代，考據方法尚未大明，考據學還處在探索階段。能夠將諸子單獨劃分出來，已經是截斷眾流，頗具特識，僅此一點就不容小覷，何況他在考證辨偽等方面還有所發明呢？」〔註2〕在考據學的探索階段，高似孫依據詩賦、文獻內容、金石文獻、方言等進行考證，採用了史源分析、比較分析等多種方法，且考證的範圍也較廣，他的考證功力在當時是出類拔萃的，因此探究高似孫的考證學成就是非常必要的。

〔註1〕顧頡剛：《古籍考辨叢刊・序》，北京：社會科學文獻出版社，2010年，頁1。
〔註2〕司馬朝軍：《〈子略校釋〉解題》，《漢籍與漢學》2018年第2期，頁150。

第一節　宋代考證學的興起與高似孫考證學的學術淵源

考證這一活動雖然早在先秦時期已經出現，漢唐時期的經史傳注也包含大量的考證工作，但作為一種專門學問，考證學到了宋代才算是真正形成。〔註3〕清儒總體上尊漢抑宋，對宋學之空疏多有批評。近世受此影響，有學者認為考據之學為清人所特有，否認宋代存在考據學。事實上，從歷代的學術演變史來看，考據與義理並非絕對對立。考據與義理代表了兩種不同的治學路徑，確實存在不同程度上的競爭關係，各個時期的學風好尚不同，漢代以考據為主，魏晉轉向義理，唐代偏於考據，宋明崇尚義理，清代盛行考據，總體上呈現交替變化的特點。但考據和義理又存在不可割裂的緊密聯繫，在不同時期都是共同存在的，兼治考據和義理的學者代不乏人。在南宋時期，義理學雖佔據主流地位，但考據學同樣具有強大的生命力，「宋代有義理之學，無考據之學」的傳統論斷不免失之偏頗。

《四庫全書總目·經部總序》云：「夫漢學具有根柢，講學者以淺陋輕之，不足服漢儒也。宋學具有精微，讀書者以空疏薄之，亦不足以服宋儒也。」《總目》認為漢學、宋學各有所長，宋學雖具「精微」，但並非空疏之學，強調宋學也離不開考據工夫。

龔自珍對江藩《漢學師承記》簡單將漢學、宋學對立起來的做法提出嚴

〔註3〕關於考證學的起源，目前尚存分歧。一說始於清代，來新夏先生認為：「考據並非清代所獨有。它萌芽於對歷史文獻的致疑，肇端於漢代學者的整理文獻典籍。自漢代一代，考據一直為歷史學者用作整理歷史文獻的一種技能或方法。直至清代，考據成為一種專門之學，作者蜂起，著述叢出，而稱一時的顯學。」（來新夏：《清代考據學述論》，《南開大學學報》1983 年第 3 期）美國漢學家認為，直到 17 世紀，考據學才成為一種學術宗旨（艾爾曼：《從理學到樸學：中華帝國晚期思想與社會面面觀》，南京：江蘇人民出版社，2018年，頁 35）。一說肇始於宋代，張富祥先生認為：「考據之學作為一種專科性的學問，在宋代以前還沒有充分展開。」還有學者追溯至唐代以前，漆永祥先生認為：「其學萌芽於先秦，初創於兩漢，一盛於南宋，再盛於清乾嘉時期。」（漆永祥：《乾嘉考據學研究》，北京：中國社會科學出版社，1998 年，頁 3）林慶彰先生認為：「大抵而言，唐以前之考據工作較為瑣碎，可謂為考據學之萌芽期，入宋以後，規模較大，疑經、考史、校勘、輯佚皆有之，可謂為考據學之成長期。至明中葉以後學者爭奇炫博，考據已蔚為潮流，清乾、嘉時乃成為學者唯一之學術工作。故明、清可視為考據學之發達期。」（林慶彰：《明代考據學研究》，東吳大學博士學位論文，1983 年，頁 10。）

厲批評，指出「若以漢與宋為對峙，尤非大方之言，漢人何嘗不談性道」，「宋人何嘗不談名物訓詁？不足概服宋儒之心」〔註4〕。

清代經學家胡培翬也認為宋學不廢訓詁名物，他在《答趙生炳文論漢學宋學書》一文中指出：

> 人之言曰：漢學詳於訓詁名物，宋學詳於義理。以是歧漢宋而二之，非也。漢之儒者未嘗不講求義理，宋之儒者未嘗不講求訓詁名物，義理即從訓詁名物而出者也。特漢承秦焚書之後，典籍散亡，老師宿儒之傳不絕如線，漢儒網羅搜討，務期博采而兼收之，故於名物訓詁特詳。宋承五代之敝，人心盲昧，正學不明，故宋儒以言心言性為急，此亦運會使然，非其有偏重也。〔註5〕

晚清學者江瑔評「漢學宋學之別」云：

> 宋儒之學，以義理為宗，而各逞己說，師心自用，捨經而言義，而去經益遠，甚至始而攻注，繼而攻傳，終且攻經，鹵莽滅裂，猖狂自恣，以云空疏，誠所難辭。然承五季禮崩樂壞、廉恥道喪之後，使氣節復昌於天下，人類不淪於禽獸，而古人身心性命之哲理亦得以相延於一線，不可謂非宋儒之功也。二代之儒，處地不同，故操術亦異。使宋儒生於漢，未必不崇考據；漢儒生於宋，亦未必不崇義理……宋儒雖崇義理，然亦有以史事說經者，有以圖像說經者，有以心學說經者。至若王應麟等，則博綜百學，精於考據，殊不讓於漢人，是又未可以考據限漢儒、以義理限宋儒矣。〔註6〕

桐城派學者姚永概在《慎宜軒筆記》中對宋學的漢學特性也予以肯定，強調漢學昉自宋人而發揚光大：

> 國朝諸家所治之業，號曰漢學，自今思之，一一皆原於宋人，不過就其遺緒發皇張大之耳。即謂之為宋學，亦無不可也。如疑《古文尚書》之偽，能不曰始於朱子乎？《說文》之學，能不曰始於大徐、小徐乎？考古音之學，能不曰始於吳才老乎？校勘之學，能不曰始於朱子《韓文考異》乎？金石之學，能不曰始於歐陽永叔、趙

〔註4〕（清）龔自珍：《與江子屏箋》，《龔自珍全集》第5輯，上海：上海人民出版社，1975年，頁347。
〔註5〕（清）胡培翬：《研六室文鈔》卷五，清道光十七年涇川書院刻本。
〔註6〕江瑔：《新體經學講義》，見林慶彰主編：《民國時期經學叢書》，第1輯第4冊，臺中：文聽閣圖書有限公司，2008年，頁59～62。

明誠乎？禮圖之學，能不曰始於朱子、聶崇義及楊復乎？搜採古逸
之學，能不曰始於王應麟之《鄭氏周易》、《鄭氏尚書注》、《三家詩
考》乎？考證史實之學，能不曰始於司馬公之《通鑑考異》、三劉之
《兩漢刊誤》、吳仁傑之《刊誤補遺》乎？〔註7〕

張之洞《輶軒語・語學》「為學忌分門戶」條云：

近代學人，大率兩途——好讀書者宗漢學，講治心者宗宋學。逐末忘源，
遂相詬病，大為惡習。夫聖人之道，讀書、治心，宜無偏廢，理取相資。衹諆
求勝，未為通儒……然則性理之學，源出漢儒，強生分別，不知學者也。（考
證、校勘之學，乃劉敞、宋祁、曾鞏、沈括、洪邁、鄭樵、王楙、王應麟開其
端，實亦宋學也。）〔註8〕

總之，考證學在宋學中應當佔有一席之地，其重要性不應忽視，陳江指
出：「論及宋代學術，人們談得較多的是宋人好以 己意說經，致力於心性義
理之學的一面，而實際上，宋人治學還有考釋校訂、實事求是的另一面。從
學術史上來看，考據之學在宋代也有空前的發展，忽略了這一點，便難以把
握宋代學術的原貌。」〔註9〕

筆者認為，宋代考證學的興起與以下因素有較大的關係：

第一，考證學的形成受到宋代疑古思潮的直接影響。這種思潮勃興於北
宋中期，其主要表現形式為疑經乃至改經，不僅質疑傳注的合理性，而且對
經典本身進行懷疑，包括經典的作者、時代、內容、文字等多個方面，其目
的在於重塑儒學的主體地位，建立一套新的儒學理論體系。北宋時期疑辨的
範圍還比較有限，主要集中在《周易》《周禮》《孟子》《詩經》等少數幾部
經典，而到了南宋，疑辨的範圍不斷擴大，遍及經、史、子、集。宋代疑古
的主要代表人物有歐陽修、劉敞、蘇軾、蘇轍、葉夢得、黃伯思、吳棫、鄭
樵、洪邁、朱熹、葉適、趙汝談、晁公武、高似孫、黃震、葉大慶、陳振
孫、王應麟等。為了論證其懷疑的正確性，他們必然要從文獻上尋求依據，
這一過程直接促進了考證學的發展。例如，《周禮》一書因與當時的變法運
動有密切關係而備受關注，宋儒對它的看法存在很大爭議：尊之者沿襲傳統

〔註7〕（清）姚永概：《慎宜軒筆記》卷十，民國十五年（1926）活字本。
〔註8〕（清）張之洞撰，司馬朝軍點校：《輶軒語校注》，上海：華中師範大學出版
　　　社，2010年，頁207～208。
〔註9〕陳江：《宋代的考據之學》，見漆俠、李埏主編：《宋史研究論文集》，昆明：
　　　雲南民族出版社，1997年，頁325。

看法，認為《周禮》是「周公致太平之跡」，為經國之大法，堅信此書出聖人之手，代表人性有王安石、李覯、鄭樵、陳亮、葉適、陳傅良等；同時，有不少學者針鋒相對，對《周禮》提出了懷疑，如張載云：「《周禮》是的當之書，然其間必有末世添入者，如盟詛之類，必非周公之意。」〔註10〕蘇轍《周公論》認為：「言周公之所以治周者，莫詳於《周禮》。然以吾觀之，秦漢諸儒以意損益之者眾矣，非周公之完書也。」他從三個方面展開考證：一、《周禮》「王畿之大，四方相距千里，如畫棋局，近郊、遠郊、甸地、稍地、小都、大都，相距皆百里」與實際不符；二、《周禮》說公之地方五百里，侯四百里，伯三百里，子二百里，男一百里，與《尚書》《孟子》諸書不合；三、《周禮》說王畿之內，公邑為井田，鄉遂為溝洫，不可信。〔註11〕范浚《讀周禮》認為《周禮》「至於六官之屬，瑣細悉備，疑其不盡為古書也……必漢世刻斂之臣如桑羊輩欲興權利，故附益是說於周禮，託吾周公以要說其君耳」〔註12〕。司馬光、胡寅、胡宏、洪邁、羅璧等則認為《周禮》出於劉歆之手。雙方反覆論辨，互不相讓，各自從文獻中尋找證據以支持自己的看法，客觀上促進了對《周禮》的深入考證。

　　第二，考證學的形成與宋儒對理學空疏學風的反思有一定的關係。宋儒有感於漢唐經傳注疏的繁瑣破碎，廢棄漢學章句訓詁、名物典章考據，直接從經文中尋求本義，以己意說經，以義理解經，學風為之一變，漢唐以來的章句訓詁之學向義理之學轉變。儘管理學因建立了一套繁富精密的思想體系、適應了宋代政治和社會形勢的需要，而逐漸成為南宋以來的主流學術，但理學自身也存在一定的缺陷，由於不重視考據，其末學務談心性，不免流於空疏。對於「宋學」之空疏，清儒多有批評。清初學者毛奇齡稱宋儒「尚浮詞」，撰《四書改錯》專駁朱子之誤，「最切齒者為宋人，宋人之中所最切齒者為朱子」〔註13〕。顏、李詆程、朱不遺餘力，他們認為：「宋儒內外精粗，皆與聖道相反。養心必養為無用之心，致虛守寂。修身必修為無用之身，徐言緩步。

〔註10〕（宋）張載：《張載集》，《經學理窟·周禮》，北京：中華書局，1978年，頁248。

〔註11〕（宋）蘇轍：《蘇轍集·蘇轍後集》卷七，《歷代論·周公》，北京：中華書局，1990年，頁960。

〔註12〕（宋）范浚：《香溪集》卷五，《讀周禮》，杭州：浙江古籍出版社，2015年，頁190～191。

〔註13〕（清）全祖望：《蕭山毛檢討別傳》，載《全祖望集匯校集注》，上海：上海古籍出版社，2018年，頁988。

為學必為無用之學，閉門誦讀。」〔註14〕吳派大師惠棟甚至提出「宋儒之禍，甚於秦灰」，「宋人可與談心性，不可與窮經」。江藩撰《漢學師承記》，主於尊漢抑宋，他說：「宋初，承唐之弊，而邪說詭言，亂經非聖，殆有甚焉……至於濂、洛、關、閩之學，不究禮樂之源，獨標性命之旨。義疏諸書，束置高閣，視如糟粕，棄等弁髦。蓋率履則有餘，考鏡則不足也。」〔註15〕汪喜孫在《漢學師承記跋》中也認為：「後儒以讀書為玩物喪志，義理典章，區而為二；度數文為，棄若弁髦；箋傳注疏，束之高閣。又其甚者，肆其創獲之見，著為一家之言，綴王肅之卮詞，棄鄭君之奧論。」錢大昕曰：「自晉代尚空虛，宋賢喜頓悟，笑問學為支離，棄注疏為糟粕，談經之家，師心自用，乃以俚俗之言詮說經典……古訓之不講，其貽害於聖經甚矣。」〔註16〕

這類批評事實上由來已久，自理學誕生以來，就不斷有學者對理學家不信注疏、疑經改經的做法表示不滿，對其空疏學風提出批評。北宋初期著名學者歐陽修就反對務事空談的性理之學。他對理學家奉為圭臬的《中庸》提出質疑，指出《中庸》「異乎聖人」「虛言高論而無益」「無用之空言」，駁斥《中庸》「自誠明謂之性，自明誠謂之教」之說的荒謬。他在《答李詡第二書》中明確地表達對當時學者沉溺性命之學的擔憂，「修患世之學者多言性，故常為說曰：夫性，非學者之所急，而聖人之所罕言也……六經之所載，皆人事之切於世者，是以言之甚詳，至於性也，百不一二言之」，認為談性命是「執後儒之偏說，事無用之空言」，君子應當「以修身治人為急，而不窮理以為言」。〔註17〕因此，歐陽修主張「作文不為空言而期於有用」，提倡實用之學。

蘇軾也對《中庸》發難，稱《中庸》「乃孔氏遺書而不完者」，並對是書作者子思提出嚴厲的批評：「自子思作《中庸》，儒者皆祖之，以為性命之說。嗟夫！子思者豈亦斯人之徒歟！」〔註18〕蘇軾認為子思故作高深，不懂裝懂，把「虛詞」混入《中庸》，致使聖人之道不明。蘇軾對性命之學深致不滿，稱：「夫性命之說自子貢不得聞，而今之學者恥不言性命。讀其文，浩然無當而

〔註14〕（清）馮辰，（清）劉調贊：《李塨年譜》卷二，北京：中華書局，1988年，頁139。

〔註15〕（清）江藩：《漢學師承記》卷一，上海：中西書局，2012年，頁6。

〔註16〕（清）錢大昕：《潛研堂文集》卷二十四，《經籍纂詁序》，四部叢刊本。

〔註17〕（宋）歐陽修：《歐陽修全集》卷四十七，《答李詡第二書》，北京：中華書局，2001年，頁669～670。

〔註18〕（宋）蘇軾：《蘇東坡全集》卷一，《中庸論上》，合肥：黃山書社，1997年，頁1。

不可窮；觀其貌，超然無著而不可挹。此豈真能然哉？蓋中人之性，安於放而樂於誕耳。」〔註19〕

司馬光《論風俗劄子》云：「竊見近歲公卿大夫，好為高奇之論，喜誦老、莊之言，流及科場，亦相習尚。新進後生，未知臧否，口傳耳剽，翕然成風。至有讀《易》未識卦、爻，已謂《十翼》非孔子之言。讀《禮》未知篇數，已謂《周官》為戰國之書。讀《詩》未盡《周南》《召南》，已謂毛、鄭為章句之學。讀《春秋》未知十二公，已謂《三傳》可束之高閣。循守注疏者，謂之腐儒；穿鑿臆說者，謂之精義。」〔註20〕

陸游對當時學者倡言議經頗有微詞，王應麟《困學紀聞》卷八引陸游曰：「唐及國初，學者不敢議孔安國、鄭康成，況聖人乎！自慶曆後，諸儒發明經旨，非前人所及；然排《繫辭》，毀《周禮》，疑《孟子》，譏《書》之《胤征》《顧命》，黜《詩》之序。不難於議經，況傳注乎！」〔註21〕

永嘉學派先驅薛季宣學宗二程，但反對空談義理，稱「今之異端，言道而不及物」「空無之學，不可謂無所見，迄無所用」，他主張學以致用，對考據之學頗為重視，開永嘉學派之先聲。《四庫全書總目》稱薛季宣「學問最為淹雅，自六經、諸史、天官、地理、兵農、樂律、鄉遂、司馬之法，以至於隱書、小語、名物、象數之細，靡不搜採研貫，故其持論明晰，考古詳覈，不必依傍儒先餘緒，而立說精確，卓然自成一家……又覃思考證，不甚專心於詞翰」〔註22〕。

永康學派的代表人物陳亮提倡功利之學，主張「功到成時便是有德，事到濟處便是有理」，對理學家空談義理加以批判，《送吳允成運乾序》中的一段話頗能代表他的觀點：

> 往三十年時，亮初有識知，猶記為士者必以文章行義自名，居官者必以政事書判自顯，各務其實而極其所至，人各有能有不能，卒亦不敢強也。自道德性命之說一興，而尋常爛熟無所能解之人自託於其間，以端慤靜深為體，以徐行緩語為用，務為不可窮測以蓋

〔註19〕 （宋）蘇軾：《蘇東坡全集》卷十三，《議學校貢舉狀》，合肥：黃山書社，1997年，頁281。

〔註20〕 （宋）司馬光撰，李之亮箋注：《司馬溫公集編年箋注》第4冊，成都：巴蜀書社，2008年，頁122。

〔註21〕 （宋）王應麟：《困學紀聞》卷八，上海：上海古籍出版社，2015年，頁201。

〔註22〕 （清）紀昀等：《欽定四庫全書總目》，北京：中華書局，1997年，頁2124。

其所無，一藝一能，皆以為不足自通於聖人之道也。於是天下之士
始喪其所有而不知適從矣。為士者恥言文章行義，而曰盡心知性；
居官者恥言政事書判，而曰學道愛人。相蒙相欺，以盡廢天下之實，
則亦終於百事不理而已。及其徒既衰，而異時熟視不平者，合力共
攻之，無須之禍，濫及平人，固其所自取者，而出反之慘，乃至此
乎！〔註23〕

鄭樵是南宋反理學的重要人物，他提倡實學，反對義理與辭章之學，認
為魏晉以後學術「日以陵夷」就緣於義理之學與辭章之學，「義理之學尚攻擊，
辭章之學務雕搜」，只有實學才是振興學術的不二法門，而實學興盛的關鍵在
於圖譜，「圖譜之學不傳則實學盡化為虛文矣」，因此鄭樵對圖譜之學特別重
視。鄭樵為學尚博，亦勤於考證，《六書略》《校讎略》《藝文略》《金石略》和
《圖譜略》集中體現了他的考證學成就，《四庫全書總目》稱「南北宋間記誦
之富，考證之勤，實未有過於樵者」。

宋末王應麟博極群書，學冠一代，兼宗朱、陸、呂學，不名一師，講理學
而不廢考據，提倡經世致用，重視典章制度，成為有宋一代考據大家。章學
誠稱他「搜羅摘抉，窮幽極微，其於經傳子史，名物制數，貫串旁驚，實能討
先儒所未備」。王鳴盛云：「王氏之學，主於考據。」梁啟超說：「宋王應麟《困
學紀聞》為清代考證學先導。」王應麟是宋末將心性之學引向考據之學的重
要人物。

理學內部也意識到學風空疏的弊端，出現了援考據以治義理的傾向。南
宋初期學者晁說之究心經史，試圖融合義理、考據，超越漢學、宋學，他對後
生完全貶斥漢儒注疏的學風提出批評：「典籍之存、詁訓之傳，皆漢儒於學者，
何負而例貶之歟？後生殆不知漢儒姓名，有書幾種，惡斥如讎，漢儒真不幸
哉！昔人歎『廢興由於好惡，盛衰繫之辯訥』，良有以也。」〔註24〕晁說之認
為漢儒訓詁之學自有其價值，不可一概否定。晁說之以考證方法考定《古周
易》的篇章、結構問題，「以諸家《易》及許慎說等九十五書是正其文」，對恢
復《周易》的本來面目多有貢獻。

朱熹集理學之大成，「致廣大，盡精微，綜羅百代」。相較於二程偏重於
身心修養，朱熹讀書極博，自稱「某舊時，亦要無所不學，禪、道、文章、《楚

〔註23〕（宋）陳亮：《龍川集》卷十五，文淵閣四庫全書本。
〔註24〕（宋）晁說之：《儒言》，文淵閣四庫全書本。

辭》、詩、兵法，事事要學」〔註25〕，提倡「讀書明理」，其弟子黃榦稱「其於讀書也，又必使之辨其音釋，正其章句，玩其辭，求其義。研精覃思，以究其所難知。平心易氣，以聽其所自得。」〔註26〕朱熹深斥時人高談性命之弊，指出：「大抵學者之患，在於好談高妙，而自己腳跟卻不點地。正所謂道在邇而求諸遠，事在易而求諸難也。」〔註27〕朱熹重視漢儒注疏，但也認識到漢儒之蔽在於「守之太拘，而不能精思明辨以求真是」。朱熹富有疑古精神，不迷信前人成說，注重「參互考證」「腳踏實地」「動有依據」，反對「率然穿鑿」，於天文、曆法、地理、典制、名物、經濟等皆有考辨。章學誠在《文史通義·朱陸篇》中認為清代學術源於朱子。張舜徽先生指出「朱子樸實功深，實開後來清代學術之研究風氣，未可徒以理學目之也」「有清三百年樸學之學，實上承朱子『道問學』一途而發揚光大之耳」〔註28〕。朱熹的考據學受理學影響很深，在他看來，治學的重點和旨歸在於義理，考據只是探索義理的途徑，並非治學的終極目標，考據的地位還不能和義理相提並論。

金華學派鼻祖呂祖謙治學崇尚博雜，兼取各家之長，「不名一師，不私一說」，傳中原文獻，重視版本校讎和史實考訂，將考史和研理結合起來。《四庫全書總目》對他有這樣的評價：「當時講學之家，惟祖謙博通史傳，不專言性命，《宋史》以此黜之，降置儒林傳中，然所學終有根柢。」

王柏學宗朱子，但不盲從師說，敢於問難質疑，重視訓詁音韻考證之學，撰有《書疑》《詩疑》《禮疑》等多種考辨著作，他認為：「不有音訓類其同異，則不知諸儒之得失；不見諸儒之異同得失，則不知伊、洛以來傳義之精也。音訓之有益於後學如此，知其所以異，而能察其所當同，而後可以謂之善。」〔註29〕他主張考古「必博學而理明，心平而識遠」〔註30〕。

新安理學家程大昌治學兼重義理與考據，他在經學研究上拋開漢唐箋注，直接從經文中探求義理，反對「苟循習傳之舊」，強調從實證出發以求其實，善於運用「以類證類」「反經推求」的考證方法，著有《雍錄》《考古編》《演

〔註25〕（宋）朱熹：《朱子語類》卷一百四，武漢：崇文書局，2018 年，頁 1985。
〔註26〕（宋）黃榦：《勉齋集》卷三十六，《朱先生行狀》，文淵閣四庫全書本。
〔註27〕（宋）朱熹：《晦庵先生朱文公文集》卷四十五，《答胡寬夫書》，見朱傑人、嚴佐之、劉永翔主編：《朱子全書》第 22 冊，上海古籍出版社、安徽教育出版社，2002 年，頁 2070。
〔註28〕張舜徽：《愛晚廬隨筆》，武漢：華中師範大學出版社，2005 年，頁 260。
〔註29〕（宋）王柏：《魯齋集》卷九，《古易音訓》，文淵閣四庫全書本。
〔註30〕（宋）王柏：《魯齋集》卷九，《家語考》，文淵閣四庫全書本。

繁露》《續演繁露》《禹貢山川地理圖》《詩論》等多部考證類專著。

　　黃震學宗朱熹，又有所修正，不恃門戶之見，「反覆發明，務求其是」，試圖糾正朱子末學流弊。他反對空談，主張躬行，在治學方法上注重考辨，提倡篤實之學。他解經強調對經書中的文字、名物、地理等進行細緻考證，主張析理與考據相結合。他重視史學的作用，批評朱子後學「大抵多忽史學」的偏頗，將不少精力用於考史，主張將實證與理證相結合。黃震意識到朱子後學學風空疏的弊病，試圖將理學由空談轉向實用之學，強調考證在治學中的重要作用，從而在考證學方面取得了突出成就。

　　第三，考證學的形成與當時金石學的創立也有密切關係。劉敞就提出宋代金石學的三大任務是「禮家明其制度，小學正其文字，譜牒次其世諡」，歐陽修編《集古錄》的宗旨是「可與史傳正其缺謬，以傳後學，庶益於多聞」「亦可為朝廷決疑議」，呂大臨作《考古圖》之意在於「觀其器，頌其言，形容彷彿，以追三代之遺風，如見其人矣，以意逆志，或探其製作之原，以補經傳之闕亡，正諸儒之謬誤」。宋代金石學對考證學的興起起到了推波助瀾的作用。

　　高似孫的考證學不可能脫離宋代考證學發展的時代背景，宋代考證學的豐碩成果為高似孫從事考證提供了借鑒。高似孫的考證筆記《緯略》主要利用了程大昌《演繁露》、沈括《夢溪筆談》、吳曾《能改齋漫錄》、洪邁《容齋隨筆》等宋代著名考證筆記，其考證方法在很大程度上受到這類筆記的影響。高似孫走上文獻考證的道路與高氏家學有相當的關係。其父高文虎精通史學，重視史部文獻的整理，在訓詁考證方面，「推本經傳，旁羅百氏，錯綜群言」，積二十年之力，撰成《太史公書注》一百三十卷，凡五百萬言。高文虎反對當時的空疏學風，其治學風格已與理學不合，他主持太學，力主改革，「凡性命道德者皆絀焉」。全祖望稱高文虎「墮其家聲，得罪於朱子」。《西湖遊覽志餘》載：「慶元初，京尹趙師擇請盡以西湖為放生池，作亭池上，求國子司業高炳如文虎為記，高故博洽，疾時文浮誕，痛抑之，以此失士子心。會記中有『鳥獸魚鱉咸若，商歷以興』，既已鋟之，石本流傳，殆不可掩，改商為夏，痕刻猶存，輕薄子作詞以謔之。」〔註31〕此雖笑談，但體現出高文虎治學博雜、反對空疏的特點。高文虎讀程大昌《演繁露》，「晝夜看不休」，對其評價頗高，

〔註31〕（明）田汝成輯，劉雄、尹曉寧點校：《西湖遊覽志餘》卷二十三，《委巷叢談》，上海：上海古籍出版社，2018年，頁282。

自稱「是皆吾所欲志者，筆不及耳」，可見他對考證之學的興趣。高似孫在《史略》中稱「似孫不肖，獲承先人緒業」，顯然受到其父治學特點的影響，而在考證學上又能青出於藍。此外，高似孫交遊的人物中不乏如陸游、周必大、洪邁、樓鑰等精於考證的當世名流，得以經常請益切磋。浙東是考據學的大本營，而高似孫居於浙東之地，難免受到呂學及浙東事功學派的影響。總之，在理學漸成顯學的時代，高似孫在學術上與理學派相左，不喜性命之學，治學崇尚博雅，精於考證，重視訓詁，喜好金石，是南宋時期不可忽略的一名考據學者。

第二節　高似孫之考證路徑

高似孫為學博雜，兼包經史子集，興趣廣泛，主張充分利用各類文獻資料，重視雜史、古注、類書、筆記等，以為考證之資，其考證的範圍涉及字詞、名物、典故、人物、制度、地理、金石、典籍等多個方面，對於神仙鬼怪、虛妄怪誕之類則棄而不取。高似孫的考證路徑可歸結為九個方面：

一、考字詞

訓詁是研讀經史的門徑，宋人對此已有相當的認識。相同的字詞在不同的語境中經常會有不同的含義。高似孫對字詞的訓詁頗為關注，屢屢旁徵博引，加以辨析。如《緯略》卷四「詩卜筮」條云：「《綿之詩》曰：『爰始爰謀，爰契我龜。』毛、鄭皆以『契』為開，非也。『契』者，合也。古者卜人令龜已遂，預取吉兆，以墨畫其上，然後灼之。灼文適順其墨，是為食墨，食墨者吉。其兆不應墨則云不食，不食則龜不從也。」〔註32〕毛、鄭認為《詩經・綿之詩》中「契」字的意思是「開」，高似孫提出質疑，認為「契」可訓為「合」，並根據上古龜卜之法作出了解釋。

《緯略》卷四「奕」條云：「《孟子》曰：『奕秋，通國之善奕者也。使奕秋誨二人奕，其一人專心致志，惟奕秋之為聽；其一人雖聽之，一心以為有鴻鵠將至，思援弓，繳而射之，雖與之俱學，弗若之也。』《左傳》曰：『衛喜許納衛獻公，太叔文子曰，今寧子視君不如奕棋，奕者，舉棋弗定不勝其偶，

〔註32〕（宋）高似孫：《緯略》，叢書集成初編本，上海：商務印書館，1939年，頁61。

而況置君弗定乎？所謂舉棋弗定者，其一心以為有鴻鵠將至者乎？」班固《奕旨》曰：『北方之人謂棋為奕。』揚雄《方言》曰：『圍棋者，自關東。齊魯之間謂之奕。』」〔註33〕對於《孟子》《左傳》中的「奕」字，高似孫引用班固《奕旨》和揚雄《方言》，說明「奕」字為方言用語，是齊魯地區對圍棋的稱呼。

《緯略》卷一「布帆無恙」條：「顧愷之為殷仲堪參軍，嘗因假還，以布帆借之。至破冡遭風大敗，愷之與仲堪牋曰：『地名破冡，真破冡而出，行人安穩，布帆無恙。』《楚辭·九辨》曰：『還及君之無恙。此言及君之無憂耳。《爾雅》曰：『恙，憂也。』漢元帝詔貢禹曰：『今生有恙，何至不已？』乃上疏乞骸骨。此言病何憂？不差而乞骸骨，豈如被蟲食心邪？凡言無恙，謂無憂耳……《神異經》曰：『北方大荒中，有獸食人，咋人則病，罹人則病，名之曰獇。獇，恙也。常近人村落，入人屋室，皆患之，黃帝殺之。由是北方人得無憂疾，謂之無恙。』應劭《風俗通》曰：『上古之時，草居露宿。恙，噬人蟲也，善食人心，大患苦之，凡相問，云無恙。』」〔註34〕對「無恙」一詞的含義，高似孫引用了多種文獻，追溯其本源。

二、考名物

古人對名物之學非常重視，孔子強調「多識於草木鳥獸之名」。高似孫博學多識，於讀書之餘，時時對所見的「草木鳥獸」等名物加以考證。如《緯略》卷五「瑟瑟」條云：

> 程氏《繁露》援《唐語林》：「盧昂主福建監鐵，有瑟瑟枕大如斗，憲宗詔估其直，曰至寶無價，或云美石非瑟瑟，今世所傳瑟瑟，或皆煉石為之也。」按《明皇雜錄》：「上於華清宮置長湯數十間屋，以銀鏤漆船，飾以珠玉，又於湯中壘瑟瑟。」其言壘者，當是珠類，非石也。又按虢國夫人奪韋氏宅，造中堂，既成，召匠圬墁，授二百萬償其直，復賞以金杯二，瑟瑟三斗。其以斗計，為珠明矣。《物類相感志》曰：「唐懿宗賜公主瑟瑟幕，紋如碧絲，貫以真珠。」則

〔註33〕（宋）高似孫：《緯略》，叢書集成初編本，上海：商務印書館，1939 年，頁52。

〔註34〕（宋）高似孫：《緯略》，叢書集成初編本，上海：商務印書館，1939 年，頁6。

是珠類尤明矣。杜詩《石筍行》:「雨多往往得瑟瑟,此事恍惚難明論。」按《博雅》曰:「瑟瑟,碧珠也。」《杜陽雜編》曰:「瑟瑟幕。」《寰宇記》曰:「瑟瑟窟在陝州平陸。」陳陶詩:「瑟瑟盤輕促世珠,黃泥局瀉流年箭。」孫何《上王翰林》詩:「猩猩箋寫宮詞濕,瑟瑟函盛手詔香。」益知其為珠類也。宋景文公詩:「踏溪分藕養新荷,鈿蓋斜臨瑟瑟波。」又言其色之美也。〔註35〕

程大昌《繁演露》引《唐語林》認為「瑟瑟」是石類,而高似孫反駁其說,提出「瑟瑟」是珠類,而非石類。高氏提出如下證據:第一,《明皇雜錄》中有「於湯中壘瑟瑟」「瑟瑟三斗」之語,說明「瑟瑟」更符合珠類的特點;第二,《物類相感志》稱瑟瑟幕「紋如碧絲,貫以真珠」;第三,《博雅》釋「瑟瑟」為碧珠。可見「瑟瑟」並非石類,高氏之說是。

《緯略》卷三「鹽梅鹽豉」條云:「後漢桓麟《七說》曰:『河黿之羹,齊以蘭梅。』崔駰《七依》曰:『醯以大夏之薑,酢以越裳之梅。』張景陽《七命》曰:『煇以秋橙,和以春梅。』《說命》曰:『若作和羹,爾惟鹽梅。』《左傳》:晏子曰『水火醯醢,鹽梅以烹魚肉』。古人調鼎皆用梅也。《禮記‧內則》《楚辭‧招魂》備論飲食,而不及豉。史游《急就篇》乃有『蕪荑鹽豉』。《史記‧貨殖傳》曰:『蘗麴鹽豉千合。』《三輔決錄》曰:『前隊大夫范仲公,鹽豉蒜果共一簞。』秦漢以來始有之也。」〔註36〕此條考證古人飲食文化,說明古人調鼎皆用梅,鹽豉則自秦漢才開始出現。

《緯略》卷四「東薔」條云:「司馬長卿《子虛賦》曰:『東薔雕胡』,張揖曰:『東薔實可食』,蓋不明言何物也。按《魏書》曰:『烏桓地宜東薔。』注曰:『東薔似蓬草,實如葵子,十月熟也。』《廣志》曰:『東薔色青黑,粒如葵子。幽、涼、并皆有之。』西河語曰:『貸我東薔,償我田粱。』揖豈不知出此。」〔註37〕對於《子虛賦》中的「東薔」一詞,高似孫引《魏書》、《廣志》和西河地區的方言,描述了這種植物的特點與產地,對張揖「東薔實可食」這一含混不清的說法作了補充說明。

〔註35〕（宋）高似孫:《緯略》,叢書集成初編本,上海:商務印書館,1939年,頁67。

〔註36〕（宋）高似孫:《緯略》,叢書集成初編本,上海:商務印書館,1939年,頁40。

〔註37〕（宋）高似孫:《緯略》,叢書集成初編本,上海:商務印書館,1939年,頁56。

三、考年代

高似孫對於一些事件的年代多有關注，並對之進行考證。如《緯略》卷一「燒香」條云：「《佛圖澄傳》曰：『襄國城塹水源暴竭。』石勒問澄。澄曰：『今當敕龍取水。』乃置澄上坐，繩床燒安息香，咒數百言，水大至。李相之《賢己集》曰：『燒香蓋始於此。』按《漢武故事》曰：『昆邪王殺休屠王，以其眾來降，得其金人之神，置之甘泉宮。金人者皆長丈餘，其祭不用牛羊，唯燒香禮拜。』事又在《佛圖澄》之前也。」〔註38〕李相之《賢己集》認為燒香蓋始於《佛圖澄傳》，而高似孫根據《漢武故事》記載，提出燒香在《佛圖澄傳》之前。

《緯略》卷七「沉香山火」條：「隋主除夜設火山數十，盡用沉香木根，火山暗，則以甲煎沃之，香聞十里。江淹詩：『金爐絕沉燎，綺席生浮埃。』則沉燎始於梁矣。」高似孫據江淹《雜體詩・效惠休〈怨別〉》所記，認為沉燎始於梁代。

《緯略》卷十「列女圖」條云：「此圖自密康公母至趙括母，凡十五。考之《劉向傳》，乃《仁智》一卷。世傳龍眠李公麟所作。然按隋朝官本有衛協畫《列女圖》一卷，隋王廣有《列女仁智圖》一卷，陳公恩有《列女貞節圖》《仁智圖》。李氏之筆固當祖述於此。又按後漢順烈梁皇后，常以列女畫於左右，以自監戒（《本紀》）。又後漢宋弘常燕見，御座新屏風圖畫列女，常顧視之，弘正容言曰：『未見好德如好色者。』光武即命撤之。觀此，則《列女圖》又始於漢矣。」〔註39〕南宋時，一般人認為《列女圖》為北宋畫家李公麟所作，高似孫認為《列女圖》始於漢代，李公麟乃據古本而作，其證據有：第一，《漢書・劉向傳》記載劉向作有《列女傳》，列女圖的內容與《仁智篇》相對應；第二，《後漢書》記載，後漢順烈梁皇后和後漢宋弘有畫列女之事，用以自鑒。

四、考古代風俗

古代風俗與社會發展關係密切，宋人筆記中有不少考據風俗的內容，宋代還出現了《東京夢華錄》《夢粱錄》等專錄式的風俗著作。高似孫對這類問

〔註38〕（宋）高似孫：《緯略》，叢書集成初編本，上海：商務印書館，1939年，頁14。

〔註39〕（宋）高似孫：《緯略》，叢書集成初編本，上海：商務印書館，1939年，頁169。

題有所考證。如《緯略》卷二「嚏占」條云：「《隨筆》謂《終風詩》『願言則嚏』，《鄭氏箋》曰：『女思我心，如是我則嚏也。』今俗人嚏云『人道我』，此古之遺語也。此風自古已有之。按《漢藝文志》有《嚏耳鳴占》十六卷，其多如此，則嚏者亦古人深以為事。《月令》曰：『季秋行夏令，則人多鼽嚏。』是為病也。」〔註40〕洪邁《容齋隨筆》「噴嚏」條對「嚏」有所考證，高似孫在洪邁的基礎上根據《漢志》中的《嚏耳鳴占》來證明古人對「嚏」的重視。

《緯略》卷七「三儺」條云：

> 《論語疏》曰：「儺，逐疫鬼也。為陰陽之氣不節，屬鬼隨而作禍，故天子使方相氏黃金為四目，熊皮為帽，口作儺儺之聲，以驅疫鬼，一年三度為之。」按《月令》「季春命國儺」，「季秋天子乃儺」，至冬又曰「命有司大儺，旁磔，出土牛，以送寒氣」。張衡《東京賦》曰：「卒歲大儺，除群厲。方相秉鉞，巫覡操茢。侲子萬童，丹首玄製。桃弧棘矢，所發無臬。飛礫雨散，剛癉畢斃。煌火馳而星流，逐赤疫於四裔。」廉品《大儺賦》曰：「於吉日之上戊，將大蠟於臘烝，乃班有司，聚眾大儺。天子坐華殿，臨朱軒，憑玉幾，席文斿。率百隸之侲子，羣鼓噪於宮垣。」二賦只言冬儺耳，春秋之儺蓋少見。唯唐孫頠有《春儺賦》曰：「是月也，建斗於辰，日交長至。有司方陳大禮，展時事，達九門以磔攘，協四靈而滌器。匪歲之卒，乃春之季，令陰氣以下降，使陽和而上利。順三時而不忒，協諸福而畢萃。」然則此禮唐時猶行之，所謂「順三時而不忒」者，三儺也。

儺是一種驅逐疫鬼的遠古風俗，高似孫對《論語疏》「一年三度為之」的說法作進一步的考證，據《月令》、張衡《東京賦》、廉品《大儺賦》和唐孫頠有《春儺賦》的記載，認為「三儺」包括春儺、秋儺和冬儺，冬儺較為常見，而春秋之儺少見，這種風俗唐代還存在。

五、考典章制度

典章制度是宋人考證的主要內容之一。高似孫於史學有相當的研究，故而對一些典章制度類問題能夠提出自己的看法。如《緯略》卷三「對策射策」

〔註40〕（宋）高似孫：《緯略》，叢書集成初編本，上海：商務印書館，1939年，頁23～24。

條：「漢射策與對策不同。按《蕭望之傳》注：『射，謂為難問疑義，書於策，量其大小，署為甲乙之科，不使彰顯，欲射者隨其所取，得而釋之。對者，顯問以政事經義，觀其所對文詞定高下。晉潘京為州所辟，因謁見問策，探得不孝字。』刺史曰：『辟士為不孝耶？』答曰：『今為忠臣，不得為孝子。』此亦射策遺法耳。」〔註41〕此條說明了漢代射策與對策的區別，反映了漢代的選舉制度。

《緯略》卷四「壓角」條：

> 唐兩省官上事，皆宰相親送之。上事官設床几，面南，判案三道，宰相別施一床，坐於西隅，謂之壓角，不知何意，亦不知所從起。按《唐·斐坦傳》令狐綯薦坦為知制誥，裴休持不可，不能奪。故事，舍人初詣省視事，四丞相送之，施一榻堂上，壓角而坐。坦見休，重愧謝，休咈然曰：「此令狐丞相之舉，休何力？」顧左右索肩輿出。宋次道乃云：「舍人上事，必設紫褥於廷，面北拜庭角，閣長立褥之東北隅，謂之壓角。」宋莒公作《掖垣叢志》，亦不解其事，未知何者為是。又唐國子監祭酒李涪《刊誤》曰：「兩省官上事日，宰相臨焉。上事者，設床几面南而坐，判案三道，宰相別施一牀，連上事官，南坐於西隅，謂之壓角……」由此觀之，不獨中書舍人，凡兩省官禮上宰相皆壓角也……又《五代會要》曰：「晉天福五年三月，敕中書門下五品以上，與兩省上事，宰相壓角之禮宜廢。」此禮今不復存。惟中書舍人上事日，設氈褥於庭下，北向再拜；閣老一人別設褥位，立於東北隅，候上事官拜畢，則相與揖而升階，亦謂之壓角，蓋有餘風也。〔註42〕

關於壓角之事，《蔡寬夫詩話》「不知何意，亦不知所從起」，宋庠《掖垣叢志》亦「不解其事」，於是高似孫對「壓角」之意及其來源進行考證。據《新唐書·裴坦傳》對壓角的記載及宋次道之語，唐代中書舍人面見宰相時，須行壓角之禮，宰相「立褥之東北隅」。又據唐國子監祭酒李涪《刊誤》，這種禮節不限於中書舍人，凡兩省官員在上事之日，宰相都要坐於西隅，謂之「壓角」，與

〔註41〕（宋）高似孫：《緯略》，叢書集成初編本，上海：商務印書館，1939年，頁38。

〔註42〕（宋）高似孫著，王群栗點校：《緯略》卷四，《高似孫集》，杭州：浙江古籍出版社，2015年，頁590。

宋次道所謂「立於東北隅」之說不合。高氏據《五代會要》認為「南坐於西隅」的壓角禮在五代時已廢止，中書舍人面見宰相時宰相「立褥之東北隅」的這種壓角禮乃唐代的餘風。

六、考地理

高似孫對地理問題略有考證，如《緯略》卷八「雲夢」條：

《尚書》曰：「雲夢土作乂。」本朝太宗得古本《尚書》，作「雲土夢作乂」，詔改《禹貢》從古本。按孔安國注云，雲夢之澤在江南，是不然也。《左傳》曰：「吳入郢，楚子涉睢濟江，入於雲中。王寢，盜攻之，以戈擊王，王奔鄖。」楚子自郢西走涉睢，則當出於江南，其後涉江入於雲中，遂奔鄖。鄖，今之安州，涉江而後至雲，入雲，然後至鄖，則云在江北也。又曰：「鄭伯如楚，子產相，楚子享之，既享，子產乃具田備，王以田江南之夢。」杜預注曰：「楚之雲夢，跨江南北，曰江南之夢。」則云在江北，明矣。元豐中，有郭思者，能言漢沔間地理，亦以為江南為夢，江北為雲。予以《左傳》驗之思之，說信然。江南即今之公安、石首、建寧等縣，江北則玉沙、監利、景陵等縣。迺水之所委，其地最下，江南二浙水出稍高。方土而夢已作乂矣，此古本之為允也。以上皆《筆談》所記。余按《寰宇記》曰：「雲夢澤半在江南，半在江北。其水中平，土常半出。」《寰宇記》本樂史所撰。史，太宗時人，則沈、郭未嘗見《寰宇記》也，然沈辨未得其詳。且《周禮・荊州》云其澤藪曰雲夢，鄭康成注曰：「雲夢在華容。」《禹貢》云：「雲土夢作乂。」昭三年《左傳》：楚子與鄭伯田於江南之夢。又定四年，楚子涉睢濟江，入於雲中。杜預云：南郡枝江縣西有雲夢城，江夏安陸縣東南亦有夢城，或曰南郡華容縣東南有巴丘湖，江南之夢也。雲夢一澤而每處有名者。司馬相如《子虛賦》云：「雲夢者，方九百里。」則此澤跨江南北，亦可獨稱「雲」稱「夢」耶？酈道元《水經》謂：自江陵東界為雲夢，北界為雲夢之藪。亦不明指一處，不可專以「夢在江南，雲在江北」。〔註43〕

〔註43〕　（宋）高似孫：《緯略》，叢書集成初編本，上海：商務印書館，1939年，頁126。

關於「雲夢」這一地名，沈括《夢溪筆談》認為「江南為夢，江北為雲」。高似孫根據樂史《太平寰宇記》《周禮·荊州》《左傳》、司馬相如《子虛賦》、酈道元《水經注》等文獻的記載，對沈括之說提出了批評，認為雲夢指的是雲夢之澤，地跨長江南北，不應分別稱「雲」和「夢」。

又如《緯略》卷十一「八桂」條：

> 孫綽《天台賦》曰：「八桂挺森以凌霜，五芝含秀而晨敷。」李善注引《山海經》曰：「桂林八樹，在賁隅東。」所謂賁隅東者，招搖之山也。五芝在天台固自有之，不應八桂遠取招搖之山。按《臨海記》曰：「白石之山，望之如雪，山有湖，傳云『金鵝之所集，八桂之所植』。」又《地理記》曰：「天台山有八桂嶺。」此尤曉然。梁褚裸詩：「誰謂重三珠，終焉競八桂。」張九齡詩：「分庭八桂樹，肅客兩童子。」盧綸詩：「玉壇標八桂，金井識雙桐。」皆用八桂事也。

孫綽《天台賦》有「八桂挺森以凌霜，五芝含秀而晨敷」的句子，對於「八桂」的地理位置，李善注引《山海經》認為「八桂」指的是桂林八樹，招搖之山。高似孫提出不同看法，指出五芝在天台山已經存在，八桂也應當在天台，又引用《臨海記》《地理記》說明天台山有八桂樹和八桂嶺，最後又引用梁褚裸、張九齡、盧綸的詩句加以佐證。

七、考金石

兩宋之際，金石學成為一門專門的學問。宋人搜求、收藏、考訂金石，蔚然成風。受這一風氣影響，高似孫對金石學的興趣也頗為濃厚。如《緯略》卷十一「三代鼎器名」條搜羅了夏、商、周三代的各種見於文獻的鼎器名，如商鼎、文王鼎、周公鼎、周姜鼎、虢姜鼎、鄭伯姬鼎、伯姬鼎、晉姜鼎、孔文公鼎、魯公鼎、宋公鼎、單冏鼎、宋君鼎、宋君夫人鼎……共計237種。〔註44〕

《緯略》卷十二「古器」條云：「古人好事，皆極其至，如古鐘鼎彝器，尤所愛，尚其有識文者。非獨其器可玩，其文猶奇古，其間有關於考訂者，所補亦不少。」〔註45〕高似孫不僅看到了古器的價值，而且高度評價了古器銘

〔註44〕（宋）高似孫：《緯略》，叢書集成初編本，上海：商務印書館，1939年，頁180～185。

〔註45〕（宋）高似孫：《緯略》，叢書集成初編本，上海：商務印書館，1939年，頁198。

文的價值，已經認識到這種文字對於考證的作用。

八、考古代典籍

高似孫還對六經等經典典籍多所考證：

一是考證《詩》《書》《春秋》所載卜筮。《緯略》卷四「《詩》卜筮」條考出《詩經》中關於卜筮的詩句「卜云其吉，終然允臧（《定之方中》）；爾卜爾筮，體無咎言（《氓》）；君曰卜爾，萬壽無疆（《天保》）；卜筮偕止，會言近止（《杕杜》）；我龜既厭，不我告猶（《小旻》）；爰始爰謀，爰契我龜（《綿》）；考卜維王，宅是鎬京。維龜正之，武王成之（《文王有聲》）；握粟出卜，自何能穀（《小宛》）」〔註46〕。《緯略》卷四「《書》卜筮」條輯錄了《尚書》中關於卜筮的語句：「龜筮協從，卜不習吉（《禹謨》）；龜從筮從（《洪範》）；乃卜三龜，一習吉（《金縢》）；遺我大寶龜，朕卜並吉（《大誥》）；伻來，以圖及獻卜（《洛誥》）」。〔註47〕《緯略》卷四「《春秋》卜筮」條載《春秋》中關於卜筮的語句：「楚伐郇，莫敖曰：『請卜之。』鬭廉曰：『卜以決疑，不疑何卜。』遂敗郇師。晉獻公欲以驪姬為夫人，卜之不吉，筮之吉，卜人曰『筮短龜長，不如從長』。狐偃言於晉侯曰：『求諸侯莫如勤。王使偃卜之，遇黃帝戰於阪泉之兆。梁嬴孕過期，卜招父與其子卜之，其子曰：『將生一男一女。』招曰：『然。』衛遷於帝丘，卜曰：『三百年。』邾文公卜遷於繹，史曰：『利於君，不利於民。』……」〔註48〕通過此上考證，高似孫得出結論：「六經中無有不言龜筮者，其用大矣。」

二是考證《易·文言》的作者問題。《緯略》卷五「《易·文言》」條云：「《易》曰：『元者，善之長也。』《左傳》曰：『元者，體之長也。』《易》曰：『嘉會足以合禮。』《左傳》曰：『嘉德足以合禮。』『善』之與『體』、『會』之與『德』，其字不同，其義則別。《易》之《文言》以為孔子所作，然孔子生於襄公二十二年，史作此筮，乃襄公九年，二語蓋在孔子之先也。」〔註49〕

〔註46〕（宋）高似孫：《緯略》，叢書集成初編本，上海：商務印書館，1939年，頁60～61。

〔註47〕（宋）高似孫：《緯略》，叢書集成初編本，上海：商務印書館，1939年，頁61。

〔註48〕（宋）高似孫：《緯略》，叢書集成初編本，上海：商務印書館，1939年，頁61～62。

〔註49〕（宋）高似孫：《緯略》，叢書集成初編本，上海：商務印書館，1939年，頁70～71。

針對孔子作《易・文言》的說法，高似孫指出孔子的生年是在作筮之後，《易・文言》不可能是孔子所作。

三是考《詩》之十五國風。《緯略》卷五「十五國風一」條云：「十五國風獨無宋、魯。或曰孔子之先，宋人也；魯，父母之邦也。為尊者諱，親者諱，不列二國於變風之次。且孔子生於襄公二十二年，至二十九年季札來聘，是年孔子生八歲，季札請觀周樂為之歌，《周南》下至《曹風》凡十五國，正與今之《詩》一同，未嘗有宋、魯也。宋、魯不在變風之列，其來久矣。自《周南》至於《齊》八國，與今之次序同。自《豳風》至《曹風》七國，與今之次序異。蓋當時魯國之序如此。熟考《史記》《左氏》，可以言詩矣。」〔註50〕高似孫根據《史記》《左傳》所記季札觀周樂歌之事，說明「宋、魯不在變風之列，其來久矣」，十五國風之名自孔子時已經確定下來。《緯略》卷五「十五國風二」條云：「十五國風次序，或曰《王・黍離》在《邶》《鄘》《衛》之後，天子安得居諸侯後。蓋存二代之後也。周滅商，分其畿內為三國：邶、鄘、衛也。紂城以北謂之邶，南謂之鄘，東謂之衛。故以封紂子武庚也。鄘，管叔尹之。衛，蔡叔尹之。以監商民，謂之三監。三監叛，周公誅之，盡以其地封康叔。故《邶》詩十九篇，《鄘》詩十篇，《衛》詩十篇，共三十九篇，皆衛詩也。序《詩》曰：『以其地本商之畿，故在於《王・黍離》上，列為三國而不獨謂之衛也』。」〔註51〕高似孫認為《邶》《鄘》《衛》在《王・黍離》之前，其原因在於邶、鄘、衛屬於商朝的故畿，周滅商後，這三個地方成為周封地，故《邶》《鄘》《衛》均為商代詩。

此外，高似孫還對《戰國策》一書進行了專門的考證。《子略》卷三「戰國策」解題曰：「予遂效此，盡取《戰國策》與《史記》同異，又與《說苑》《新序》雜見者，各匯正之，名曰《戰國策考》。」

九、考目錄之書

高似孫對《七略》未收的古書有所考證。古代學者已經認識到《七略》《漢志》有未著錄之書，並進行補錄工作。如宋王應麟《漢藝文志考證》對《漢志》不著錄之書有所補充。余嘉錫《古書通例》進一步指出：「是則《漢

〔註50〕（宋）高似孫：《緯略》，叢書集成初編本，上海：商務印書館，1939年，頁71。

〔註51〕（宋）高似孫：《緯略》，叢書集成初編本，上海：商務印書館，1939年，頁71。

志》全錄《七略》，自省兵十家外無所刪除也。乃王應麟作《考證》，增入不著錄之書二十七部，雖其間有志已著錄，而今本傳其別名者；有自古書中裁篇單行者，有曾否著錄，疑不能明者；有出於東漢以後，疑向、歆未見者；有偽託者；然除此之外，亦實有明見於《漢書》紀、傳，確為劉、班時書，而本志不收錄者數種。至今人章炳麟、顧實所舉，往往出於王氏之外。是《七略》及《漢志》，皆有不著錄之書也。」〔註52〕

　　《史略》卷五「《七略》中古書」條記載了高似孫所考證的《七略》中三代以前的圖書計十五種：《太古以來年紀》《黃帝曆》《黃帝四經》《黃帝銘》《孔甲盤盂》《風后》《蚩尤》《力牧》《顓頊曆》《夏殷周魯曆》《伊尹》《太公》《辛甲》《史籀》《尹佚》。

第三節　高似孫之考證方法

　　陳垣先生將考證方法歸納為理證、書證與物證三種。高似孫的考證方法以書證、物證為主，具體來說可以細分為以下八個方面：

一、據避諱考證的方法

　　避諱是中國封建社會所特有的一種政治和文化現象，可以用來幫助考訂古籍的年代、鑒定版本、鑒別偽書等。高似孫即利用避諱來考辨《晉書》的撰者問題，《緯略》卷二「御撰《晉書》」條：

　　　　《晉書》之首，置以御撰。今觀《天文志》曰：「天聰明自我人
　　聰明。」以「民」為「人」，太宗不應自避其名。又《洛書乾曜度》
　　以「乾」為「甄」，太宗又不應為太子承乾避也。只是史官所修，間
　　有經御覽裁整者，謂之御撰則不可也。〔註53〕

　　《晉書》首頁題為御撰（即唐太宗撰），對此高似孫提出了不同意見，他發現《晉書·天文志》將「天聰明自我人聰明」一句的「民」作「人」，這是在避唐太宗之諱；又發現《晉書》將《洛書乾曜度》中的「乾」寫作「甄」，這是在避太子李承乾之諱。據此高氏提出，《晉書》並非唐太宗御撰，而是史

〔註52〕余嘉錫：《目錄學發微·古書通例》，上海：上海古籍出版社，2014 年，頁 147
　　　　～148。
〔註53〕（宋）高似孫著，王群栗點校：《緯略》卷二，《高似孫集》，杭州：浙江古籍
　　　　出版社，2015 年，頁 547～548。

官所修，只是有的地方經過唐太宗修改。

二、據親身見聞考證的方法

宋人考證不僅考之典籍，而且重視耳聞目見，親歷其地，孜孜於訪風土、尋遺跡，體現了多聞闕疑的嚴謹精神。高似孫在地方仕官之餘往往遊覽古蹟，拜訪當地名士，流連於山水之間，這為他在撰寫《剡錄》時考證地方史料提供了豐富的材料。《緯略》卷四「古鐺」條的記載也體現了高氏重視親身見聞的特點，其文如下：

> 古銅鐺者，龍首三足，挹注以口，翠蝕可玩。因考《晉舊事》有龍首鐺，即是此類。唐薛大鼎、賈敦頤、鄭德本為刺史，皆有異政，號「鐺腳御史」，則鐺三足矣。服虔《通俗文》曰：「䰞有足曰鐺。」《笑林》曰：「太原人夜失火，欲出銅鐺，乃得熨斗，便大驚怪曰：『異事！火未至已被燒失腳。』」亦言有足也。《述異記》有謂「卿無溫鐺，安得飲酒」，當是溫酒器也。竟陵王子良遺何點、徐景山酒鐺。宋景文公詩：「謝病歸裝能辦未，葛洪丹灶景山鐺。」當是酒具。一日有人持一枚求售，且言以紙燃燈一枚引火鐺下，酒可溫。余曰：「吾齋所有，安知不解溫酒也。」乃取與俱，則吾鐺中酒先熱，售者大駭，攜之去。〔註54〕

高似孫考證銅鐺這一器物的特徵時，引用《述異記》及宋祁詩，證明古鐺為溫酒器，並以酒鐺溫酒的親身經歷進行佐證。這就是較為典型的見聞與文獻互證的考證方法。

三、據金石文獻考證的方法

金石學為有宋一代專門之學，金石研究蔚然成風，有許多著名學者從事金石研究。宋人利用金石考史已相當普遍，司馬光、李燾、李心傳等史學家都有過以金石資料考史的經歷，呂大臨等學者提出了利用金石資料考證古文字的具體方法。在這種風氣的影響下，高似孫對金石文獻也有非常濃厚的興趣，嗜於收藏古器物，《緯略》中關於鼎器、碑文、墓銘、古硯等的大量記載，也顯示了他對金石的高度關注。《緯略》卷四「李尤《床銘》」條云：

> 銘曰：「體之所安，寢處之歡。夕則敬慎，崇德遠奸。」吁，尤

之旨深矣。一書有《堅床銘》曰：「體之所安，寢處知歡。久則敬慎，崇德遠奸」。「知」字「久」字，蓋字訛也。〔註55〕

高似孫利用李尤《床銘》考證典籍中的文字訛誤，這說明高似孫已經懂得了利用金石文獻校勘傳世文獻的方法。

又如《緯略》卷十一《金像銘》條：

> 北齊邢子才《金像銘》曰：「妙形難像，至理希詮。形之所及，理亦在焉。神儀內瑩，寶相外宣。應靈肦蠁，感發大千。圓光照耀，映被無邊。託銘斯在，曠劫方傳。」此數句，佳作也。比年得一金銅菩薩像，真所謂「神儀內瑩，寶相外宣」者。唐李嶠有《金銅瑞像記》，蓋屑金銀珠玉七寶以範之，此菩薩像縱非六朝，亦是唐舊物，近代未嘗作此也。〔註56〕

對於自己所得的金銅菩薩像，高似孫根據北齊邢子才《金像銘》和唐李嶠《金銅瑞像記》兩種文獻記載，對該佛像的年代進行了簡單的考證。

四、據方言材料考證的方法

高似孫非常善於利用方言材料來考證字詞的含義。如《緯略》卷一「蚊民」條：

> 東方朔《蚊賦》曰：「長喙細身，晝伏夜存。其屬惡煙，為掌所捫。臣朔愚戇，名之曰民。」崔豹《古今注》曰：「河內有人嘗見人馬滿地，如黍米大，取火燒，皆作蚊蚋飛去，因號蚊蚋，為黍民。」潘子真《詩話》載：「紫姑神《蚊賦》曰：『其來繽繽紛紛，如煙如雲。』」嘗聞之，秦謂之蚋，楚謂之民，用東方朔賦中字也。〔註57〕

東方朔《蚊賦》、崔豹《古今注》有稱「蚊」為「民」的記載，頗為費解，高似孫指出這種稱呼是楚地方言。

又如《緯略》卷一「寧馨」條：

> 唐《張謂》詩：「家無阿堵物，門有寧馨兒。」以寧為去聲。劉

〔註55〕（宋）高似孫著，王群栗點校：《緯略》卷四，《高似孫集》，杭州：浙江古籍出版社，2015年，頁573。

〔註56〕（宋）高似孫著，王群栗點校：《緯略》卷十一，《高似孫集》，杭州：浙江古籍出版社，2015年，頁741。

〔註57〕（宋）高似孫著，王群栗點校：《緯略》卷一，《高似孫集》，杭州：浙江古籍出版社，2015年，頁513。

夢得《贈日本僧智藏》詩:「為問中華學道者,幾人雄猛得寧馨。」以寧為平聲。蓋《王衍傳》曰:「何物老嫗,生寧馨兒?」山濤叱王衍語也。又《南史》曰:「宋王太后疾篤,使喚廢帝。帝曰:『病人間多鬼,那可往。』太后怒謂侍者:『取刀來剖我腹,那得生寧馨兒。』」所謂寧馨者晉宋間人語耳。今吳人語音尚用寧馨字為問,猶言若何也。東坡詩:「六朝文物餘丘壟,空使英雄笑寧馨。」張謂詩、東坡詩用寧馨為是。〔註58〕

高似孫利用當時的吳地方言論證「寧馨」一詞的用法,指出「寧馨」為晉宋時人們常說的話,是虛詞,並非實詞。

五、比較考證的方法

比較考證是一種較為常用的考證方法,宋人對這一方法頗為重視,如司馬光《通鑑考異》就注意比較不同文獻的差異,分析其中的問題。高似孫也善於運用比較分析法,如高似孫在考證唐代延英殿時有如下一段的論述:

《六典》言:「宣政殿西上閤門之左,即延英殿。上元二年,殿中當御座,生玉芝。」延英召對宰臣,始於代宗……錢希白《南部新書》記唐制,內有公事即開延英。《長安志》以延英在紫宸殿東。呂大臨《圖引李庾賦》曰:「東則延英耽耽。」又按《會要》:元和十五年,詔於西上閤門西廊內,開便門,以通宰臣,自閤中至延英。則延英不在紫宸之東矣。《會要》之說蓋與《六典》合。〔註59〕

關於延英殿的位置,文獻記載不一致。《唐六典》稱延英殿位於宣政殿西,而《長安志》以為延英殿在紫宸殿東。那麼,哪一種說法正確?高似孫將《唐會要》的記載與這兩種說法進行比較後指出,在紫宸殿東的說法更為可信。這個結論也為現代學者所證實。

高似孫有感於《戰國策》淆亂,撰有《戰國策考》。《子略》卷三稱:

班固稱太史公取《戰國策》《楚漢春秋》《陸賈新語》作《史記》。三書者一經太史公採擇,後之人遂以為天下奇書。予惑焉,每讀此書,見其叢脞少倫,同異錯出,事或著於秦、齊,又復見於楚、趙,

---

〔註58〕 (宋)高似孫著,王群栗點校:《緯略》卷一,《高似孫集》,杭州:浙江古籍出版社,2015年,頁513。

〔註59〕 (宋)高似孫著,王群栗點校:《史略》卷六,《高似孫集》,杭州:浙江古籍出版社,2015年,頁315。

言辭謀議，如出一人之口，雖劉向校定，卒不可正其淆駁，會其統歸。故是書之汩，有不可而辨者，況於《楚漢春秋》《陸賈新語》乎！二書紀載，殊無奇耳。然則太史公獨何有取於此？夫載戰國、楚漢之事，舍三書，他無可考者，太史公所以加之采擇者，在此乎？柳子厚嘗謂：「左氏《國語》，其閎深傑異，固世之耽嗜而不已也，而其說多誣淫，不楔於聖。余懼世之學者惑其文采，而淪於是非，作《非國語》。」昔讀是書，殊以子厚言之或過矣；反覆《戰國策》，而後三歎，《非國語》之作，其用意切、用功深也。予遂效此，盡取《戰國策》與《史記》同異，又與《說苑》《新序》雜見者，各彙正之，名曰《戰國策考》。〔註60〕

高似孫發現《戰國策》錯雜叢脞，前後矛盾，於是作《戰國策考》一書。他的考證方法是效法唐柳宗元的《非國語》，將《戰國策》與《史記》進行對讀，輯出《戰國策》與《史記》之間有差異的文字，又將這些文字與《說苑》《新序》中的《戰國策》文字加以比較，進行勘正。這裡運用了文本比較分析的方法，這種考證工作對於研究《戰國策》是非常有價值的。可惜，高似孫的《戰國策考》已經失傳，現在我們只能從這段文字見其梗概。關於《戰國策》與《史記》的關係，清人就指出今本《戰國策》中一些篇目就有抄自《史記》的內容，如吳汝綸認為《戰國策》中的趙武靈王、平原君、春申君、范睢、蔡澤、魯仲連、蘇秦諸篇抄自《史記》，甚至還抄進了司馬遷的議論。

六、引文考證的方法

　　西晉時汲冢發掘的《竹書》一書有許多記載與儒家經說不合，因此不為學者所重，在宋代更是遭到理學家的排斥。《史略》在考證《竹書》的真偽問題時指出：「摯虞、束皙既嘗據引，荀顗又嘗參訂，杜預之所引用，干寶之所稽法，是書不為不古矣。不只是也，師古稱臣瓚所注《漢書》，喜用《竹書》。」〔註61〕高氏根據《竹書》被摯虞、束皙、荀顗、杜預、干寶、傅瓚等學者所廣泛引用，提出《竹書》實為古書。

　　《水經》一書的作者問題歷來存在很大的爭議。高似孫對其作者問題提

〔註60〕　（宋）高似孫著，王群栗點校：《子略》卷三，《高似孫集》，杭州：浙江古籍
　　　　出版社，2015 年，頁 463。

〔註61〕　（宋）高似孫著，王群栗點校：《史略》卷六，《高似孫集》，杭州：浙江古籍
　　　　出版社，2015 年，頁 367。

出了自己的看法:「按《唐‧藝文》云:『桑欽,一作郭璞撰。』又《鄭氏書略》以為郭璞注。然道元所箋,略不援引郭璞,則知為桑欽書也。」〔註62〕高氏根據酈道元《水經注》沒有引用郭璞的注釋,推斷《水經》的作者非郭璞,而是桑欽。

七、溯源考證的方法

高似孫非常關注古書中文獻材料的來源問題,有意識地對材料的來源進行分析。例如,似孫指出《史記》大量採用《楚漢春秋》,但將《楚漢春秋》與《史記》進行對比後發現,《楚漢春秋》並沒有什麼特別的地方,與《史記》所取得的成就相差甚遠。從這裡我們可以看出司馬遷在利用材料時的高明之處。

關於《資治通鑑》對材料的採擇,高似孫對《資治通鑑》所利用的材料來源進行了系統的分析和統計,考證出《資治通鑑》引書之書目二百二十家,從而得出《資治通鑑》「為功切矣,所採取亦博矣」的結論。

八、詩史互證的方法

詩史互證的方法並非高似孫獨創,宋人已經注意利用史書記載研究詩歌或根據詩歌內容考證史實,如洪邁已認識到詩歌的史料價值,《容齋隨筆》卷四「李宓代南詔」條引高適《李宓南征蠻詩》〔註63〕指出《資治通鑑》和兩《唐書》關於李宓伐南詔的記載有不準確的地方,並總結道:「雖詩人之言未必皆實,然當時之人所賦,其事不應虛言。」《容齋續筆》卷二「唐詩無避諱」條認為「唐人歌詩,其於先世及當時事,直辭詠寄,略無避諱」,列舉白居易、元稹、杜甫、張祐、李義山等人詩篇為證。《容齋五筆》卷八「白公說俸祿」條利用白居易詩考證其俸祿情形。《容齋五筆》卷八「白蘇詩紀年歲」條稱讀白居易、蘇軾之詩「便如閱年譜」。又如,葛立方《韻語陽秋》利用杜牧詩中關於「甘露事蹟」的內容辨正《甘露野史》《乙卯記》二書記載矛盾的問題,《邵氏聞見後錄》發現杜甫、韓愈、杜牧三家詩中關於唐參軍、簿、尉有罪受撻罰的記載與唐史相印證。

〔註62〕(宋)高似孫著,王群栗點校:《史略》卷六,《高似孫集》,杭州:浙江古籍出版社,2015年,頁339。
〔註63〕原詩當為高適《李雲南征蠻詩》,《容齋隨筆》記載有誤。

　　高似孫以治詩賦取進士，在詩賦方面有很高的造詣，自成一家，「有石湖、放翁、誠齋之風」，「以文學致清顯」。高氏撰有《文苑英華纂要》，作了不少校勘的工作，不難看出他對《文苑英華》這部廣錄詩賦的大型類書有過專門研究，對各類詩賦文獻可以說相當熟悉，因此他在考證中善於引用詩賦進行考證。與洪邁相比，高似孫兼具詩人、史學家和考證家的身份，對詩史互證之法運用得更為頻繁。如《緯略》卷十「五夜」條云：

　　　　《漢舊儀》曰：「中黃門待五夜。」謂甲乙丙丁戊也。唐太宗所
　　　　謂甲夜理事，乙夜觀書者本此。《顏氏家訓》曰：「或問一夜五更何
　　　　所訓，答曰：漢魏以來，謂甲夜、乙夜、丙夜、丁夜、戊夜，又謂
　　　　之五更，皆以五為節。《西都賦》曰：『衛以嚴更之署。』必以五為
　　　　節者，言自夕至旦，經涉五時，雖冬夏之晷，長短參差，而盈不盡
　　　　六，縮不至四，進退五時之間，故曰五更也。」唐韋珣〔註64〕嘗問
　　　　劉禹錫曰：「五夜者，甲乙丙丁戊相更迭耳，而又有子夜，何耶？」
　　　　晉時有子夜者善歌，子夜，女子名也，故李義山云：「鶯能歌子夜。」
　　　　又云：「心酸子夜歌。」太白亦有子夜歌行。韋珣以子夜為五更之數，
　　　　非也。又有所謂午夜者，為半夜時如日之午也。李長吉《七夕》詩
　　　　「羅幃午夜愁」，杜少陵所謂「午夜漏聲催曉箭」是也。獨更點之制，
　　　　無所著見，韓愈詩：「雞三號更五點。」李郢詩：「江風徹曙不成睡，
　　　　二十五點秋夜長。」李商隱詩：「金殿銷香閉綺櫳，玉壺傳點咽銅
　　　　龍。」惟此三詩言點也。陳伏知道《從軍五更轉》詩曰：「一更刁斗
　　　　鳴……更人悄下樓。」〔註65〕

高似孫在考證古代「五夜」這一曆法制度時大量引用了詩詞。據《漢書儀》《顏氏家訓》，「五更」指的是甲、乙、丙、丁、戊共五夜。高氏引李商隱詩證「子夜」為人名，非五更之數。關於「更點之制」，文獻沒有記載，似孫只在韓愈《東方半明》、李郢《宿杭州虛白堂》及李商隱《深宮》詩中找到「更點之制」的詩句。〔註66〕

〔註64〕韋珣當為韋詢之誤。

〔註65〕（宋）高似孫著，王群栗點校：《緯略》卷十，《高似孫集》，杭州：浙江古籍出版社，2015年，頁733。

〔註66〕葉寘《愛日齋叢鈔》卷四對高似孫之說有補充，認為杜甫詩「五更三點入鵷行」、陳無已「殘點連聲殺五更」均涉及更點之制。

　　總之，高似孫在其考據筆記《緯略》中運用了多種考證方法，通過博徵史料，排比前人之說，從而提出己見，糾正前人誤說。高氏的考證方法與宋代考證學者多有相似之處，如他將金石文獻與傳世文獻相結合的考證方法，也反映了盛行於宋代的金石收藏與研究風氣。高氏考證亦具特色，他屢屢援詩賦以事考證，這種做法在宋代考證學者中並不多見。

第七章　高似孫之文獻學思想

　　儘管高似孫沒有提出系統的文獻學理論，但透過高似孫在目錄版本、辨偽、輯佚、考證等方面的實踐，我們可以發掘出隱藏在這些具體實踐活動之後的學術思想。高似孫文獻學思想的核心在於：既注重資料的收集，又重視學術源流的闡發，強調會通與創新。本章從高似孫的史書編纂思想、書目編纂思想和文獻學思想特色三個方面進行論述。

第一節　高似孫的史書編纂思想

　　近年來，學界對《史略》一書的史學價值有所關注，一些學者對高似孫的史學批評思想進行探討。而關於高似孫的史書編纂思想，鮮有學者論及。雖然高氏沒有系統論述自己對史書編纂的看法，但我們可以從他品評史籍的隻言片語之中發掘他的史書編纂理念。

一、關於史書的敘事

　　是否善於敘事是衡量一部史書優良與否的重要標準。《尚書》《春秋》《史記》《漢書》歷來被視為善敘事的典範。如子夏評《尚書》：「《書》之論事，昭昭如日月之代明，離離如參辰之錯行。」班彪讚美《史記》「善述序事理，辯而不華，質而不野，文質相稱，蓋良史之才也」〔註1〕劉知幾《史通》對史書敘事有較為精當的論述，他強調敘事應當文約事豐：「夫國史之美者，以敘事為工，而敘事之工者，以簡要為主。簡之時義大矣哉⋯⋯然則文約而事豐，此述

―――――――――――――

〔註1〕（劉宋）范曄：《後漢書》卷四十《班彪列傳》，北京：中華書局，1965年，頁1325。

作之尤美者也。」〔註2〕這些都說明中國古代史家十分重視史書的敘事。高氏繼承了史家重視敘事的傳統，在評論史著時常以敘事善否作為標準，他在《史略·序》中說：「太史公以來，載籍之作，大義粲然著矣。至於老蝕半瓦，着力汗青，何止間見層出。而善序事，善裁論，比良班、馬者，固有犖犖可稱。」《史記》《漢書》被高似孫視為「善序事」的典範，高氏所說的「善序事」，具體來說，就是主張史書敘事應當簡要。朱鳳《晉書》在宋時已佚，高氏從《世說新語》中輯錄其佚文，並評價該書「敘事甚簡淨」。高氏對吳兢《唐書》頗為看重，引用《新唐書·吳兢傳》中的話稱讚該史「敘事簡核，號良史」。關於《漢書》《史記》的優劣，歷來學者多有爭論，《史略》引用張輔之論說明《漢書》不及《史記》簡約：「司馬遷之著述，辭約而事舉，敘三千年事，唯五十萬言，班固敘二百年事，乃八十萬言，煩省不同，不如遷一也」。高氏評價陸機、鄧粲、沈約諸家《漢紀》「殊為精蔟」，稱讚干寶《晉紀》「其書簡略，直而能婉，咸稱良史」。《晉書》因成於眾手，不免存在重出問題，《緯略》卷十「史敘事」條引用孔毅父《雜說》，批評《晉書》載王隱諫祖約弈棋事，兩傳俱出，為文煩冗。從這些例證來看，高氏對敘事簡略是極為重視的。

對於史書如何做到敘事簡略，高氏有進一步的闡述，他將《尚書》中的《堯典》《舜典》《禹貢》視為「至略之法」：「《堯典》載曆象、治水、禪舜之事大矣，凡四百六十字。《舜典》載受禪、命官之事亦大矣，凡八百三十六字。《禹貢》載山川、貢賦、名物、水功之事尤大矣，凡一千二百八字。非略之至乎？」〔註3〕高氏認為，做到敘事簡略就是要篡繁撮要，突出重點，切合主旨。《堯典》記載曆象、治水、禪舜之事，《舜典》記載受禪、命官之事，《禹貢》記載山川、貢賦、名物、水功之事，都是抓住其中的大事，因此能夠做到敘事簡略。高氏還以《晉史》《資治通鑒》引用干寶《晉論》為例，具體說明如何篡繁撮要：「《晉論》二千七百一十有七言，載於《晉史》者一千八百八十有五言，載於《通鑒》者七百二十有四言，可以為殳夷煩亂、篡載浮辭之法。」〔註4〕劉知幾在《史通·敘事篇》中說：「夫能略小存大，

〔註2〕（唐）劉知幾撰，（清）浦起龍釋：《史通通釋》，上海：上海古籍出版社，1978年，頁165。

〔註3〕（宋）高似孫著，王群栗點校：《史略》卷四，《高似孫集》，杭州：浙江古籍出版社，2015年，頁322～323。

〔註4〕（宋）高似孫著，王群栗點校：《史略》卷三，《高似孫集》，杭州：浙江古籍出版社，2015年，頁302。

舉重明輕，一言而鉅細咸該，片語而洪纖靡漏，此皆用晦之道也。」〔註5〕可以說，高似孫的見解與劉知幾的「尚簡」思想一脈相承。

高似孫自己撰寫史著時，同樣力求簡略，其父高文虎預修宋神宗、哲宗、徽宗、欽宗四朝史及《高宗實錄》，「其有分《秦檜傳》者，筆不得下，今《檜傳》僅數葉而已」〔註6〕。高似孫幫助其父纂修《秦檜傳》，自稱「極為精覈」。

可見「簡略」是高似孫所謂「善敘事」的一個重要方面，除此以外，他還對史書敘事的文辭非常重視。他評價魚豢《典略》「特有筆力」，認為習鑿齒《漢晉陽秋》「以文筆著」，稱讚陸機《晉紀》「天才秀逸，辭藻宏麗」，褒揚習鑿齒、孫盛、檀道鸞所作魏、晉春秋「辭采清雋，斯亦一代之奇著」，稱李延壽《南北史》「頗有條理，刪落釀辭」，評價何法盛《晉中興書》「事有可稽，辭有可述」，唐修《晉書》「該且檄，而妙於辭制」，何元之《梁典》「幾於紀，事省而辭約」。而王劭《隋書》「多採迂怪不經之語，辭義繁雜」，成為高氏批評的反面例子。「特有筆力」「辭藻宏麗」「辭采清雋」「刪落釀辭」「妙於辭制」等評語都是從史書敘述文采的角度對史書加以評判的。《史略》卷二「吳別史」摘錄魚豢《魏略》、韋昭《吳書》、環濟《吳記》、張勃《吳錄》諸書之語，並總結說「魏、吳雜史，大段瓌緻，掇其數辭，足以知諸公辭藻之競秀者」，這裡也將史書辭藻優美作為良史的評價尺度。《史略》卷四史贊後附有十八家雜贊，高似孫說明其採錄的原則：「以上諸贊辭多瓌傑，故錄焉。」這裡同樣將文采作為《史略》著錄的標尺。

皇甫湜批評荀氏《東觀漢紀》「強欲復古，以為編年，然其善語嘉話、細事詳政，多所遺矣」。高似孫對這種說法進行駁斥：「此書專為正史繁博而作，辭約則事必省，事省則史必精。編年之體，難乎其詳且細矣。王通氏曰：『荀悅史乎！』是蓋知悅者矣。」高氏稱讚《東觀漢紀》「辭約事省」。對於《漢紀》《晉紀》等這種「紀」類的編年體史書，高氏頗為推崇：「自悅而後，紀凡二十有一家，往往取則於荀氏。如陸機、鄧粲、徐廣、沈約數家，殊為精覈。」〔註7〕這也是從簡要這一特點來考量的。

〔註5〕（唐）劉知幾撰，（清）浦起龍釋：《史通通釋》，上海：上海古籍出版社，1978年，頁173。

〔註6〕（宋）高似孫著，王群栗點校：《史略》卷三，《高似孫集》，杭州：浙江古籍出版社，2015年，頁308。

〔註7〕（宋）高似孫著，王群栗點校：《史略》卷三，《高似孫集》，杭州：浙江古籍出版社，2015年，頁303。

　　高似孫雖然主張文辭簡略優美，但也反對刻意為文、過於追求辭藻的做法。他引用其父的話：「歐陽公撰《新唐史》，紀、志皆脫稿，獨《太宗紀》贊難乎其為工。既成，一夕夢神人，金甲持兵，琅乎問罪，以紀贊過乎措辭。蓋太宗也。公乃為改作。」〔註8〕明確反對歐陽修《新唐書》過分重視措辭的寫法。《南齊書》一書過於重視文采，也受到了高氏的批評：「本朝曾鞏、趙若、孫覺、尹洙、蘇洵諸公，校正館書，嘗論《齊史》。謂子顯之於斯文，喜自馳騁，其更改破析，刻瑉藻繢之變尤多，而其文益下。豈夫才固不可強而有耶？」〔註9〕這裡引用宋人評論，稱蕭子顯著此書，為顯示文采，刻意追求辭藻，反而在文筆上並不好，這可能是作者能力不足導致的結果。

　　除了主張史書文辭簡略，高似孫認為子書在文辭上也應當精覈簡練。如《子略》卷四「王充《論衡》」條對漢代文風進行分析，認為漢代文章趨於繁富，追求博聞，從而走向衰落：「漢承滅學之後，文、景、武、宣以來，所以崇屬表章者，非一日之力矣。故學者向風承意，日趨於大雅多聞之習，凡所撰錄，日益而歲有加，至後漢盛矣。往往規度如一律，體裁如一家，是足以雋美於一時，而不足以準的於來世。何則？事之鮮純，言之少擇也。劉向《新序》《說苑》奇矣，亦復少探索之工，闕詮定之密，其敘事有與史背者不一二。」〔註10〕高氏認為「事之鮮純，言之少擇」是漢代文章的主要缺點，劉向《新序》《說苑》也避免不了這樣的問題，這種潮流到東漢發展到了極點，王充《論衡》被視為這種潮流的產物，因此受到高氏的批評：「其文詳，詳則理義莫能核而精，辭莫能肅而括，幾於蕪且雜矣……客有難充書繁重者曰：『石多玉寡，寡者為珍；龍少魚眾，少者為神乎？』充曰：『文眾可以勝寡矣。人無一引，吾百篇；人無一字，吾萬言，為可貴矣。』予所謂乏精覈而少肅括者，正此謂歟？」〔註11〕高氏認為《論衡》在文辭上不夠精練，內容蕪雜。這一看法正中《論衡》之弊。

〔註8〕（宋）高似孫著，王群栗點校：《史略》卷四，《高似孫集》，杭州：浙江古籍出版社，2015年，頁326。

〔註9〕（宋）高似孫著，王群栗點校：《史略》卷二，《高似孫集》，杭州：浙江古籍出版社，2015年，頁283。

〔註10〕（宋）高似孫撰，司馬朝軍校釋：《子略校釋》，濟南：山東人民出版社，2018年，頁347。

〔註11〕（宋）高似孫撰，司馬朝軍校釋：《子略校釋》，濟南：山東人民出版社，2018年，頁347。

二、關於史書的裁論

　　「裁論」指是史書對歷史人物、歷史事件等作出的評判、議論，其中蘊含了史家的撰述旨趣和主觀傾向。中國古代史家非常注重這些評論性質的史評文字。早在《左傳》《國語》《晏子春秋》中就有「君子曰」等這類評論文字，《史記》《漢書》則確定了論贊這種範式，為後世史書所傚仿。劉勰《文心雕龍·頌贊篇》、劉知幾《史通·論贊篇》對論贊這種形式均有專門論述。高似孫對這種史評文字同樣很重視，認為良史應當「善裁論」。如《史略》卷一「諸儒史議」輯錄了班彪、班固、范曄、劉昭、張輔、葛洪、裴駰、王通、司馬貞、劉伯莊、韓愈、柳宗元、劉知幾、白居易、皇甫提、鄭覃、殷侑、高佑、崔鴻對《史記》及司馬遷的評價，體現出高氏對史論的重視程度。《史略》卷三「《漢記》中《鄧禹傳》」「《漢記》中《吳漢傳》」兩條所輯內容為《東觀漢記》的兩段論贊文字。尤其值得注意的是，《史略》還專門設立了「史贊」這一類目，收入單獨成書的范曄《後漢書贊》《後漢書論贊》、傅暢《晉諸公贊》，並附有雜贊十六家，將論贊著述匯聚一處，這在目錄學史上還屬首次。這說明高似孫比以往目錄學家更為重視史書論贊的學術價值。

　　高似孫對史書「裁論」文字的關注也反映了他的這一主張。如他評價王韶之《晉陽秋》「善敘事，辭論可觀，為後世佳史」，稱讚習鑿齒、孫盛、檀道鸞魏晉《春秋》「意義宏達，辭采清雋，斯亦一代之奇著」，讚歎沈約《漢紀》「論辨多美」，稱裴子野《宋略》「其序事評論多善，沈約歎其評論可與《過秦論》《王命》分路揚鑣」。這些評價都涉及史書的「裁論」問題。高氏點評史書時，還經常將裁論與敘事相提並論，將這兩點作為史書編纂的重要標準。

　　高似孫在撰寫《史略》時，對史學評論也頗為注意，能夠提出己見。從高氏《史略》對各類史書的評論及其對雜史、實錄、史例、史目等方面的認識來看，高氏是一位善於進行史學批評的目錄學家。如《史略》卷一「諸儒史議」條輯錄了王通對《史記》的評論：「使陳壽不美於史，遷、固之罪也。裴晞曰：『何謂也？』子曰：『史之失，自遷、固始也，記繁而志寡。』」〔註12〕針對王通對《史記》的指責以及蘇轍《古史》所謂「淺近而不學，疏略而輕信」的批評，高似孫並不贊同：「恐皆非知太史公者，後學未以為然也」。

〔註12〕（宋）高似孫著，王群栗點校：《史略》卷一，《高似孫集》，杭州：浙江古籍出版社，2015 年，頁 246。

三、關於史書的直筆與曲筆

　　直筆與曲筆，中國傳統史學中的一對矛盾體，是史學二重性特徵的重要體現。[註13]秉筆直書是中國史學的優良傳統，為歷代儒者、史學家不斷倡導和弘揚。直筆源於先秦時期「書法不隱」的古老傳統，董狐就是其中的傑出代表，孔子讚賞董狐「古之良史焉，書法不隱」。班固盛讚《史記》「自劉向、揚雄博極群書，皆稱遷有良史之材，服其善序事理，辨而不華，質而不俚，其文直，其事核，不虛美，不隱惡，故謂之實錄」。劉勰亦主張「辭歸邱明，直歸南、董」。然而在歷代的修史活動中，也經常產生出於政治倫理需要在修史中進行諱飾的現象，「為尊者諱，為賢者諱，為親者諱」。劉知幾認為「史氏有事涉君親，必言多蔽諱」「史之不直，代有其書」[註14]，《漢書》《後漢書》《三國志》《宋書》《魏書》《北齊書》等正史中就存在大量與史實不符的記載，他對種種曲筆現象極力反對，對直筆思想進行了深入闡述，《史通‧直書篇》稱：「況史之為務，申以勸誡，樹之風聲。其有賊臣逆子，淫君亂主，苟直書其事，不掩其瑕，則穢跡彰於一朝，惡名被於千載。」[註15]主張史家要擺脫權貴的干擾，獨立修史，將「正直」「良直」作為史家品德的重要內容。宋代史學深受理學影響，在直書與曲筆的問題上，出現了兩種不同的傾向：程朱一派理學家和史學家重視「義理之正」，提出「經細史粗」「附史於經」「褒貶為務」等觀點，認為只有從「義理之正」出發，才能達到直書的目的；而以吳縝、司馬光、鄭樵為代表的史學家則力主「事得其實」，把事實放在歷史撰述的首位。[註16]吳縝提出：「夫為史之要有三：一曰事實，二曰褒貶，三曰文采。有是事而如是書，斯謂事實；因事實而寓懲勸，斯謂褒貶。事實、褒貶既得矣，必資文采以行之，夫然後成史。」[註17]司馬光強調史料鑒別的重要性：「其實錄、正史未必皆可據，雜史、小說未必無憑，在高鑒擇之」。[註18]鄭樵反對「褒貶任情」的做

〔註13〕 吳懷祺：《論中國封建史學的二重性》，《史學理論》1987 年第 3 期。

〔註14〕 （唐）劉知幾撰，（清）浦起龍釋：《史通通釋》，上海：上海古籍出版社，1978年，頁 196～197。

〔註15〕 （唐）劉知幾撰，（清）浦起龍釋：《史通通釋》，上海：上海古籍出版社，1978年，頁 192。

〔註16〕 吳懷祺主編：《中國史學思想通論‧歷史編纂學思想卷》，福州：福建人民出版社，2011 年，頁 52。

〔註17〕 （宋）吳縝：《新唐書糾謬‧序》，四部叢刊本。

〔註18〕 （宋）司馬光：《司馬文正公傳家集》卷六十三，《答范夢得》，文淵閣四庫全書本。

法，揭露《春秋》筆法的危害：「凡說《春秋》者，皆謂孔子寓褒貶於一字之間，以陰中時人，使人不可曉解。三傳唱之於前，諸儒從之於後，盡推己意而誣以聖人之意，此之謂欺人之學。」〔註19〕

　　在史書的直筆與曲筆問題上，高似孫繼承歷來史家的見解，極力主張史書編纂應做到據實直書。對於能夠書法不隱的史籍，高氏極力表彰。東晉史家孫盛有董狐遺風，著《魏氏春秋》《晉陽秋》，能夠不避權貴，據實直書，時稱為良史，高氏稱讚孫氏二史「詞直而理正」。而對於褒貶任情、文過飾非的史書，高氏則不客氣地加以批評，如王沈曾經是司馬氏的屬下，其《魏書》對司馬氏的篡權行為曲盡袒護。因此，高氏《史略》批評此書「多為時諱，未若陳壽之實」。又如，北魏史家魏收以才學知名，但品行極差，奉詔修《魏書》時肆無忌憚地篡改歷史，維護門閥制度，故高氏《史略》斥《魏書》「黨齊毀魏，褒貶肆情」。

　　《史記》問世來前，有學者質疑它存有曲筆現象。宋以前有一種觀點認為，司馬遷在《史記》中因怨氣而有意揭發當權者，比較典型的是晉代學者葛洪的一段議論：

　　　　遷發憤作《史記》，其以伯夷居列傳之首，以其善而無報也。為《項羽本紀》，以據高位者，非關有德也。及其敘屈原、賈誼，辭旨抑揚，惡事不避，亦一代之偉才。作《景帝本紀》，極言其短及武帝之過，帝怒而削去。坐舉李陵降匈奴，下遷蠶室，有怨言，下獄死。宣帝以其官為太史令，行太史公而已。〔註20〕

高似孫在搜集《史記》研究資料時已經注意到這段材料，並將其歸入《史記》「諸儒評議」條。高氏輯錄這段文字並非贊同葛洪的觀點，而是對當時廣泛流傳的這種偏見予以糾正，他引用唐代鄭覃與唐太宗的對話：「唐太宗言：『司馬遷《與任安書》，辭多怨懟，故《武帝本紀》多失實。』鄭覃曰：『武帝中年大發兵事邊，生人耗瘁，府庫殫竭，遷所述非過言。』」〔註21〕漢武帝大舉進攻匈奴，造成國庫空虛，百姓流離失所，司馬遷所載並非言過其實。高氏用這種間接方式，褒揚司馬遷敢於揭發帝王過失，肯定其秉筆直書的可貴精神。

〔註19〕　（宋）鄭樵：《通志二十略》，《災祥序》，北京：中華書局，2000 年，頁 1905。
〔註20〕　（宋）高似孫著，王群栗點校：《史略》卷一，《高似孫集》，杭州：浙江古籍
　　　　　出版社，2015 年，頁 244。
〔註21〕　（宋）高似孫著，王群栗點校：《史略》卷一，《高似孫集》，杭州：浙江古籍
　　　　　出版社，2015 年，頁 249。

　　陳壽《三國志》頗受學者推重，高似孫指出該史也存在未能據實直書的問題：丁儀、丁廙有盛名，陳壽索米為其作傳；陳壽為諸葛亮立傳，因私怨詆毀諸葛亮父子。關於陳壽對諸葛亮的評價，後人存有爭議。高氏引用《魏書·毛修之傳》中毛修之與崔浩關於這個問題的對話，毛修之認為陳壽因私怨稱諸葛亮「應變將略，非其所長」，崔浩則稱「謂壽貶亮，非為失實」。《魏書·毛修之傳》原文還有毛修之轉而認同崔浩之說的文字，但高氏刪去這段話，這表明他並不認同崔浩的說法，意在批評陳壽的曲筆，進而說明《三國志》這部史書也存在不可信的地方。

　　實錄是記載某一皇帝一朝的大事記，屬於編年體的官修史書，有重要的史料價值。高似孫對實錄頗為重視，視其為「史之基」，強調實錄要據實直書，不得任情褒貶。例如，《神宗實錄》因新舊兩派激烈的黨爭，歷經多次重修，其中朱墨本《神宗實錄》即元祐年間第二次重修之本，高似孫評價此本「唯神宗國史，有所謂朱墨本者，史之所載，殊多私意」，對其中的曲筆表示不滿。而唐代帝王對纂修實錄非常重視，要求做到據實直書。《史略》卷三載：

　　　顯慶中，高宗以許敬宗撰《太宗實錄》，所紀多非實，謂劉仁軌
　　曰：「朕觀國史所書，多不周悉，卿等必須窮微索隱，原始要終，盛
　　業鴻勳，咸使詳備。」憲宗徧讀列聖實錄，見貞觀、開元故事，竦
　　慕不能釋卷，謂宰臣曰：「太宗之創業如此，玄宗之致理如此，我讀
　　國史始知萬倍不如焉。」文宗嘗曰：「《順宗實錄》似未詳實，史官
　　韓愈不是當時屈人否。」李石曰：「韓愈貞元末為四門博士。」上曰：
　　「司馬遷《與任安書》全是怨望，所以《漢武本紀》事多不實。」
　　鄭覃曰：「漢武中年後，大發戎馬，拓土開邊，生人耗竭，本記所述，
　　亦非過言。」初，愈撰《順宗實錄》，說禁中事頗切直，內官惡之，
　　往往於上前言其不實，累有詔改修。及修《憲宗實錄》，文宗復令改
　　正永貞間事蹟。隨奏：乞條示舊記最錯誤者，委史官條定。」乃詔
　　刊去實錄中所書德宗、順宗朝禁中事，其他不要更修。（按：愈進《順
　　宗實錄表》曰：「監修李吉甫授臣以前史官韋處厚所撰《先帝實錄》
　　三卷，云未周，悉令臣重修。臣與修撰左拾遺沈傳師、直館咸陽尉
　　宇文籍等共加採訪，修成，削去常事，著其繫於政者，比之舊錄，
　　十益六七。忠良姦佞，莫不備書。」觀此則內官所惡者在是矣。又
　　云：「沈傳師等採事得於傳聞，致有差誤，聖明無遺，恕臣不逮，重

令刊正，今並添改，訖其奉天功烈，更加尋訪，已據所聞，載於首
卷。」愈秉史筆，而所言云爾，嗚呼難哉！）〔註22〕

《史略》的這段材料主要說明高似孫對唐高宗、唐文宗等唐代帝王敦促刊正
實錄中不實記載的做法持肯定態度。許敬宗所撰《太宗實錄》有曲筆現象，
存在失實問題，唐高宗要求國史必須「窮微索隱，原始要終，盛業鴻勳，咸使
詳備」，對《太宗實錄》的修正起到了很大作用；韓愈所修《順宗實錄》，由於
直書禁中之事，受到了宦官的指責，唐文宗下詔刊去禁中之事。高氏認為韓
愈修撰《順宗實錄》，在當時宦官等勢力的壓力下，能夠做到如實直書，非常
難得。從這些歷史的事例之中，高氏認識到，在修撰實錄時要做到直書是非
常困難的事情，統治者的態度也是重要的因素。

對於存在曲筆、粉飾權貴、任情褒貶的史書，高似孫一一指出其失，以
戒來者。如賈緯與修晉高祖、少帝、漢高祖三朝實錄，但隨意褒貶，高似孫批
評道：「賈緯乾祐中受詔與王伸、竇儼修撰晉高祖、少帝、漢高祖三朝實錄，
緯以筆削為己任，然而任情褒貶，記注不實。晉宰相桑維翰執政，嘗薄緯之
為人，不甚見禮，緯深銜之。及敘《維翰傳》，稱維翰身沒之後，有白金八千
鋌，他物稱是。翰林學士徐台符，緯邑人，與緯相善。謂緯曰：『聞吾友書桑
魏公白金之數，不亦多乎？』乃改為白金數千鋌。書法如此，他可知矣。」
〔註23〕這段文字本自《舊五代史・賈緯傳》，賈緯為五代時期的史學家，他纂
修實錄以自己的主觀愛憎任意褒貶，《桑維翰傳》就是一個例子。《舊五代史》
的記載是否如此，暫且不論，從「書法如此，他可知矣」之語來看，高似孫對
賈緯這種任情褒貶的做法是非常不滿的，這也體現出高氏在實錄編纂上「直
書其事，不虛美，不隱惡」的態度。

四、關於史書的編纂者

（一）官修與私修

官修與私修是史書的兩種編纂方式，前人以為私史多臆說傳聞，不如官
史可靠，但官史難免存在諱飾現象，歌功頌德者多，私史則沒有官史的諸多

〔註22〕（宋）高似孫著，王群栗點校：《史略》卷三，《高似孫集》，杭州：浙江古籍
　　　　出版社，2015年，頁309。
〔註23〕（宋）高似孫著，王群栗點校：《史略》卷三，《高似孫集》，杭州：浙江古籍
　　　　出版社，2015年，頁307～308。

顧忌，能夠據實直書，揭露社會現實。魏晉南北朝時期，官方的史官廢絕，私家修史蔚然成風，成為當時史學發展的重要特徵。對於這種現象，《隋書‧經籍志》史部總序有這樣的評論：

> 自史官廢絕久矣，漢氏頗循其舊，班、馬因之。魏晉已來，其道逾替。南董之位，以祿貴遊，政駿之司，罕因才授。故梁世諺曰：「上車不落著作，體中何如則秘書。」於是尸素之儔，盱衡延閣之上，立言之士，揮翰蓬茨之下。一代之記，至數十家。傳說不同，聞見舛駁，理失中庸，辭乖體要。〔註24〕

《隋志》站在官方的立場上，認為魏晉已來政府史官制度的鬆弛導致了官方修史的不力，抨擊私史質量低劣，對於私史作者存有明顯的偏見。高氏《史略》雖然輯錄了《隋志》的這段話，但他對私家修史的態度與《隋志》迥然不同：「自悅而後，紀凡二十有一家，往往取則於荀氏，如陸機、鄧粲、徐廣、沈約數家，殊為精覈，而家家有史，人人載筆，難乎其考矣。」〔註25〕高氏認為私家史書中也有像陸機、鄧粲、徐廣、沈約這些人所撰的質量上乘的史著。此外，高氏比較重視後漢、三國、兩晉等時期的許多私撰史書，如謝承《後漢書》、司馬彪《續漢書》、薛瑩《後漢書》、謝沈《後漢書》、華嶠《後漢書》、魚豢《魏略》、環濟《吳記》、張勃《吳錄》、王韶之《晉陽秋》《晉安帝紀》、王隱《晉書》、謝沈《晉書》、虞預《晉書》、沈約《晉書》、朱鳳《晉書》、臧榮緒《晉書》等，對這些史書多有肯定。因此，相對於《隋志》的偏頗，高似孫對官修史書和私撰史書的看法相對更為客觀。

（二）獨纂與分纂

東漢以前，史書多成於一家，存在明顯的家學傳承特徵。司馬遷《史記》續其父司馬談未竟之業。班固《漢書》繼承其父班彪，後經其妹班昭補遺而成。《梁書》《陳書》成於姚察、姚思廉父子，《北齊書》由李德林、李百藥父子完成，《南史》《北史》的作者是李大師、李延壽父子，陳壽《三國志》、范曄《後漢書》、令狐德棻《北周書》皆為一家之學。這種編纂方法的優點在於前後貫通，有統一的編纂主旨和寫作風格，專任易功，但對修史者的要求非常高。

〔註24〕 （唐）魏徵等：《隋書》卷三十二，《經籍志》，北京：中華書局，1973年，頁992～993。

〔註25〕 （宋）高似孫著，王群栗點校：《史略》卷三，《高似孫集》，杭州：浙江古籍出版社，2015年，頁303。

東漢以降，眾人分修的史書逐漸增多。東漢時修成的《東觀漢紀》成於眾手，參與其事者有劉珍、劉騊駼、馬融、蔡邕、張衡、曹褒、黃香、李尤、楊彪、馬日磾、盧植，多達十一人，開分纂史書的先例。到唐代官修《晉書》《隋書》也採用這種方法，由眾人分纂。由於缺乏統一的主張和宗旨，分纂者水平參差不齊，這種方法易出現前後牴牾、體例乖迕的問題，劉知幾對其弊端有這樣的評論：「唯後漢東觀，大集群儒，著述無主，條章靡立。由是伯度譏其不實，公理以為可焚，張、蔡二子糾之於當代，傅、范二家嗤之於後葉。」〔註26〕關於《東觀漢記》的分纂，高似孫提出了自己的看法：「劉知幾大譏《漢記》，述前人之言，以為可焚可嗤。其對蕭至忠有曰：『古之國史，皆出一家，未曾籍功於眾，惟後漢東觀集群儒纂述，人人自為政、駿。』其言盡之矣。今姑錄二序於前，夫張衡、蔡邕豈不以辭筆自騁，而所序者如此，是可與班、馬抗歟。」〔註27〕劉知幾所謂「成於眾手」的問題固然存在，但其觀點不免過於絕對，高似孫並沒有完全贊同，他輯錄了《東觀漢記》中的「鄧禹傳序」「吳漢傳序」兩篇論贊，將此書與班、馬相提並論，肯定了此書的史料價值。在《東觀漢記》受到輕視而不斷散佚時，高氏的這種見解尤為難能可貴。

唐代官修的《隋書》也是一部史館眾家分修的正史，紀傳部分由魏徵監修，顏師古、孔穎達、許敬宗等人分撰，十志則出自于志寧、李淳風、韋安仁、李延壽、令狐德棻之手。《史略》抄錄《通志·藝文略》的評價：「《隋志》極有倫類，而本末兼明，準《晉志》可以無憾，遷、固以來皆不及也。正以班、馬只尚虛言，多遺故實，所以三代紀綱至八書十志，幾於絕緒。《隋志》獨該五代，南北兩朝紛然殽亂、未易貫穿之事，讀其書則了然如在目，良由當時區處各當其才，顏、孔通古今，而不明天文地里之學，故但修紀傳，而以十志專之志寧、淳風，顧不當哉！」高氏完全贊同鄭樵的觀點。歷來修史以志最難，而《隋書》纂修時將紀傳與志分開纂修，志的部分由志寧、李淳風、韋安仁這些學有所長的專家充任，因分工合理，《隋書》敘述簡明，體例嚴謹，在唐初史書中質量較高，《隋志》更為後人稱道。

唐修《晉書》同樣是一部成於眾手的官修史書。《史略》卷二「唐御撰《晉

〔註26〕 （唐）劉知幾撰，（清）浦起龍釋：《史通通釋》，上海：上海古籍出版社，1978年，頁590。

〔註27〕 （宋）高似孫著，王群栗點校：《史略》卷三，《高似孫集》，杭州：浙江古籍出版社，2015年，頁298。

書》」條詳細說明了修書時的分工情況：編修者有令狐德棻、李延壽、褚遂良、許敬宗、李淳風、房玄齡、上官儀、敬播等當時的一流學者，列監修 3 人，分功撰錄 14 人，考正類例 5 人，李淳風專修《天文》《律曆》等志書。該史的編撰分工非常明確，組織嚴密，因而受到高似孫的肯定。

雖然分纂法有前後牴牾的弊端，但高似孫對其並未完全排斥，認為良好的分工有重要意義。宋修《新唐書》也是採用分纂法的官修史書，最初由宋祁完成列傳部分，後來歐陽修完成紀、志、表部分，與修者有王堯臣、張方平、余靖、范鎮、王疇、宋敏求、呂夏卿、劉羲叟、梅聖俞等人，曾公亮為監修。高氏對此書的分工頗為讚賞，他從三個方面加以分析：（1）在修史過程中充分討論。高氏引用曾公亮《進新修唐書表》中對《新唐書》編纂體例、修史人員的討論，又引用歐陽修的話說明修纂《新唐書》時的「討論之至」；（2）此史由宋祁、歐陽修合作編修，朝廷曾詔命歐陽修「看詳，刪為一體」，但他尊重宋祁的文風，「一無所易」，高似孫對歐公的這種做法極為讚賞；（3）在《新唐書》的署名問題上，按慣例應當只列官職最高的一人，但歐陽修認為宋祁「於傳功深而日久」，將紀傳題宋祁，紀、志、表題歐陽修，這種做法解決以往官修史書在署名問題上的弊端，受到高氏的推崇。

高似孫認為，史書編纂應當選擇合適的人擔任，選賢任能，編纂者應熟悉相關史料，具備專業水平。高似孫對唐代選任史官的做法甚為推崇：「唐史筆所修，往往視其人之才否，至於高宗、文宗尚能知所刊整，其視委成史氏，無所考擇者，固有間矣。」〔註28〕玉牒是記錄一朝帝王生平與執政重大事件的實錄，內容豐富，有重要的史料價值，高似孫評其父《神宗玉牒》曰：「先太史在牒寺最久，乃得專修神宗一朝玉牒。事既專，則筆削不亂。」〔註29〕高氏認為《神宗玉牒》能夠「筆削不亂」的原因在於其父長於修史，長期在玉牒所工作，熟悉相關史料，又能夠集中精力用於編修。

五、關於史書的體例

古代史家對史書體例非常重視，這種優良傳統源遠流長。孔子修《春秋》雖不言例，但其凡例隱寓於正文之中，《春秋》三傳均對《春秋》的凡例進行

〔註28〕（宋）高似孫著，王群栗點校：《史略》卷三，《高似孫集》，杭州：浙江古籍出版社，2015 年，頁 309。
〔註29〕（宋）高似孫著，王群栗點校：《史略》卷三，《高似孫集》，杭州：浙江古籍出版社，2015 年，頁 318。

闡發。《史記·太史公自序》和《漢書·敘傳》實際上具有史例的作用。劉知幾更是將史例與國法相提並論：「史之有例，猶國之有法。國無法，則上下靡定；史無例，則是非莫準。」〔註30〕高似孫繼承了史家重視史書體例的傳統，並對史例的發展變遷進行闡述：「善言史例，無若杜征南。然古之為例簡，而後之為例詳，不止是也。事有出於常事之表，則創例亦新，用志亦艱矣。神而明之者，史乎。」〔註31〕高氏認識到自古以來史例由簡趨詳的變化，並對新出現的史例給予肯定，沒有為歷來盛行的厚古薄今觀念所束縛。他根據史書體例對史籍重新歸類，並分析紀、春秋、史典、史略、史鈔、史評、史贊等各類史書的不同特點。《史略》在卷一開篇抄錄《史記·太史公自序》，就注意到此文起到了揭示《史記》編纂主旨的作用。史書體例的重要內容之一是辨明正統，史家在編纂國家分裂、政權對立時期的歷史時，不可避免地要面對誰為正統的問題，這是古代史學的一個重要命題。陳壽著《三國志》時，敘三國之史實，以魏國為正統，在體例上為魏帝設立本紀。左思《三都賦》亦沿襲其說。東晉史學家習鑿齒撰《漢晉春秋》便反對陳壽的做法，認為魏武帝雖受漢禪，實為篡逆，因此其書以蜀漢為正統。宋代王安石、朱熹均主張「蜀漢正統」說。高氏對《漢晉春秋》關於正統的體例非常贊同，稱「其說如此，豈不快哉」。

　　陳壽《三國志》稱劉氏政權為「蜀」，而不稱「漢」，高似孫對此大為不滿：

> 自司馬氏史至五代史，數千百年，正統偏霸與夫僭竊亂賊甚衰至微之國，雖如夷狄，而史未有不書其國號者。陳壽志三國，乃獨不然。劉備父子在蜀四十餘年，始終號漢，是豈可以蜀名哉。其曰蜀者，一時流俗之言耳，壽乃黜正號而從流俗，史之公法，國之正統，輒皆失之，則其所書尚可信乎。且是時世稱備為蜀者，猶五代稱李璟為吳，稱劉崇為晉者耳。今《五代史》作《南唐》《東漢世家》，未嘗以吳、晉稱史。〔註32〕

高氏認為陳壽稱「蜀」而不稱「漢」，實際上是否定蜀漢政權的正統地位，以

〔註30〕（唐）劉知幾撰，（清）浦起龍釋：《史通通釋》，上海：上海古籍出版社，1978年，頁88。

〔註31〕（宋）高似孫著，王群栗點校：《史略》卷四，《高似孫集》，杭州：浙江古籍出版社，2015年，頁328。

〔註32〕（宋）高似孫著，王群栗點校：《史略》卷二，《高似孫集》，杭州：浙江古籍出版社，2015年，頁275。

至覺得《三國志》不可信。為此,他還專門寫了一部《蜀漢書》,「繫蜀以漢」,欲糾陳壽之謬。

修史須以定體例為先,至於如何寫好史例,高氏以《新唐書》為例,說明充分討論的必要性。歐陽修等人在纂修的過程,經過充分討論,對比《舊唐書》,確定了「事則增於前,文則省於後」的體例,仿照春秋筆法,追求文字簡練。高氏儘管批評《新唐書》過於追求文字簡約,但對其彙集諸家之長來制定史例的做法則予以肯定。

六、關於史書的取材

掌握豐富可靠的史料是寫成一部良史的基礎。古代史學素來重視史料問題。高似孫豐富和發展了前人對於史料採擇的看法,《史略》在評介史書時對史書的取材問題多有關注。高氏對於史料的基本看法就是博採史料,兼收並蓄。高氏特別提倡廣泛採擇可供利用的各類史料,認為廣博的史料可以提供更詳細的歷史細節,並為發現問題、考證史事真偽提供素材。高氏反對取材缺略的做法。《冊府元龜》編修官在編纂的過程中,根據皇帝的意志,將《文武兩朝獻替記》《金鑾密記》《鄴侯家傳》《吳錄》《三十國春秋》《河洛行年記》《壺關錄》《燕書》《明皇雜錄》《邠志》《平剡錄》《河南記》等這類雜史斥為「異端」「溢美」「近誣」「煩碎」「蕪穢」之書,一概棄而不取,導致記載多有缺略,因此高似孫批評此書在史料取材上「異端小說,咸所不取」「所遺既多,亦失明白」。高氏指出,《資治通鑑》充分利用這些被捨棄的雜史,與《冊府元龜》的做法形成鮮明對比。高氏對《資治通鑑》這種博採雜史的取材方法有高度評價:

> 予嘗窮極《通鑑》用工處,固有用史、用志傳或用他書萃成
> 一段者,則其為功切矣,其所采取亦博矣,乃以其所用之書,隨
> 事歸之於下,凡七年而後成。《通鑑》中所引援二百二十餘家。試
> 以唐一代言之,敘王世充、李密事用《河洛記》;魏鄭公諫爭用《諫
> 錄》;李絳議奏用《李司空論事》;睢陽事用《張中丞傳》;淮西事
> 用《涼公平蔡錄》;李泌事用《鄴侯家傳》;李德裕太原、澤潞、
> 回鶻事用《兩朝獻替記》;大中吐蕃尚婢婢等事用林恩《後史補》;
> 韓偓鳳翔謀畫用《金鑾密記》;平龐勛用《彭門紀亂》;討裘甫用
> 《平剡錄》;紀畢師鐸、呂用之事用《廣陵妖亂志》,皆本末粲然,

　　　　則雜史、瑣說、家傳，豈可盡廢？〔註33〕

高似孫認為司馬光正是充分採取了廣博的史料，在史料的處理上功力深厚，才編成這部史學絕作。

　　對於東漢末年以來的雜史，高似孫評價說：「靈、獻以來，天下大亂，史官失守，天下之士，老於筆削，雋於辭翰者，往往各因聞見，見諸纂修，代不乏才，爭自騁騖，作者之眾蓋如此歟！司馬公《資治通鑒》凡雜史入於整彙裁正者，凡二百二十餘家，其亦有補於史氏明矣。故並存之，甚瑣陋者不錄。」高氏認為這些數量眾多的雜史中不乏「老於筆削，雋於辭翰」之史，應當充分利用其史料價值，《資治通鑒》就是善於採用雜史的典範。

　　《漢書》顏師古注為《漢書》注中的名作，但高似孫在搜羅《漢書》音義類著作的過程中，發現顏注在取材上尚有不足，高氏指出：「右音義十六家，師古所援引者五家，如蕭該《音義》最為精詳，而師古遺之。先儒頗謂師古於該議論矛盾，故所不錄。」〔註34〕顏注不取蕭該《漢書音義》，不能不說是一大缺憾。

　　對於實錄類史料，《隋書‧經籍志》將其列入雜史類，對實錄較為輕視。《舊唐書‧經籍志》將實錄列於起居注類。《新唐書‧藝文志》繼承了《舊唐書》的分類，但在起居注類下列有實錄小類。直到《崇文總目》才正式將實錄設為獨立的類目，排在正史、編年類之後，《實錄類序》指出：「實錄起於唐世，自高祖至於武宗，其後兵盜相交，史不暇錄，而賈緯始作補錄，十或得其二。五代之際，尤多故矣。天下乖隔，號令並出，傳記之士，訛謬尤多。幸而中國之君實錄粗備，其盛衰善惡之跡，皎然而著者，不可泯矣。」〔註35〕《崇文總目》對實錄更加重視，但也認為實錄存在訛謬過多的問題。宋代目錄學家大多對實錄評價不高，晁公武的說法頗具代表性，他認為：「實錄者，其名起蕭梁，至唐而盛，雜取兩者之法而為之，以備史官採擇而已。初無製作之意，不足道也。」〔註36〕針對當時學者輕視實錄的偏頗看法，高似孫視實錄為極其重要的

〔註33〕　（宋）高似孫著，王群栗點校：《史略》卷四，《高似孫集》，杭州：浙江古籍出版社，2015年，頁339。

〔註34〕　（宋）高似孫著，王群栗點校：《史略》卷二，《高似孫集》，杭州：浙江古籍出版社，2015年，頁266。

〔註35〕　（宋）歐陽修：《歐陽文忠公文集》卷一百二十四，《崇文總目敘釋》，文淵閣四庫全書本。

〔註36〕　（宋）晁公武撰，孫猛校證：《郡齋讀書志校證》，上海：上海古籍出版社，1990年，頁174。

史料，認為史書編纂應當充分利用實錄。《史略》提出「實錄之作，史之基也，史之所錄，非藉此無所措其筆削矣」「實錄有補於史可知矣」，並列舉令狐峘因無實錄而致其所編詔冊名臣傳記多漏略，歐陽修、宋祁修《舊唐書》因唐武宗後無實錄而無法考訂這段時期的歷史，以及歐陽修作《五代史》往往多據實錄這三個例子，說明實錄的重要史料價值，體現了高似孫獨特的史學眼光。

起居注是記錄帝王言行舉止的官方記錄，屬於編年體，也是頗為重要的基本史料。高似孫以梁吳均撰《齊書》時求借《齊起居注》及群臣行狀為例說明起居注的史料價值，認為「記注之作有補於史」。

高似孫編纂《剡錄》時，也重視史料問題，將博採史料的主張付諸實踐。他在《剡錄》卷三《先賢傳》下說明自己採擇史料的看法：「唐修《晉史》，凡晉人奇辭逸語，往往刊落，知者惜之。今取諸晉雜史，庶於晉人風度有所載焉。」〔註37〕高似孫對唐代《晉史》刪削晉人奇辭逸語的做法非常不滿，因此他在為剡縣先賢立傳時就注意利用晉代雜史。不僅如此，高似孫在編纂《先賢傳》時還採用其他各類材料，其中正史類有《晉中興書》《晉書》、沈約《宋書》；雜傳類有《王導別傳》《阮裕別傳》《王長史別傳》《晉安帝紀》《續晉陽秋》《晉陽秋》、王智深《宋紀》；起居注類有《元嘉起居注》；地理類有《吳地志》《水經注》；譜錄有《戴氏譜》《阮氏譜》《文選人名錄》；目錄類有宋文帝《文章志》、宋明帝《文章志》《續文章志》；小說類有《世說新語》；集部有《婦人集》；單篇詩文有白居易《沃洲山禪院記》《秦隱君詩序》《登石傘峰詩序》、李紳《龍宮寺碑》。這與《世說新語注》博引群籍、《資治通鑑》博採雜史的編撰思想有相通之處。這種取材方法受到清瞿鏞《鐵琴銅劍樓藏書目錄》的高度肯定。

高似孫雖主張博採群書，但也要求善擇史料，反對取材不精。王劭《隋書》在史料選擇上多錄口敕，擬《尚書》而作，顯得不倫不類。劉知幾《史通・六家篇》稱其書似《孔子家語》《世說新語》。高似孫批評該書「多採迂怪不經之語，辭義繁雜，遂使隋惡之跡，堙滅無間」。

第二節　高似孫的書目編纂思想

高似孫在專科目錄的編纂上頗有建樹，他以辨別學術流別作為編撰宗旨，

〔註37〕（宋）高似孫著，王群栗點校：《剡錄》卷三，《高似孫集》，杭州：浙江古籍出版社，2015 年，頁 60。

孜孜於考證群籍，廣泛搜採相關材料而匯為一集，其《經略》《史略》《子略》《集略》堪稱宋代專科目錄的代表之作。章學誠修《史籍考》，作《論修史籍考要略》，擬定編纂義例十五條，反映了章學誠對史部專科目錄編纂的認識。與《史略》《子略》所體現的書目編纂思想相比，章學誠的一些主張與高似孫有相通之處。

一、重視著錄佚書

　　《隋志》將「梁有」的佚書附於隋現存典籍之下，開創了史志著錄佚書之先河。但後世書目沒有延續這種做法，在著錄上依據現有藏書或已有目錄，至於佚書則無暇顧及。清代輯佚之風大興，朱彝尊《經義考》立「存、闕、佚、未見」四例，詳考經學書籍之存佚。章學誠《史籍考》對收錄佚書也頗為重視。高似孫編纂《史略》《子略》等書目，與《七略》《崇文總目》《郡齋讀書志》等依據現有藏書的做法不同，他從梳理學術源流的角度出發，對佚書的著錄頗為重視，參考以往書目、史傳、文集等，搜集佚書的相關信息，或加以介紹、評議，或錄其佚文，這種書目編纂方法與《經義考》《史籍考》較為相近。如《史略》卷一「史記注」條著錄了裴駰、許子儒、王元感、陳伯宣、徐堅、李鎮六家注釋《史記》的著作，高似孫特意加上說明：「右《史記》注六家，今學者所見者，裴氏注而已。」〔註38〕可見高似孫有意收入這些已經失傳的史籍。《史略》卷二「漢書注」條著錄了晉灼《漢書集注》、敬播《漢書注》和陸澄《漢書注》三家，這三種書在南宋皆已亡佚。《史略》卷五著錄《秦書》，後有小字對該書進行說明：「裴景仁載符郎過江事，《隋志》《唐志》皆無之，見劉孝標注《世說》。」〔註39〕高似孫著錄此書的依據是《世說新語》劉孝標注，裴景仁《秦書》在宋代《郡齋讀書志》《崇文總目》等書目中均不見著錄，說明此書在宋代已佚。《史略》卷二「後漢書雜傳」條著錄王韶《後漢林》和謝沈《後漢書外傳》，前者隋時已亡，後者宋代書目不見著錄，均為佚書。《史略》卷三「歷代春秋」條所著錄的幾乎都是佚書，包括李概《戰國春秋》、趙曄《吳越春秋削繁》、司馬彪《九州春秋》、劉孝標注《九州春秋抄》、袁曄《漢獻帝春秋》、孔衍《漢春秋》《後漢春秋》、孔舒元《漢魏春秋》、孫盛

〔註38〕（宋）高似孫著，王群栗點校：《史略》卷二，《高似孫集》，杭州：浙江古籍出版社，2015年，頁264。

〔註39〕（宋）高似孫著，王群栗點校：《史略》卷五，《高似孫集》，杭州：浙江古籍出版社，2015年，頁341。

《魏氏春秋》、孫壽《魏陽秋異同》、員半千《三國春秋》、崔良輔《三國春秋》、
習鑿齒《漢晉陽秋》、檀道鸞《續晉陽秋》、王韶之《晉陽秋》、王琰《宋春秋》、
鮑衡卿《宋春秋》、吳均《齊春秋》、臧嚴《棲鳳春秋》、吳兢《唐春秋》、韋述
《唐春秋》、陸長源《唐春秋》、崔鴻《十六國春秋》、《十六國春秋略》，共計
24 種佚書。《子略》摘錄《漢志》《隋志》《唐志》《子鈔》《通志‧藝文略》而
形成的《子略目》，也收錄了許多佚書，如《子略目‧漢志》部分收錄有《漆
雕子》《宓子》《景子》《世子》《魏文侯》《李克》《公孫尼子》《芉子》《內業》
《周史六弢》《周政》《周法》《河間周制》《讕言》《功議》《寧越》《王孫子》
《公孫固》《李氏春秋》《羊子》《董子》《俟子》《徐子》《魯仲連子》《平原老》
《虞氏春秋》《孝文傳》《劉敬》等佚書。

二、注重考證

　　我國古代目錄學有重視考證的傳統。考證之學，萌芽於先秦時期。孔子
整理六經，考察夏商周三代禮制，已經包含了考證的工作。孔子說：「夏禮，
吾能言之，杞不足徵也。殷禮，吾能言之，宋不足徵也。文獻不足故也。足，
則吾能征之矣。」（《論語‧八佾》）即為孔子考據禮制之明證。孟子質疑《尚
書‧武成》：「盡信書，不如無書。吾於《武成》，取二三策而已矣。」（《孟子‧
盡心》）漢代時，鄭玄、馬融、賈逵等經學大師特別注重文字訓詁與名物制度
考據。司馬遷撰《史記》時對諸多史料進行考證與甄別。劉向、劉歆父子校理
群書，條其篇目，撮其旨意，撰成《別錄》《七略》，成為考訂群書之鼻祖，開
啟了書目重視考據的風氣，影響深遠。《隋志》在考訂古書真偽方面有進一步
的發展，不僅小注中有辨偽文字，小序中也涉及對偽書的考辨。柳宗元在子
書辨偽上成績斐然，對高似孫產生了很大的影響。宋代目錄學的一大特點就
是融辨偽、考證為一爐。晁公武撰《郡齋讀書志》，長於考據，為後世推重。
章學誠總結考證式書目的發展源流說：「著錄之書，肇自劉氏《七略》……其
因著錄而為考訂，則劉向《別錄》以下未有繼者。宋晁氏公武，陳氏振孫，始
有專書。」〔註40〕

　　高似孫繼承《別錄》《七略》重考據的傳統，在目錄編纂的過程中對圖書
的年代、作者、內容、真偽等方面多有考證。《史略》對《資治通鑑》引用書

〔註40〕（清）章學誠著，倉修良編注：《文史通義新編新注》，北京：商務印書館，
　　　　2017 年，頁 438。

目的考證頗具功力，反映了《資治通鑒》採擇史料的廣博性。《史略》對考證類史著頗為重視，在各史之下專設《史記》考、《漢書》考、《後漢書》考、《唐書》考、《五代史》考等小類以收錄這類著作。

關於《舊唐書》一書，《崇文總目》《通志·藝文略》等書目均題劉昫撰，而高氏《史略》根據歐陽修《新五代史·劉昫傳》考證《舊唐書》的作者問題，指出劉昫在後唐明宗時監修國史，實際上沒有參與《舊唐書》編修工作，認為張昭遠的貢獻更大。高氏的這一看法符合當時的實際情況。

《史略》卷六對《穆天子傳》的卷數問題有所考證：「一卷。《竹書》內書。李氏《邯鄲書目》云六卷，必是字誤。」其後的案語則對《穆天子傳》的內容加以考證：「《左氏傳》：『穆王欲肆其心，周行天下，將皆有車轍馬跡焉。』此書所載即其事也。穆王得盜驪、綠耳之乘，造父為御，以觀四荒，西絕流沙，西登崑崙，與《太史公記》合。竹書所傳《穆天子傳》六卷，所歷怪奇，亦幾於《山海經》者，雖多殘闕，皆是古書。」〔註41〕在這一段文字中，《穆天子傳》所載之事與《左傳》《史記》相合的說法實際上引自晁公武《郡齋讀書志》。根據晁氏的思路，高似孫進一步考證《穆天子傳》與《山海經》在文字上有相同的地方，認為該書為先秦古書。不過，需要注意的是，由於《史略》著錄的史書基本上轉引自《隋志》《舊唐書·經籍志》《新唐書·藝文志》《通志·藝文略》，對原文錯誤多未改正，引用時也有誤引的情況。

高氏《子略》在考證方面比《史略》更為出色，對多部子書的真偽進行考辨。如高氏考證《鬻子》，認為鬻熊年九十遇文王而文王以為師，是從姜太公八十遇周文王而為文王師的這個故事附會而來，同時指出：「其書辭意大略淆雜，若《大誥》《洛誥》之所以為《書》者，是亦漢儒之所綴輯者乎？」高氏懷疑宋代流傳的《鬻子》很有可能是漢儒綴輯而成，並非《漢書》著錄的原本。又如，關於《陰符經》的真偽問題，宋代不少學者認為《陰符經》為偽書，如黃庭堅跋認為是唐李筌所偽撰，《郡齋讀書志》《朱子語類》也持此說。高似孫則對《陰符經》至為推崇，把它置於《子略》之首，認定《陰符經》為黃帝所著，高氏從《陰符經》與《周易》八卦的關係以及《陰符經》的思想傾向兩個方面考證《陰符經》的重要價值。

〔註41〕　（宋）高似孫著，王群栗點校：《史略》卷六，《高似孫集》，杭州：浙江古籍
　　　　　出版社，2015 年，頁 367。

三、不錄蕪雜之書

　　高似孫對以往書目的子部分類表示不滿，認為它們收錄典籍紛繁蕪雜，如評《隋書‧經籍志》「志甚淆雜，乏詮匯之工」，批評《新唐書‧藝文志》「殊虧詮敘，書之涉於瑣瑣，有不可以入子類者，合分別錄，若不可淆錯如此也」，稱《通志‧藝文略》「雖曰包括諸氏，囊括百家，厥功甚茂，然秩翦繁歸匯，亦欠理擇，是又失於患多者也」。高氏認為許多典籍不當歸入子部，對於《新唐書‧藝文志》的陸景《典訓》、譙子《法訓》等九種書籍，他認為都不應當歸入子部：「《唐志》有陸景《典訓》、譙子《法訓》、周舍《正覽》、劉徽《欹器圖》之類，非合登子錄，又《帝範》《臣軌》《政範》《諫苑》之書，尤非其類，如此者數十家，裁之。」〔註42〕基於以上認識，高氏在編寫《子略目》時，對以往諸志的子部進行了大範圍的刪削，去除他所認為的蕪雜之書以及不應當歸入子部的典籍：《漢志‧諸子略》的 189 種取 147 種，《隋志》子種853 家取 66 種，《新唐書‧經籍志》子種 609 種僅錄 84 種，《通志‧藝文略》2349 家取 119 家。儘管高似孫沒有對子書選取的具體標準進行說明，但我們從《子略目》所捨棄的大量典籍中可以發現，他對名家、農家、天文家、曆數家、五行家、醫方家、類書、釋家以及道教類（吐納、道引、符籙、內丹等）都予以剔除。儘管高氏去取的標準不免有可議之處，如他對《漢志》子部的刪改就顯得較為隨心所欲，但高氏對子部的處理可以視作對子部收錄書籍日愈蕪雜的一次撥亂反正。

　　《史略》在著錄史書時也注意對圖書內容的優劣進行甄別，不取蕪雜之書，如《史略》卷五「霸史一」下有小字云：「《十六國春秋略》《三十國春秋》，及《春秋鈔》《戰國春秋》，附春秋匯。其外鎖陋者二十餘家不錄。」〔註43〕《史略》卷五雜史類小序稱「甚瑣陋者不錄」〔註44〕。

四、注重剪裁

　　高似孫在編撰《史略》時，注重對所收材料進行剪裁，輯錄具有參考價

〔註42〕（宋）高似孫撰，司馬朝軍校釋：《子略校釋‧子略目》，濟南：山東人民出版社，2018 年，頁 165～166。

〔註43〕（宋）高似孫著，王群栗點校：《史略》卷五，《高似孫集》，杭州：浙江古籍出版社，2015 年，頁 341。

〔註44〕（宋）高似孫著，王群栗點校：《史略》卷五，《高似孫集》，杭州：浙江古籍出版社，2015 年，頁 352。

值的精要數語，去除與主旨無關的浮辭，做到簡約精到，而不是全文抄錄。對於諸家《後漢書》、魚豢《魏略》、韋昭《吳書》、環濟《吳記》、張勃《吳錄》、諸家《晉書》、張璠《漢紀》、鄧粲《晉紀》、曹嘉之《晉紀》、劉謙之《晉紀》和徐廣《晉紀》等當時已失傳的史籍，《史略》錄其精語數句，以顯示原書在辭藻、敘事方面的特點。

　　關於歷代學者對《史記》的評議，高似孫採摭了揚雄、班彪、班固、范曄、劉昭、張輔、葛洪、裴駰、王通、司馬貞、劉伯莊、韓愈、柳宗元、劉知幾、白居易、皇甫湜、鄭覃、殷侑、高佑和崔鴻共計二十位學者的評論。儘管高氏所收略有缺略，如王充、劉勰以及宋代蘇洵、蘇軾、晁公武、黃震、鄭樵等學者的評論沒有收錄進來，但高氏所收錄的材料已經相當豐富。高氏對這些材料並未完全照抄，而是有針對性地作了一番剪裁和加工，以至於有些引文顯得非常簡潔，如關於揚雄對《史記》的評論，《史略》引用了三句話：「問太史遷，曰『實錄』。又曰：『子長多愛，愛奇也。』又曰：『《淮南》說之用，不如《太史公》之用，《太史公》，聖人有取焉。』」〔註45〕第一句出自《法言·重黎》，原文作「或問《周官》，曰立事；《左氏》，曰品藻；《太史公》，曰實錄」，高氏進行了節略。揚雄最早以「實錄」評價《史記》，強調司馬遷在取材和敘事上實事求是的嚴謹態度，「實錄說」後來經過班固等學者進一步闡釋發揮，成為漢代以來《史記》研究的一個重要命題。因此，高氏節錄的這句話非常重要。第二、第三句都出自《法言·君子》，原文作：「《淮南》說之用，不如《太史公》之用也。《太史公》，聖人將有取焉，淮南鮮取焉爾。必也儒乎？乍出乍入，《淮南》也；文麗用寡，長卿也；多愛不忍，子長也。仲尼多愛，愛義也；子長多愛，愛奇也。」揚雄意在說明，與《淮南子》相比，《史記》的許多內容符合儒家思想的標準，在這一點上，揚雄對《史記》進行了肯定；司馬遷和孔子都有「多愛」的特點，孔子的「多愛」是愛義，而司馬遷是「愛奇」，揚雄對司馬遷旁搜異聞提出批評。高氏將前後連貫的一段話，拆為兩句話，對這兩句話的順序也作了改動。由於過於追求剪裁的簡略，反而在文意上與原文有所偏離。儘管如此，高氏輯錄的這些材料反映了揚雄對《史記》的看法，為後人展開研究提供了有用的線索。

〔註45〕（宋）高似孫著，王群栗點校：《史略》卷一，《高似孫集》，杭州：浙江古籍出版社，2015 年，頁 240～241。

第三節　高似孫文獻學思想之特色

　　與鄭樵、洪邁、朱熹、王應麟等這些傑出的宋代文獻學家相比，高似孫在文獻學上既有與他們類似的文獻學思想，又受到區域學術、家學、交遊、學術旨趣等因素的影響，表現出較為鮮明的個性化特點。

一、注重會通

　　「會通」一詞出現於《易傳・繫辭上》。「會通」強調融會百家、相互吸收、博採眾長，是中國古代思想文化的一大突出特色。〔註46〕春秋戰國時期，儒、道、墨等各個學派相互辯論、相互吸收，體現出會通精神，如孔子提出「君子和而不同」。西漢時司馬遷發揮這種精神，提出「天下一致而百慮，同歸而殊途」，故欲「究天人之際，通古今之變，成一家之言」。唐杜佑編《通典》，考證歷代制度沿革，強調「酌古之要，通今之宜」。劉知幾提出「總括萬殊，包羅萬有」的「通識」之說。司馬光修《資治通鑒》，貫穿古今，「鑒前世之興衰，考當今之得失」。鄭樵對會通思想作了深入的闡述，將其作為通史編撰和書目實踐的主要原則，他在《通志・總序》中說：「百川異趣，必會於海，然後九州無侵淫之患；萬國殊途，必通諸夏，然後八荒無壅滯之憂。會通之義大矣哉！」又說：「天下之理，不可以不會；古今之道，不可以不通……水不會於海，則為濫水；途不通於夏，則為窮途。」高似孫深受自先秦以來會通思想的影響，在文獻編纂實踐中融入了會通的理念。高氏的會通意識主要體現在以下三個方面：

　　第一，在對通史體史著的認識上，高似孫對《史記》和《資治通鑒》這兩部名著都非常重視。他評司馬遷《史記》說：「史始乎太史公，終乎太史公……太史公鑒天之初，完古之闕，成仲尼之所俟，涉獵貫穿，馳騁古今數千載間，前乎所未有，後乎所不得及，此其所以成始成終乎？」〔註47〕高氏視《史記》為史家之絕唱，可謂推崇倍至。高氏對《史記》有如此高的評價，其中的重要原因就在於太史公涉獵百家，融會貫通，馳騁古今數千載，體強了強烈的會通精神。《史略》首列《史記》一目，並用一卷的篇幅專門著錄相關史籍，而將《漢書》以來的紀傳體史書編入卷二，這說明高氏有意將具有通史性質的

〔註46〕張岱年主編：《中華思想大辭典》，長春：吉林人民出版社，1991年，頁1110。
〔註47〕（宋）高似孫著，王群栗點校：《史略》卷一，《高似孫集》，杭州：浙江古籍出版社，2015年，頁251。

《史記》與其他斷代史書分別開來。不過，自班固《漢書》以來，史書大多為斷代體，通史體幾近失傳，正如馬端臨《文獻通考‧自序》所云：「《詩》《書》《春秋》之後，惟太史公號稱良史，作為紀、傳、書、表。紀、傳以述理亂興衰，八書以述典章經制，後之執筆操簡牘者，卒不易其體。自班孟堅而後，斷代為史，無會通因仍之道，讀者病之。至司馬溫公作《通覽》，取千三百年之事蹟，十七史之記述，萃為一書，然後學者開卷之餘，古今咸在。」對於《資治通鑑》這部上起戰國、下終五代的編年體通史，高似孫讚歎「其為功切矣，其所采取亦博矣」，對司馬光博採群籍、貫穿百家的史料編撰之法深表認同。

此外，高似孫對《隋志》頗為推崇，認為《隋志》包含五代，囊括南北兩朝，將「紛然殽亂未易費穿之事」寫得極有條理，這也體現了他主張將南北兩朝歷史貫穿為一體的歷史見解，反映了高氏的會通思想。

第二，《史略》的編纂方式體現了高似孫的會通意識。首先，在史部類目的設置上，高似孫將通史類與紀傳類、編年類並駕齊驅。鄭樵《通志‧藝文略》史部「正史類」下有「通史」子目，《史略》參考此法，專設通史類，將通史類獨立出來，而沒有附在正史之下。《史略》著錄的通史類史書有梁武帝《通史》、李延壽《南史》《北史》、高峻《小史》、姚唐復《統史》、蕭韶《合史》、蘇轍《古史》。其次，從收錄史書的時間跨度來看，《史略》著錄了自古至今的各類史書，既有《世本》《竹書紀年》《逸周書》等先秦史書，又重視本朝史籍的收錄，如劉放《東漢刊誤》、歐陽修《新唐書》、呂夏卿《直筆新例》、李繪《唐書補注》、薛居正《五代史》、吳縝《新唐書糾繆》《五代史纂誤》、司馬光《資治通鑑》、陳彭年《唐紀》等，還包括當時高氏自己撰寫的《秦檜傳》以及其父高文虎所作的《史記注》。此外，《史略》卷三設有「歷代春秋」「歷代紀」這兩個類目，收錄以「春秋」「紀」為名的歷代史籍，「歷代」二字鮮明地體現了高氏意欲貫穿古今的會通思想。

第三，在對史學的認識上，高似孫能夠用變化的眼光看待史書的價值和史學的發展。高氏對《史記》推崇倍至，但他也注意到《史記》之後史學的不斷發展：「太史公以來，載籍之作，大義粲然著矣。至於老蝕半瓦，着力汗青，何止間見層出。而善序事，善裁論，比良班、馬者，固有犖犖可稱。」（《史略‧序》）。高氏作《史略》，不僅欲「網羅散軼，稽輯見聞」，撰成一部彙集歷代史書的專科書目，而且重視探究史籍的發展變化。如《史略》卷五「東漢以來書考」條就論述自東漢至宋代各個朝代官府藏書聚散、整理以

及書目編纂的情況。「歷代史官目」條收錄了司馬遷、班固之後的歷代史學家，體現了高氏對史家的重視，頗具史學價值。「劉勰論史」條輯自劉勰《文心雕龍・史傳篇》，論述自上古至晉代的史書沿革，是考察魏晉南北朝時期史學觀的重要文獻。這些內容雖然採摭於他書，但體現了高氏試圖反映歷代史學源流、打破斷代侷限的會通意識。對《尚書》這部位列五經的中國最早史書，高似孫認為它也並非完美無瑕：「由典、謨而知堯、舜、禹，因誓、誥而推夏、商、周，無非辛甲典商史也，無非史佚典周史也。史無完史，孰考孰稽。」〔註48〕在高似孫看來，《尚書》更多地是歷史文獻的彙編，在體例上還不完善，《史記》通古今之變，創立紀傳體，從這個意義上來說超越了《尚書》，因此他提出「史無完史」之說，打破對三代歷史的盲目迷信，反對一味厚古，這表明高似孫能夠以辯證、變化的眼光看待史書的發展。又如，高似孫在《子略》中說：「古者盛衰之變，甚可畏也。先王之制，其盛極於周。後攫、公劉、大王、王季、文、武、成康、周公之所以制周者，非一人之力，一日之勤，經營之難，積纍之素，況又有出於唐虞、夏商之舊者。及其衰也，一夫之謀，一時之利，足以消餌破鑿，變徙劃蝕，而豈無餘脈……豈無一士之智，一議之精，區區有心於復古，而卒不可復行，蓋三代之法甚壞，而掃地久矣……聖人非有志於變齊也，古之不可復也，為可歎耳。」〔註49〕這些觀點也說明高似孫已經認識到歷史的盛衰變化不可逆轉，顯示他在史學上的會通意識。

二、勇於創新

在目錄學方面，高似孫繼承了《七略》以來的目錄學優良傳統，將小序、提要等目錄方法應用到《史略》和《子略》之中，使得這兩部著作具有較高的目錄學價值。他還繼承了鄭樵「泛釋無義」的主張，並在《史略》「霸史」等類目加以應用。在繼承前志的基礎上，高似孫在輯錄體、互著法和引書書目等方面均有所發明，展現了他在目錄學上的創造力。在分類方面，《史略》的分類體系突破當時流行的四部分類體系，《史略》大致按照正史、編年、史體、

〔註48〕（宋）高似孫著，王群栗點校：《史略》卷一，《高似孫集》，杭州：浙江古籍出版社，2015年，頁251。

〔註49〕（宋）高似孫撰，司馬朝軍校釋：《子略校釋》，濟南：山東人民出版社，2018年，頁293～295。

霸史、雜史的順序來編排，在類目設置上比綜合性分類目錄更為細化，最早設立了別史、史典、史略、史草等類目。《史略》最早在史部目錄中採用了輯錄體和互著法。學界有一種頗為流行的觀點，認為輯錄體和互著法始於元代馬端臨的《文獻通考》。而早在馬氏一百年前，高似孫《史略》已經使用了輯錄體和互著法。在辨偽學方面，高似孫在柳宗元諸子辨偽的影響下，提出了不少獨到的見解。例如，他根據《列子》中有「西方之人有聖者焉，不言而自信，不化而自行」的記載，提出《列子》一書存在佛教思想，從而證明《列子》為偽書，此說對後世有很大影響。

三、注重實地探訪

　　兩宋時期日記、筆記、方志等類型的文獻大增，反映了宋代士大夫重視記錄目見耳聞，體察民俗風情，將考證文獻與親身閱歷結合起來，如王得臣《塵史》、洪邁《容齋隨筆》、吳曾《能改齋漫錄》、胡仔《苕溪漁隱叢話》、馬永卿《嬾真子》、陸游《老學庵筆記》等均體現出這樣的特點。受到這種風氣的影響，高似孫在撰寫方志《剡錄》時，除了利用已有的傳世文獻以外，也注重通過實地調查收集第一手資料。例如，在撰寫剡地茶葉時，他曾對紹興、餘姚所產茶葉進行實地觀察，《剡錄》「茶品」條載：「會稽山茶，以日鑄名揚天下。余行日鑄嶺，入日鑄寺，綆日鑄泉，瀹日鑄茶。茶與水味深入理窟，茶生蒼石之陽，碧潤穿注，茲乃水石之靈，豈茶哉！」〔註50〕高氏稱讚日鑄茶、日鑄泉為「名茶名泉」。自來泡茶之水，以泉水為佳，剡溪內名泉眾多，高似孫還親自試驗泉水泡茶的效果，《剡錄》「泉品」條曰：「余盡取剡中潭穀水入茶，三歎茶非水不可，水得茶方神耳。」〔註51〕《剡錄》「山水志」「道館」「僧廬」諸條，條理清晰，描寫生動，如果沒有進行詳細調查，是無法寫出這類文字的。《剡錄》中的一些記載直接源於作者的見聞，例如《剡錄》「八角石硯」條載：「剡丁發硯於破冢，外肖羲畫，內鑿禹海，越手輕爽，石性已空，入土老也。」〔註52〕《剡錄》「翠壺」條載：「甲戌冬，剡丁發諸荒墟，壺範

〔註50〕（宋）高似孫：《剡錄》卷十，《高似孫集》，杭州：浙江古籍出版社，2017 年，頁 197。

〔註51〕（宋）高似孫：《剡錄》卷十，《高似孫集》，杭州：浙江古籍出版社，2017 年，頁 198。

〔註52〕（宋）高似孫：《剡錄》卷七，《高似孫集》，杭州：浙江古籍出版社，2017 年，頁 146。

簡古，蘚花黛綠，銅性空，入手輕甚。」〔註 53〕這些都證明高氏見過實物。「二大洗」條是高氏根據自己的收藏而寫。「三足洗」條是高氏根據表弟周樞的藏品而作。

高似孫對官府藏書有過細緻的觀察：「似孫嘗閱天祿、石渠書。無古書，一也。無異書，二也。雜以今人所作，蕉雜太甚，三也。而又考訂欠精，匯類欠確，一也。所合口下詔更加求訪，一也。其書無秘副，每出外輒易毀失，一也。當必有能任其事者。」通過實地觀察，高似孫發現官府藏書存在的具體問題，並提出了初步的解決辦法。

四、廣泛攝取資料

高似孫在整理和編撰文獻的過程中，十分善於抄攝文獻，對古代文獻的保存作出了自己的貢獻。古人讀書治學重視抄書，抄書與著書關係密切。梁啟超說：「善鈔書者可以成創作。」〔註 54〕張舜徽指出：「昔之讀諸子百家書者，每喜撮錄善言，別抄成帙。《漢志・諸子略》儒家有《儒家言》十八篇，道家有《道家言》二篇，法家有《法家言》二篇，雜家有《雜家言》一篇，小說家有《百家》百三十九卷，皆古人讀諸子書時撮抄群言之作也。可知讀書摘要之法，自漢以來然矣。後人傚之，遂為治學一大法門。」〔註 55〕這說明抄輯精語，摘編成書，也是文獻家治學的一種重要途徑。高似孫在編寫《史略》的過程中，十分善於對相關的重要文獻進行剪裁和輯錄：或抄錄史傳，以介紹作者及其著作；或摘錄原書中的佳句，如在著錄魏、蜀、吳別史時，摘抄了魚豢《魏略》、韋昭《吳書》和張勃《吳錄》中的語句；或抄錄重要的史學論文，如《史略》卷五選取了《文心雕龍》中劉勰論史的一段文字。高似孫抄書，與一般經生照抄原書不同，他抄書時發揮自身學識淵博的優勢，有目的地進行取捨，通過間接的方式表達自己的見解，並多有評語，可謂「善鈔書者」。日本漢學家內藤湖南對這種編纂方法有很高的評價：「不附加自己意見而自然地通過編纂方法表述己見，這是非常需要技巧的方法，非有深厚學術功底者難以為之的。單純敘述一己之見是容易的，而不

〔註 53〕（宋）高似孫：《剡錄》卷七，《高似孫集》，杭州：浙江古籍出版社，2017 年，頁 147。
〔註 54〕梁啟超：《中國歷史研究法》，石家莊：河北教育出版社，2000 年，頁 29。
〔註 55〕張舜徽：《漢書藝文志通釋》，武漢：湖北教育出版社，1990 年，頁 122～123。

寫出自己意見，就能通過古人書籍表達見解的做法是很困難的，同時也是最為巧妙的方式。」〔註56〕

　　高似孫善於利用類書，從類書中採摭所需資料。類書內容豐富，天文地理、詩詞歌賦、典章制度、草木鳥獸、人物典故幾乎無所不包。「一事不知，儒者之恥」，中國古代學者素來崇尚淹博，閱讀與利用類書恰恰是實現這一目標的捷徑。宋代是類書史上的鼎盛時期，在類書編撰上取得了突出的成就，其數量之多、卷帙之巨、取材之廣、體例之精，都超越前代，《宋史‧藝文志》著錄的類書就有 278 種，10526 卷，為明清時期所不及，宋代出現了多種影響深遠的大型類書，如《冊府元龜》《太平御覽》《文苑英華》《太平廣記》等。高似孫在編撰《緯略》《剡錄》等書時，所抄錄的詩賦材料多出自《文苑英華》。不過，這部類書卷帙浩繁，多達千卷，當時傳本稀少，使用不便，正如高氏所謂「帙多字繁，非惟不能盡記，蓋亦未嘗盡見」，因此，高氏仿照前人的做法，撮取其中可用於作文的典雅字句，編成《文苑英華纂要》。此書的價值不僅在於「鉤玄摘奇，便於後學」，而且高氏還針對原本的訛誤，彙集多種版本加以了校讎，「頗改定十之二三」。對於此書的校勘成就，《四庫全書總目》存目列舉了很多例子，說明此本與他本《文苑英華》的文字差異，認為「其搜羅亦頗該洽」。高氏編此書的初衷是自己讀書時作讀書筆記，只是為了方便自己使用，無意示人，但書成後，周必大、洪邁、史定之等當時名流都大加讚賞，因此才加以刊刻。元代趙文對高似孫的《文苑英華》選本也頗為稱讚，他在此書後序中說：「凡古今名賢，諸作有一聯一句者，至妙者必博採無疑，予讀之神馳心醉。奇哉，是書也。」〔註57〕宋本原為甲乙丙丁四集，元代重修時分為八十四卷。《四庫全書總目》認為此書是仿洪邁《經子法語》之例而成。

　　高似孫喜讀雜書和異端書的特點也對他廣泛獲取資料有所幫助。陳振孫對高氏「讀書隱僻」的批評，正好體現了高氏的讀書特色。高氏不僅重視正經正史，而且偏愛《山海經》《竹書紀年》《穆天子傳》《陰符經》《握奇經》《六韜》《三略》《鶡冠子》等在當時頗有爭議的雜書。這種治學特點反映出，在宋代考據學興起的背景下，學者對博學多聞的崇尚和對雜書奇書的偏好。

〔註56〕（日）內藤湖南著，馬彪譯：《中國史學史》，上海：上海古籍出版社，2008年，頁 193。

〔註57〕（元）趙文：《文苑英華纂要》後序，國家圖書館藏宋刻元修本。

高氏著作因徵引廣博而受到考據家的重視。他編有《選詩句圖》一書，選錄《文選》中自漢代李陵至梁代江淹五十八家的詩句，可以算是《文選》的節選本。此書對每位詩人，均引用他書加以簡介。在各家詩句之下，或輯錄與其詞句類似、意境相仿的詩句，或對詩中文字加以注釋。如李陵詩「遠望悲風至，對酒不能酬」下，注曰：「劉休玄詩：『日夕涼風起，對酒長相思。』」兩者都有「風」「對酒」字，詩意較接近。高氏以此證明「宋襲晉，齊沿宋，凡此諸人，互相憲述」的觀點。這種編撰方法，對初學者瞭解詩句來源、理解文選之法，是非常有用的。

高似孫的《硯箋》是關於硯石的譜錄，在撮取資料上也值得稱道。《四庫全書總目》評價說：「似孫之書獨晚出，得備採諸家之說，又其學本淹博，能旁徵群籍以為之佐證，故敘述頗為可觀。」該書在編排形式上接近於類書，於各條之下，輯錄各家資料，排比成書，彙集了北宋以來的大量譜錄，並錄有不少詩文和筆記等材料。

高似孫的另一譜錄著作《蟹略》在採摭資料方面也頗顯功力。《四庫全書總目》稱此書「採摭繁富，究為博雅，遺編佚句，所載尤多，視傅《譜》終為勝之云。」

五、關注方志、金石、輯佚等新興學科

在古典文獻學迅速發展的同時，宋代文獻學誕生了新的分支學科即方志學、金石學和輯佚學，這些新的學科給古典文獻學注入了新的活力。

在方志學上，高似孫撰有《剡錄》，該志敘述簡潔，體例完備，徵引賅洽，歷來為學者所推重。他在該志卷五「書」中，羅列了戴逵、阮裕、王羲之、謝玄、孫綽、許詢、支遁、秦系、吳筠、靈澈、鄭言、謝靈運、顧歡、葛仙翁十四人著作，阮、王、謝三氏家譜之名目，共四十二種，各有卷數，開創了方志收錄書目的先例。

關於金石學，儘管宋代以前已出現對金石材料的研究和利用，但都趨於零散而不成系統，直到北宋年間才成為一種專門之學。宋人多有好古器之癖，不僅搜集、收藏金石成為一代風氣，而且將金石作為新材料用於學術研究目的，湧現出一大批金石學者和金石學專著，取得了多方面的成就。王國維先生總結說：「近世學術多發端於宋人，如金石學亦宋人所創學術之一。宋人治此學，其於搜集、著錄、考訂、應用方面無不用力，不百年間，遂成一種之學

問。」〔註58〕羅振玉指出：「考古禮器百物制度，蓋肇於天水之世，至國朝一變，而為彞器款識之學，專力於三古文字，不復措意於器物制度，其途徑乃轉隘於宋人。」〔註59〕宋代金石學的發展也反映到了圖書目錄上來，鄭樵在《通志》中在專闢《金石略》一門，將金石作為一種專門的知識加以分類。宋代學者已經認識到金石文獻的重要價值，提出「惟有金石所以垂不朽」〔註60〕，並提倡將金石文獻與傳世文獻進行對比研究，「考其異同，參以他書」〔註61〕。當時流行的這種風氣對高似孫深有影響，高氏自稱有「好古之癖」，對收藏和考訂金石頗感興趣，《緯略》一書有不少涉及金石的條目，如「洗玉池銘」「酒臺」「古鐺」「鑒古物」「八百碑」「孔硯」「郭有道碑」「秦碑三句一韻」「承露盤銘」「孝碑」「古硯」「瘞鶴銘」「三代鼎器名」「讀碑」「古器」「龜鼎」等條都反映了他對金石學的關注。對於金石文獻的學術作用，高似孫認為：「古人好事，皆極其至，如古鐘鼎彞器，尤所愛尚。其有識文者，非獨其器可玩，其文猶奇古，其間有關於考訂者，所補亦不少。」〔註62〕在高似孫看來，金石非獨用於「玩」，而且可以考經訂史，這也與歐陽修、趙明誠、呂大臨等金石學家的看法一致。

　　關於輯佚學，高似孫亦用力甚勤，輯佚《世本》而成《古世本》一書，「網羅散軼，稽輯見聞」而成《史略》，並對各家《後漢書》、各家《晉書》、三國別史、歷代《紀》以及戴逵文集等都有所輯佚。雖然高似孫的輯佚還不完善，但他的輯佚範圍已然較廣，在輯佚方法上也給後來者以啟示，因此我們不能否認他的開創之功，他是南宋王應麟之前從事輯佚工作的一位重要人物。

六、考鏡學術源流

　　重視學術源流是中國古典目錄學思想的精髓和宗旨。劉向父子校理書群，「條其篇目，撮其旨意」，《別錄》《七略》成為後世目錄傚仿的典範。章學誠

〔註58〕王國維：《宋代之金石學》，《王國維遺書》第 3 冊，上海：上海書店出版社，1983 年，頁 708。

〔註59〕羅振玉：《權衡度量實驗考序》，吳大澂《權衡度量實驗考》卷首，上虞羅氏《永慕園叢書》，1914 年。

〔註60〕（宋）鄭樵：《通志二十略・金石略》，《金石序》，北京：中華書局，2000 年，頁 1843。

〔註61〕（宋）趙明誠：《金石錄・序》，北京：文物出版社，1982 年。

〔註62〕（宋）高似孫：《緯略》，叢書集成初編本，上海：商務印書館，1939 年，頁 198。

《校讎通義敘》云：「校讎之義，蓋自劉向父子，部次條別，將以辨章學術，考鏡源流，非深明於道術精微、群言得失之故者，不足與此。」然而自漢代以降，目錄學的這種宗旨未能得到繼承和發揚，目錄形式趨於簡略，誠如章學誠所謂「後世部次甲乙，記錄經史者，代有其人，而求能推闡大義，條別學術異同，使人由委溯源，以想見於墳籍之初者，千百之中，十不一焉」。鄭樵主張「類例既分，學術自明」，自成一家，強調類例對學術源流的作用，而不重提要、小序，與《別錄》《七略》之旨有所不同。

高似孫繼承《別錄》《七略》之傳統，撰成《經略》《史略》《子略》《集略》諸略，構建一套了獨具特色的目錄學體系，以辨別學術源流為己任，試圖梳理經、史、子、集的學術變遷情況。經子關係是中國學術史上的一個重要命題，古代學者多重經輕子。《漢志·諸子略》繼承《七略》，分諸子為九流十家，《諸子略·序》認為：「今異家者各推所長，窮知究慮，以明其指，雖有蔽短，合其要歸，亦《六經》之支與流裔……若能修六藝之術，而觀此九家之言，舍短取長，則可以通萬方之略矣。」《漢志》認為諸子既源出六經，又從屬於六經，實際上隱含了「經尊子卑」的觀念，不免帶有一定的偏見。自《漢志》以來，諸子被視為經學之支流乃至異端，「經尊子卑」的觀念佔據主導地位，人們很少對此進行反思。劉勰繼承了《漢志》對諸子的看法並有所發揮，《文心雕龍·諸子篇》指出諸子有「入道見志」的作用，對諸子的文學價值也多有肯定，不過又認為諸子「枝條五經，其純粹者入矩，踳駁者出規」「諸子雜詭術」，希望「洽聞之士，宜撮綱要，覽華而食實，棄邪而採正」。在劉勰看來，諸子之學本於六經，應當以六經為標準來辨別諸子的思想內容，這實際上是站在「宗經」的立場來看待經子關係。高氏在《子略·序》中對經子關係的認識已與傳統看法不同，他認為諸子「不能盡宗於經」，「不能盡忘乎經」，提出經子「經緯表裏」的新觀點，並對諸子的重要作用加以總結。在高似孫看來，子雖源於經，但又超乎經，具有自身的特點，可以補充經的不足，這就突破了諸子為六經支流的傳統觀念，以更加辯證的觀點來看待經子關係，在子學尚不發達的南宋時代，高氏的這一主張誠屬可貴，可視為明清之際「經子平列」思想的先聲。高氏在評價《子鈔》時對諸子的作用作了進一步的論述：

> 孔子曰：「雖小道，亦有可觀。」是於諸子，未嘗廢也。聖人既
> 遠，承學易殊，義向之少純，言議之多詭，則百氏之為家，不能盡

叶乎一，亦理之所必然也。當篇籍散闕、人所未見之時，而乃先識
其名，又得其語，斯足以廣聞見、助發揮，何止嘗鼎臠、啖雞跖也。

陸機氏曰：「傾群言之瀝液，漱六藝之芳潤。」是庶幾焉。〔註63〕

高氏認為諸子去聖既遠，百家爭鳴，互相論辯，諸子之間存在分歧、排斥是
很正常的事情，讀諸子之書可以增廣見聞，發揮潛能。基於這些認識，高氏
鮮明地提出《子略》的編纂宗旨就是「繫以諸子之學，必有因其學而決其傳，
存其流而辨其術者，斯可以通名家，究指歸矣」（《子略序》），高氏考辨諸子
學術源流的嘗試和努力，體現了他對中國古典目錄學宗旨的繼承。又如，高
氏《子略》考辨儒、墨兩家之關係時說：

《韓非子》謂：墨子死有相里氏之墨、相芬氏之墨、鄧陵氏之
墨。孔、墨之後，儒分為八，墨離為三，其為說異矣。墨子稱堯曰：
「采椽不斫，茅茨不剪。」稱周曰：「嚴父配天，宗祀文王。」又引
「若保赤子」「發罪惟均」，出於《康誥》《泰誓》篇，固若依於經、
據於禮者。孟子方排之不遺一力，蓋聞之夫子曰：「惡似而非者。惡
莠，恐其亂苗也。惡鄭聲，恐其亂雅也。惡紫，恐其亂朱也。惡鄉
原，恐其亂德也。」墨之為書，一切如莊周，如申、商，如韓非、
惠施之徒，雖不辟可也。惟其言近乎訛，行近乎誣，使天下後世人
盡信其說，其害有不可勝言者，是以不可不加辟也。〔註64〕

高氏認為墨子與儒家有相通之處，其書有引用《康誥》《泰誓》的內容，與儒
家之說相合，但高氏又從儒家立場出發，指出墨子「言近乎訛，行近乎誣」，
與儒家似是而實非，所以不可不辟。馬端臨《文獻通考・經籍考》卷三十九
《墨子》按語稱「高氏之言得之」。

高似孫針對史籍層出不窮而以往書目著錄不明的現象，編寫《史略》一
書，試圖理清歷代史籍的沿革，總結宋代以前中國史學的發展情況。《史略》
可視為宋代以前的史學簡史，它書寫學術史的方式在於：第一，從著錄方式
來看，該書的著錄方式不同於史志目錄、藏書目錄，不以現有的圖書實物為
著錄依據，而是從史書的知識內容出發，側重於說明史書的作者、編纂、學

〔註63〕　（宋）高似孫撰，司馬朝軍校釋：《子略校釋》，濟南：山東人民出版社，2018
　　　　年，頁166。
〔註64〕　（宋）高似孫撰，司馬朝軍校釋：《子略校釋》，濟南：山東人民出版社，2018
　　　　年，頁304～305。

術價值以及關於該史書的注釋與考證情況，對已佚的圖書也注意評介；第二，從分類方式來看，《史略》在類目設置上基本可以分為正史、編年、史體、霸史、雜史等，去除了地理、職官、傳記、刑法等與史學關係不大的類目；第三，從輯錄內容上來看，《史略》所錄的《東漢以來書考》《歷代史官目》《劉勰論史》諸篇都是關乎史學史的重要文獻；第四，從編纂目的來看，《史略》通過「網羅散軼，稽輯見聞，采菁獵奇」「各彙其書」「品其指意」，達到「商榷千古，鈐括百家」的目的，提出了會通古今史家的宏大構想，相比於史志目錄、藏書目錄，《史略》書寫學術史的意圖更為明顯。

高似孫以博學名於一時，他在考察典籍的源流時往往能夠廣泛徵引，因而具備較高的學術價值，如關於《爾雅》一書，高似孫說：

> 《爾雅注》今所傳者，郭璞、孫炎耳。所謂樊光《爾雅注》、李巡《爾雅注》、沈璇《爾雅集注》，已不可復見。郭璞有《爾雅圖》，江灌有《爾雅圖贊》，皆奇書，是亦不減《山海經圖》也。張揖既作《博雅》，劉伯莊又有《續爾雅》，草木蟲魚，該括略盡。《選》中惟郭璞特注《上林賦》，張揖又注之，他人不及其精確也。其他所謂《孝經爾雅》《石經爾雅》《蜀爾雅》《蕃爾雅》《小爾雅》，皆自成一書也。〔註65〕

高似孫在這裡介紹了當時《爾雅》注、《爾雅》圖、續《爾雅》以及仿《爾雅》著述的相關情況，並對其優劣高下有所評論，不啻為一篇簡略的《爾雅》研究小史。高氏對《爾雅》注存佚的關注體現出他具有較強的目錄學意識。

儘管高似孫對學術源流的見解未必完全正確，但《史略》《子略》注重學術源流的特點生動地體現了宋代目錄學的時代性。內藤湖南高度評價高似孫在弄清書籍沿革和瞭解學問變遷上的嘗試：「《史略》不以目錄編纂為目的，而是為了弄清書籍沿革、瞭解學問變遷，這與王應麟《玉海·藝文》有相似之處……這個時期已經有人出於弄清書籍沿革的目的，開始考慮目錄學的必要性了。儘管人品低下，高似孫確實是其中一個重要人物，這從其著作是不難看出的。遺憾的是至今學者對此尚未加以重視。《四庫全書總目》雖收錄了《子略》，但也是僅僅歷數了其中的缺點，而對作者出於瞭解學問變遷之目的所做的嘗試則未置一詞。這可能是由於《史略》在中國的亡佚，導致了人們不清

〔註65〕（宋）高似孫著，王群栗點校：《緯略》卷十，《高似孫集》，杭州：浙江古籍出版社，2015年，頁719～720。

楚其企圖的情況。如果《史略》能夠流傳於中國的話，可能對他的主旨會給予更高的評價。」〔註66〕顧歆藝也認為，高似孫自覺地辨章學術，考鏡源流，在集成文獻的同時注意歸納提煉其中的重點，所形成的一系列著作某種程度上均具有學術史的意味。〔註67〕

七、注重保存古代文獻

自古以來不斷出現的圖書散佚問題是歷來文獻學者不得不面對的一個重要問題。宋代藏書風氣盛行，但圖書散佚問題依然非常嚴重，兩宋之際的頻繁戰亂對宋代藏書造成了嚴重破壞，火災、人為管理不善也是重要的原因，圖書的保存問題成為宋代文獻家面對的一大現實問題。從出版史的角度來看，南宋時期處於手工抄寫到雕版印刷的過渡階段，雕版印刷得到大規模應用，形成了浙江、福建、四川三大刻書中心，但各地域之間存在發展不平衡的現象，當時不可能對所有的古籍進行刊刻，手工抄寫依然大量存在。當時的印刷業水平不能完全解決圖書散佚的問題。高似孫對這一問題非常關注，對以往的圖書散佚事件極為痛惜，曾提出增加圖書副本以應對這一現象，他在《史略》《緯略》《剡錄》等著作中摘錄精語、抄錄原文也體現了他保存古代文獻的自覺意識。他所作的另外一項重要工作就是輯佚，試圖找回佚文、佚書。這些都顯示了高似孫作為文獻家以保存古代文獻為己任的責任感。

第四節　高似孫在文獻學上取得成功的原因

高似孫在文獻學上能夠取得多樣化的成就，與當時的學術風氣、家學傳承、學術交遊以及自身的博學多識等都有密切的關係。

一、獨特的宋代學術風氣

首先，兩宋時期，社會相對安定，經濟上穩定發展，政治上崇文抑武，科教文化事業昌盛，官府重視圖書的收藏和整理，雕版印刷開始普及，圖書出版業發達，私家藏書之書盛行，圖書的獲取更為便捷，產生了多部有重要

〔註66〕（日）內藤湖南著，馬彪譯：《中國史學史》，上海：上海古籍出版社，2008年，頁192～193。

〔註67〕顧歆藝：《高似孫學述考述》，《國學研究》第三十五卷，北京：北京大學出版社，2015年。

·

影響的官私書目，古典文獻學進入一個前所未有的興盛時期，目錄、版本、校勘、辨偽等學科獲得了長足的進步，同時考證、方志、金石、輯佚等學科開始形成。這種學術環境使高似孫能夠獲得豐富的各類文獻，這為他理清學術源流、總結宋代以前的學術成就提供了有利條件。

其次，從學術風氣上來看，宋人治學不守古訓，思想活躍，敢於質疑權威，勇於創新。梁啟超精闢地指出：「宋人為學的方法，根本和漢人不同，他們能夠自出心裁去看古書，不肯墨守訓詁，不肯專取守一先生之言的態度。他們的膽子很大，漢唐人所不敢說的話，他們敢說；前人已經論定的名言，他們必求一個可信不可信。在這種風氣之下，產生了不少的新見解，實在是宋人的特別處。」〔註68〕這種風氣對高似孫的治學風格有很大影響。

二、深厚的家學傳承

民國目錄學家孫德謙云：「古人為學，以世其家，往往父子相傳，至其後而術業益精者。」〔註69〕高氏家族在南宋為四明望族，學術淵源頗為深厚。高閌為二程再傳弟子，精通經學，尤長於《春秋》，是在浙東傳播洛學的重要人物。高文虎繼承伯父高閌之學，以《春秋》取士，篤志好學，聞見博洽，精於史學，與修南宋多朝國史。除此之外，高開、高安世、高闓、高文善等均為進士。高似孫的舅氏——周氏也是剡縣的名門望族和科舉世家。高似孫「獲承先人緒業」，在其父文虎的薰陶下，自幼熟讀經史子集，博覽群書，工於詞章，「讀書過目成誦，詩古文詞，涉筆即工，不待思索」，之後又從詩詞轉向史學、文獻學領域。高似孫在學術上繼承其父高文虎的史學專長，父子二人還合作編纂史書，如高文虎《史記注》成書後又經過高似孫的整理，《秦檜傳》是高似孫幫助其父纂修國史而成。這種家學背景為高似孫徵文考獻奠定了較好的基礎。

三、優越的讀書條件

首先，高氏家族有較為豐富的私家藏書。《剡南高氏宗譜·內紀行傳》記載，高文虎「慶元中入剡，建玉峰堂、藏書寮於金波玉峰山，即明心寺之東麓

〔註68〕梁啟超：《古書真偽及其年代》，《梁啟超全集》第17卷，北京：北京出版社，1999年，頁5025。

〔註69〕孫德謙：《漢書藝文志舉例·重家學例》，《二十五史補編》第2冊，上海：開明書店，1936年，頁1704。

也」，藏書寮即文虎藏書之處，其藏書後為高似孫繼承。從高似孫著述及其學問情況推測，他的藏書不在少數，可惜具體數量已經無從得知。清代目錄學耿文光就稱高似孫「聚書極多」〔註70〕。其藏書不乏珍稀之本，如《子略》卷一《鬻子》解題說：「永徽中，逢行珪為之序曰：『《漢志》所載六篇，此本凡十四篇。』予家所傳乃篇十有二。」高氏家藏本十二篇，與當時通行的十四篇逢注本不同。其次，高似孫曾任秘書省校書郎、著作佐郎，「嘗閱天祿、石渠書」，有機會閱覽國家藏書中的珍本秘籍，從而能夠博覽群書。

四、廣泛的交遊經歷

高似孫「少有俊聲」，交遊頗廣，結交周必大、樓鑰、洪邁、陸游、辛棄疾、吳琚、劉克莊等當世名公巨擘，與他們切磋學問，相互請益，因而在學問上不斷進步。高氏與僧人釋瞿省、釋居簡等，道士易如剛、吳靜等也有來往。儘管高氏為反道學派成員，與理學勢若水火，但他與理學人士也有交遊。廣泛的交遊經歷對高似孫博學多聞多有助益。

五、以類書、古注為主的知識來源

宋室南渡後，中原文獻多毀於兵火。有鑑於此，南宋不少學者對搜集保存中原文獻更為重視，考訂史料的筆記類著述大量出現。高似孫保存文獻的主要方法是研究和利用類書、古注，編寫考據筆記。如他對《太平御覽》十分重視，《緯略》主要是節取《太平御覽》等類書中的材料並排比而成的，《史略》以輯錄材料豐富為特色，其中有不少材料取自《太平御覽》。高氏對《文苑英華》這部類書做過校勘和節選工作，寫成《文苑英華纂要》一書。《文苑英華》在高氏研究詩詞文賦和考證名物典故方面發揮了重要作用。高氏在著作中頻頻引用詩詞，這些詩詞基本上採自這部類書。高氏對《世說新語注》《文選注》《水經注》等古注非常推重。他對《世說新語注》有深入研究，編有《世說新語》引用書目，《剡錄》關於剡縣先賢和剡縣地方文獻目錄的資料多出自《世說新語注》，《史略》輯錄的諸家《晉書》，魚豢《魏略》、韋昭《吳書》、環濟《吳記》、張勃《吳錄》等三國別史，以及張璠《漢紀》、鄧粲《晉紀》、曹嘉之《晉紀》、劉謙之《晉紀》和徐廣《晉紀》等史書的佚文也出自

〔註70〕　（清）耿文光：《萬卷精華樓藏書記》卷六十五，《山右叢書・初編》第 10 冊，上海：上海古籍出版社，2014 年，頁 232。

《世說新語注》。《史略》引據《文選注》的例子也不在少數。通過研讀和採擇類書和古注所包含的豐富文獻資料特別是失傳典籍的佚文，高似孫在知識的積累上可以說超越同時代的一般學者，這為他撰寫經、史、子、集四部專科目錄奠定了堅實的文獻基礎，也找到了一條比較有效的輯佚途徑。

六、鄭樵對高似孫的影響

鄭樵是南宋時期傑出的文獻學家、史學家、博物學家，他的文獻學思想對高似孫有很大影響。

第一，在治學特點上，鄭樵反對理學，提倡實學，他在《通志・圖譜略》的《原學》一文中對義理與辭章之學進行抨擊：

> 何為三代之前學術如彼，三代之後學術如此。漢微有遺風，魏晉以降，日以陵夷。非後人之用心不及前人之用心，實後人之學術不及前人之學術也。後人學術難及，大概有二：一者義理之學，二者辭章之學。義理之學尚攻擊，辭章之學務雕搜。耽義理者則以辭章之士為不達，淵源玩辭章者則以義理之士為無文。彩要之辭章雖富，如朝霞晚照，徒焜耀人耳目；義理雖深如空谷尋聲，靡所底止。二者殊塗而同歸，是皆從事於語言之末，而非為實學也，所以學術不及三代又不及漢者，抑有由也。以圖譜之學不傳，則實學盡化為虛文矣。〔註71〕

在鄭樵看來，義理之學與辭章之學從事的都是「語言之末」，並非「實學」。他在《通志・昆蟲草木略序》中也對當時空談義理的社會風氣表示強烈的不滿：「學者操窮理盡性之說，以虛無為宗，實學置而不問。」他所說的「實學」就是強調書本知識與社會實踐相結合，既「達詩書之旨」，又「識田野之物」，「廣覽動植，洞見幽潛，通鳥獸之情狀，察草木之精神，然後參之載籍，明其品匯」，多識「天文、地理、車輿、器服、草木、蟲魚、鳥獸之名」。因此，鄭樵在《通志・藝文略》十二類的分類體系中，將星數、五行、醫方等實用技術之學上升到第一部類。在對理學的看法上，高似孫與鄭樵多有相似之處，同樣不喜理學，高氏對名物、風俗、典章制度、地理等內容的考證，對剟地山川湖泊、人文物產、風土民情實地調查，同樣體現出注重實學的一面。

鄭樵具有強烈的會通意識，將會通傳統發揚光大。他認為「會通之義大

〔註71〕（宋）鄭樵：《通志二十略・圖譜略》，北京：中華書局，2000年，頁1827。

矣」，欲「集天下之書為一書」，故「十年為經旨之學」，「三年為禮樂之學」，「三年為文字之學」，「五、六年為天文地理之學」，「八、九年為討論之學，為圖譜之學，為亡書之學」。鄭樵遍讀群書，於經史子集無不涉及，最終以博學聞名於世，「自負不下劉向、揚雄」。基於這種思想，鄭樵主張修通史，反對斷代史，認為史書編撰需要盡可能地搜集資料並會通材料。白壽彝認為：「『會通』的意義從《通志》看來，大概是包括兩點，一點是講類例，又一點是講『貫通』，他的《二十略》是得到好評的。其中《藝文》、《校讎》、《圖譜》、《金石》四略，是應用類例的方法得到更多成功的。所謂『貫通』是指歷代史事記載的前後連續。」〔註72〕從會通意識這一點來看，高似孫受鄭樵的影響比較明顯。高氏貫通經史子集，同樣以博學知名於時，沒有廣博的學問，他不可能寫出《經略》《史略》《子略》《集略》這樣的目錄著作；高氏對通史體也頗為重視，在《史略》中將通史上升為第一部類；高氏《史略》一書總結宋代以前的史學發展，試圖梳理史學學術源流，體現出貫通古今的意識。

　　第二，在圖書分類方面，鄭樵譏諷四部分類法「苟簡荒唐」，因此他衝破了傳統四分法的束縛，創立了全新的十二類分類體系，將禮、樂、小學、星數、五行、藝術、醫方、類書這些類目從原來的四部中獨立出來。在分類問題上，高似孫也試圖對史部、子部的類目體系進行改造，他對史、子兩個大類收錄圖書日趨繁雜的做法表示不滿，因此，高氏在《史略》的分類中沒有設職官、儀注、刑法、傳記、譜牒、地理等類目；在《子略目》的分類中不收錄農家、天文、曆數、五行、醫方、類書、釋家等類目。

　　第三，在是否著錄佚書的問題上，鄭樵《編次必記亡書論》批評唐代以來書目不收亡書的做法：「自唐以前，書籍之富者，為亡闕之書有所繫，故可以本所繫而求，所以書或亡於前而備於後，不出於彼而出於此。及唐人收書，只記其有，不記其無，是致後人失其名繫，所以《崇文》四庫之書，比於隋唐亡書甚多，而古書之亡尤甚焉。」主張「廣古今而無遺」，強調「編次必記亡書」，並提出「名亡實不亡之說」，指明了輯佚的具體途徑。高似孫也重視著錄佚書，不僅在《史略》中著錄當時已經不見流傳的史籍，而且輯錄佚書的精語，如諸家《後漢書》語、諸家《晉書》語等。《子略目》也收錄了不少佚書。因此，高似孫重視輯佚在很大程度上受到了鄭樵的影響。

　　第四，在書目的注釋方面，鄭樵主張「泛釋無義」，他在《泛釋無義論》

〔註72〕白壽彝：《說六通》，《史學史研究》1983年第4期。

中指出:「古之編書,但標類而已,未嘗注解,其著注者,人之姓名耳。蓋經
入經類,何必更言經。史入史類,何必更言史。但隨其凡目,則其書自顯。」
因此,鄭樵反對《崇文總目》一一注釋的做法。鄭樵又提出「書有不應釋」,
他以《崇文總目》為例,認為該志的十八部唐實錄,既然是唐實錄,必然出於
唐人之手,沒有必要於唐人集一一注「唐人撰」,於宋人集一一注「宋人撰」,
「此非不達理也,著書之時,元不經心耳」。鄭樵在《書有應釋論一篇》中指
出:「蓋有應釋者,有不應釋者,不可執一概之論。按《唐志》有應釋者,而
一概不釋,謂之簡;《崇文》有不應釋者,而一概釋之,謂之繁。今當觀其可
不可。」鄭樵注釋思想的核心就是在書目編纂中根據實際情況決定哪些書應
當注釋,但是鄭樵的說法比較含糊,沒有具體的執行標準。從他自己的書目
實踐來看,《通志・藝文略》對經部、史部之書擇要注釋,而對子部、集部之
書卻無一解題,這種做法顯然是虎頭蛇尾,並沒有完全地貫徹自己的注釋思
想。相較而言,《史略》在著錄諸家史書時詳略分明,在著錄《史記》《漢書》
時詳盡搜羅關於這兩部史書的作者、編纂、各家評論、注本、版本等相關研
究資料,不惜篇幅;其次對《後漢書》《三國志》《晉書》《唐書》《資治通鑒》
等這類史書的著錄也較為詳細;至於數量眾多的霸史、別史這一類型的史籍
則主要著錄書名、作者、卷數,部分條目加以簡略的注釋說明。這種詳略上
的安排,顯係作者有意為之,既凸顯對史部要籍的重視,又能保留大量的史
志資料並提供研究線索,是一種更為合理的編纂體例。因此,在書目實踐上,
高似孫對注釋詳略的把握更符合鄭樵「泛釋無義」「書有不應釋」「書有應釋」
思想。《子略》對《漢志》《隋志》《通志・藝文略》等五種舊目的子類進行了
相當程度的刪減,保留了思想價值較高的子書,選擇三十八家子書逐一撰寫
提要。與每書均有解題的《直齋書錄解題》、《郡齋讀書志》和僅著錄書名的
《遂初堂書目》,《史略》《子略》的這種目錄體例無疑更符合鄭樵的注釋思想。

結　語

　　言及南宋文獻學，不能不提到高似孫。高氏生活於理學盛行的南宋中期，不喜空談心性，因黨爭成為反理學派的一員。他好古敏求，初以詩賦名噪於時，繼而沉潛於向、歆之學，追求博學多聞，致力於整理古代文獻，成績頗為可觀，在文獻編纂、目錄版本、辨偽、輯佚、考證等多方面均有所發明，「其學識誠加人一等」〔註1〕。在文獻學史上，高似孫上承柳宗元、鄭樵，下啟王應麟、馬端臨，可以說是南宋時期一位百科全書式的文獻學家。具體來說，他在文獻學上的主要成就可總結為以下方面：

　　在文獻編纂方面，高似孫用力甚勤，成果豐碩，其著作傳世的有《史略》《子略》《緯略》《蟹略》《騷略》《剡錄》《硯箋》《文苑英華纂要》《疏寮小集》《選詩句圖》等，亡佚的有《經略》《集略》《詩略》《漢書司馬相如傳注》《漢官》。他推崇庾仲容《子鈔》、洪邁《史記法語》，注重抄撮精語，由博返約，《文苑英華纂要》就是這一編纂思想的代表性成果，《史略》《緯略》也十分注意抄輯精語。

　　在目錄版本方面，高似孫在目錄學上自成一家，在目錄體例和分類上不僅對以往書目有所繼承，而且試圖打破常規，推陳出新。他突破以往依據藏書編纂書目的範式，以一己之力撰成目錄學系列著作《經略》《史略》《子略》《集略》，構建了一套專科目錄體系，其編撰宗旨就是在利用和吸收以往書目的基礎上，囊括百家，提要鉤玄，反映歷代典籍之存佚，評價各家著述之得失，輯錄古今學者之評論，總結歷代學術流變。這標誌著南宋時期的目錄學開始擺脫依附於藏書的地位，在目錄學理念上更加重視知識而非圖書文獻，

〔註 1〕李之鼎：宜秋館刻本《騷略》跋，見高似孫：《高似孫集》下冊，杭州：浙江古籍出版社，2015 年，頁 986。

呈現出注重網羅歷代典籍、考鏡學術流變的新趨勢。《史略》利用以往的多種官私書目，以輯錄體的方式組織各類相關資料，總結南宋以前史學的發展情況，就是這一目錄學理念的具體成果。其後，《玉海·藝文》《文獻通考·經籍考》《經籍會通》《經義考》《史籍考》不斷延續了這種理念，連綿不絕。在版本的認識上，高似孫重視對圖書版本的著錄，注意利用不同的版本進行校勘，他的善本觀是崇古本和精校本。

在辨偽方面，高似孫在吸取柳宗元等前人成果的基礎上對一些子書的真偽提出了不少頗具價值的新見解，不僅考辨偽書，而且辨《六韜》《鶡冠子》《山海經》《竹書紀年》《穆天子傳》為真，影響了黃震、宋濂、胡應麟等後來的辨偽學者，為後人研究諸子提供了重要參考，其辨偽成果多為《四庫全書總目》所吸收。

在輯佚方面，高似孫痛心於歷代典籍的嚴重散佚，非常重視文獻的輯佚，故而「網羅散軼，稽輯見聞」，所輯成果有輯佚專著《古世本》以及對諸家《後漢書》、諸家《晉書》、歷代《紀》和戴逵文集的輯錄。高似孫是南宋進行輯佚實踐的重要人物，他在輯佚學史上的地位不應忽視。

在考證方面，高似孫有考證《戰國策》的專著《戰國策考》，《子略》《緯略》的一大特色就是考證，這些著作都具有考證學上的價值。無論是在考證路徑上，還是在考證方法上，高似孫都顯示了較為成熟的一面，他的考證功力在南宋學者中是出類拔萃的。

總之，高似孫學問淹貫，博覽四部，經史子集無所不究，其文獻學成就是多方面的，在文獻編纂、目錄版本、辨偽、輯佚及考證上均頗有造詣。高氏不喜義理之辨，發揚唐代韓、柳以來的徵實學風，回歸文獻本身，崇尚博學，注重會通，敢於創新，精於考據辨偽。議論、懷疑、創造、開拓可稱宋學的四大精神，高似孫的治學特點鮮明地體現了這些精神。長期以來，義理之學被視為宋學的代表，清儒批判宋學學風空疏、遊談無根。事實上，宋人對書目、金石、譜諜的關注，對圖書真偽的考辨，對詩文出處、典章制度、名物典故的考證，均體現了宋學注重考據、實事求是的一面，正如余嘉錫先生所言：「清儒經學小學自闢蹊徑，遠過唐、宋，其他一切考證，則無不開自宋人，特治之益精耳……乾嘉諸儒，鄙夷宋學，竊謂不然。」〔註2〕而高似孫的文獻整理工作生動地體現了宋學的這一特點。

〔註2〕余嘉錫：《目錄學發微·古書通例》，上海：上海古籍出版社，2014年，頁143。

參考文獻

一、古籍

1. （漢）班固：《漢書》，北京：中華書局，1962 年。
2. （南朝宋）范曄：《後漢書》，北京：中華書局，1965 年。
3. （南朝宋）劉義慶：《世說新語》，《歷代筆記小說大觀》，上海：上海古籍出版社，2012 年。
4. （梁）陶弘景：《真誥》，叢書集成初編本，北京：中華書局，1985 年。
5. （梁）陶弘景著，王京州校注：《陶弘景集校注》，上海：上海古籍出版社，2009 年。
6. （梁）沈約：《宋書》，北京：中華書局，1974 年。
7. （梁）劉勰：《文心雕龍》，四部叢刊本。
8. （唐）韓愈著，馬其昶校注，馬茂元整理：《韓昌黎文集校注》，上海：上海古籍出版社，2014 年。
9. （唐）柳宗元：《柳河東集》，上海：上海人民出版社，1974 年。
10. （唐）房玄齡等：《晉書》，北京：中華書局，1974 年。
11. （唐）姚思廉：《陳書》，北京：中華書局，1972 年。
12. （唐）姚思廉：《梁書》，北京：中華書局，1973 年。
13. （唐）魏徵等：《隋書》，北京：中華書局，1973 年。
14. （唐）劉知幾撰，（清）浦起龍釋：《史通通釋》，上海：上海古籍出版社，1978 年。

15.（宋）歐陽修撰，李之亮箋注：《歐陽修集編年箋注》，成都：巴蜀書社，2007 年。

16.（宋）司馬光：《司馬文正公傳家集》，欽定四庫全書，臺北：商務印書館，1983～1985 年。

17.（宋）晁公武撰，孫猛校證：《郡齋讀書志校證》，上海：上海古籍出版社，1990 年。

18.（宋）李昉等：《太平御覽》，上海：上海古籍出版社，2008 年。

19.（宋）楊簡：《慈湖遺書》，四明叢書本。

20.（宋）張津等：《乾道四明圖經》，《中國方志叢書》，臺北：成文出版社，1983 年。

21.（宋）羅濬修，（宋）羅濬纂：《寶慶四明志》，《宋元方志叢刊》第 5 冊，北京：中華書局，1990 年。

22.（宋）劉昫等：《舊唐書》，北京：中華書局，1975 年。

23.（宋）李心傳：《建炎以來繫年要錄》，北京：中華書局，1985 年。

24.（宋）李心傳：《建炎以來朝野雜記》，北京：中華書局，2000 年。

25.（宋）葉紹翁：《四朝聞見錄》，《歷代筆記小說大觀》，上海：上海古籍出版社，2012 年。

26.（宋）袁燮：《絜齋集》，北京：中華書局，1985 年。

27.（宋）黃榦：《勉齋集》，欽定四庫全書，臺北：商務印書館，1983～1985 年。

28.（宋）徐元傑：《楳埜集》，欽定四庫全書，臺北：商務印書館，1983～1985 年。

29.（宋）周必大：《文忠集》，欽定四庫全書，臺北：商務印書館，1983～1985 年。

30.（宋）陳起：《江湖後集》，欽定四庫全書，臺北：商務印書館，1983～1985 年。

31.（宋）張載：《張載集》，北京：中華書局，1978 年。

32.（宋）程顥、程頤：《二程集》，北京：中華書局，1981 年。

33.（宋）蘇洞：《泠然齋詩集》，欽定四庫全書，臺北：商務印書館，1983～1985 年。

34.（宋）陸游：《老學庵筆記》，北京：中華書局，1979 年。

35.（宋）桑世昌：《蘭亭考》，欽定四庫全書，臺北：商務印書館，1983～1985 年本。

36.（宋）喻松：《蘭亭續考》，北京：中華書局，1985 年。

37.（宋）林表民：《赤城集》，明弘治十年謝鐸刻本。

38.（宋）林表民等：《天台續集別編》，《宋元浙江方志集成》第 14 冊，杭州出版社，2009 年。

39.（宋）樓鑰：《攻媿集》，四部叢刊本。

40.（宋）葉適：《葉適集》，北京：中華書局，1961 年。

41.（宋）釋居簡：《北磵集》，欽定四庫全書，臺北：商務印書館，1983～1985 年。

42.（宋）釋居簡：《北磵詩集》，《宋集珍本叢刊》第 71 冊，北京：線裝書局，2004 年。

43.（宋）汪莘：《方壺存稿》，《北京圖書館古籍珍本叢刊》第 88 冊，北京：書目文獻出版社，1998 年。

44.（宋）潛說友：《咸淳臨安志》，《宋元浙江方志集成》第 1 冊，杭州：杭州出版社，2009 年。

45.（宋）劉克莊：《後村先生大全集》，四部叢刊本。

46.（宋）洪邁：《容齋隨筆》，《唐宋史料筆記叢刊》，北京：中華書局，2005 年。

47.（宋）朱熹：《朱熹集》，成都：四川教育出版社，1996 年。

48.（宋）朱熹：《朱子語類》，武漢：崇文書局，2018 年。

49.（宋）朱熹撰，呂祖謙輯：《近思錄》，北京：中華書局，2011 年。

50.（宋）朱熹：《晦庵集》，欽定四庫全書，臺北：商務印書館，1983～1985 年。

51.（宋）王闢之撰，呂友仁點校：《澠水燕談錄》，北京：中華書局，1981 年。

52.（宋）鄭樵：《通志二十略》，北京：中華書局，2000 年。

53.（宋）鄭樵：《夾漈遺稿》，叢書集成初編本，北京：中華書局，1985 年。

54.（宋）高似孫：《史略・子略》，叢書集成初編本，上海：商務印書館，1939 年。

55.（宋）高似孫：《緯略》，叢書集成初編本，上海：商務印書館，1939 年。

56.（宋）高似孫著、王群栗點校：《高似孫集》，杭州：浙江古籍出版社，2015 年。

57.（宋）高似孫撰，司馬朝軍校釋：《子略校釋》，濟南：山東人民出版社，2018 年。

58.（宋）高似孫：《文苑英華纂要》，《四庫全書存目叢書》子部第 119 冊，濟南：齊魯書社，1995 年。

59.（宋）周密：《齊東野語》，《歷代筆記小說大觀》，上海：上海古籍出版社，2012 年。

60.（宋）周密：《癸辛雜識》，上海：上海古籍出版社，2012 年。

61.（宋）陳振孫：《直齋書錄解題》，上海：上海古籍出版社，1987 年。

62.（宋）黃震：《黃氏日抄》，欽定四庫全書，臺北：商務印書館，1983～1985 年。

63.（宋）王應麟撰，武秀成、趙庶洋校證：《玉海藝文校證》，鳳凰出版社，2013 年。

64. 佚名：《南宋館閣續錄》，北京：中華書局，1998 年。

65. 佚名：《慶元黨禁》，欽定四庫全書，臺北：商務印書館，1983～1985 年。

66.（元）袁桷：《清容居士集》，杭州：浙江古籍出版社，2015 年。

67.（元）佚名：《宋史全文》，欽定四庫全書，臺北：商務印書館，1983～1985 年。

68.（元）脫脫等：《宋史》，北京：中華書局，1985 年。

69.（元）盛如梓：《庶齋老學叢談》，北京：中華書局，1985 年。

70.（元）戚輔之：《佩楚軒客談》，見陶宗儀等編《說郛三種》，上海：上海古籍出版社，1988 年。

71.（元）馬端臨：《文獻通考·經籍考》，上海：華東師範大學出版社，1985 年。

72.（元）吳澄：《吳文正公集》，清乾隆二十一年（1756）刊本。

73.（明）趙錦修，（明）張袞纂，劉徐昌點校：《嘉靖江陰縣志》，上海：上海古籍出版社，2011 年。

74.（明）彭澤修，（明）汪舜民纂：《弘治徽州府志》，明弘治十五年刻本。

75.（明）胡應麟：《少室山房筆叢》，北京：中華書局，1958 年。

76.（明）祁承㸁，鄭誠整理，吳格審定：《澹生堂讀書記・澹生堂藏書目》，《中國歷代書目題跋叢書》第 4 輯，上海：上海古籍出版社，2015 年。

77.（清）錢謙益：《牧齋有學集》，四部叢刊本。

78.（清）王士禛：《居易錄》，欽定四庫全書，臺北：商務印書館，1983～1985 年。

79.（清）黃宗羲：《宋元學案》，《黃宗羲全集》第 7 冊，杭州：浙江古籍出版社，2012 年。

80.（清）全祖望：《全祖望集匯校集注・甬上族望表》，上海：上海古籍出版社，2000 年。

81.（清）全祖望：《鮚埼亭集》，四部叢刊本。

82.（清）洪頤煊：《台州箚記》，北京：中國文史出版社，2004 年。

83.（清）婁近垣輯：《龍虎山志》，清乾隆五年刻本。

84.（清）陳延恩等修，（清）李兆洛等纂：《道光江陰縣志》，《中國方志叢書》，臺北：成文出版社，1983 年。

85.（清）衛廷璞修：《雍正建平縣志》，清雍正九年刻本。

86.（清）趙翼：《廿二史箚記》，上海：上海古籍出版社，2011 年。

87.（清）厲鶚撰，羅仲鼎、俞浣萍點校：《厲鶚集》，杭州：浙江古籍出版社，2016 年。

88.（清）阮元：《兩浙金石志》，四部叢刊本。

89.（清）紀昀等：《欽定四庫全書總目》，北京：中華書局，1997 年。

90.（清）錢大昕：《嘉定錢大昕全集》，南京：江蘇古籍出版社，1997 年。

91.（清）錢大昕：《補元史藝文志》，《二十五史補編》第六冊，北京：中華書局，1955 年。

92.（清）紐樹玉：《匪石先生文集》，《清代詩文集彙編》第 463 冊，上海：上海古籍出版社，2010 年。

93.（清）黃丕烈：《蕘圃藏書題識》，《清人書目題跋叢刊》，北京：中華書局，1990 年。

94.（清）李慈銘：《越縵堂讀書記》，上海：上海書店出版社，2000 年。

95.（清）孫詒讓：《溫州經籍志》，上海：上海社會科學院出版社，2005 年。

96.（清）孫詒讓：《逸周書斠補》，《續修四庫全書》第 301 冊，上海：上海古籍出版社，2002 年。

97.（清）耿文光：《萬卷精華樓藏書記》，《山右叢書·初編》第 10 冊，上海：上海古籍出版社，2014 年。

98.（清）瞿鏞編：《鐵琴銅劍樓藏書目錄》，上海：上海古籍出版社，2000 年

99.（清）江標：《宋元本行格表》，清光緒二十三年刻本。

100.（清）陸心源著，馮惠民整理：《儀顧堂書目題跋彙編·儀顧堂題跋》，北京：中華書局，2009 年。

101.（清）沈德壽：《抱經樓藏書志》，《清人書目題跋叢刊》第 5 冊，北京：中華書局，1990 年。

102.（清）楊守敬：《日本訪書志》，《日本藏漢籍善本書志書目集成》第 9～10 冊，北京：北京圖書館出版社，2003 年。

103.（清）朱緒曾：《開有益齋讀書志》，上海：上海古籍出版社，2015 年。

104.（清）章學誠著，王重民通解：《校讎通義通解》，上海：上海古籍出版社，1987 年。

105.（清）章學誠：《文史通義》，上海：上海古籍出版社，2015 年。

106.（清）孫星衍：《孫子十家注》，岱南閣叢書本。

107.（清）周中孚：《鄭堂讀書記》，上海：上海書店出版社，2009 年。

108.（清）蔣學鏞纂：《鄞志稿》，四明叢書本。

109.（清）徐松輯：《宋會要輯稿》，北京：中華書局，1957 年。

110.（清）董康著，朱慧整理：《書舶庸譚》，《書目題跋叢書》，北京：中華書局，2013 年。

111.（清）潘紹詒修，（清）周榮椿纂：《光緒處州府志》，中國方志叢書，臺北：成文出版社，1974 年。

112.（清）湯球輯，楊朝明校補：《九家舊晉書輯本》，鄭州：中州古籍出版社，1991 年。

113.（清）姚際恒：《古今偽書考》，《辨偽叢刊》，北京：景山書社，1929 年。

114.（清）胡培翬：《研六室文鈔》卷五，清道光十七年涇川書院刻本。

115. 高我桂等修：《剡南高氏宗譜》，民國二十年永思堂木活字本。

二、專著

1. 江瑔:《新體經學講義》,見林慶彰主編:《民國時期經學叢書》第 1 輯第 4 冊,臺中:文聽閣圖書有限公司,2008 年。

2. 羅振玉著,羅繼祖主編:《羅振玉學術論著集》,上海:上海古籍出版社,2013 年。

3. 余嘉錫:《四庫提要辯證》,北京:中華書局,1980 年。

4. 余嘉錫:《目錄學發微·古書通例》,上海:上海古籍出版社,2014 年。

5. 洪業:《洪業論學集》,北京:中華書局,1981 年。

6. 劉咸炘:《劉咸炘論目錄學》,上海:上海科學技術文獻出版社,2008 年。

7. 劉咸炘:《學略》,上海:華東師範大學出版社,2009 年。

8. 劉咸炘:《大家論學·劉咸炘論史學》,上海:上海科學技術文獻出版社,2016 年。

9. 劉咸炘:《部次流別以道統學:劉咸炘目錄學論集》,北京:生活·讀書·新知三聯書店,2018 年。

10. 孫德謙:《諸子通考》,長沙:嶽麓書社,2013 年。

11. 孫德謙:《劉向校讎學纂微》,元和孫氏思益宧 1923 年刊本。

12. 葉德輝:《郋園讀書志》,《湖湘文庫·湖南近現代藏書家題跋選》第 1 冊,長沙:嶽麓書社,2011 年。

13. 姚名達:《中國目錄學史》,上海:上海古籍出版社,2005 年。

14. 顧頡剛主編:《古籍考辨叢刊》第 1 集,北京:社會科學文獻出版社,2010 年。

15. 顧頡剛:《顧頡剛日記》,《顧頡剛全集》,北京:中華書局,2011 年。

16. 顧頡剛:《秦漢的方士與儒生》,上海:上海古籍出版社,2005 年。

17. 王重民:《冷廬文藪》,上海:上海古籍出版社,1992 年。

18. 王重民:《中國目錄學史論叢》,北京:中華書局,1984 年。

19. 王重民:《敦煌古籍敍錄》,北京:商務印書館,1958 年。

20. 周天游:《史略校箋》,北京:書目文獻出版社,1987。

21. 梁啟超:《中國歷史研究法》,石家莊:河北教育出版社,2000 年。

22. 胡玉縉撰,王欣夫輯:《許廎學林》,北京:中華書局,1958 年。

23. 柳詒徵：《國史要義》，北京：商務印書館，2017 年。

24. 賀次君：《史記書錄》，北京：商務印書館，1959 年。

25. 張國淦：《中國古方志考》，北京：中華書局，1962 年。

26. 北京圖書館金石組編：《北京圖書館藏中國歷代石刻拓片彙編》，鄭州：中州古籍出版社，1989 年。

27. 李宗鄴：《中國歷史要籍介紹》，上海：上海古籍出版社，1982 年。

28. 國立故宮博物院編：《國立故宮博物院善本舊籍總目》，臺北：國立故宮博物院，1983 年。

29. 劉秉才：《中國歷史書籍目錄學》，北京：書目文獻出版社，1984 年。

30. 程千帆，徐有富：《校讎廣義·目錄編》，濟南：齊魯書社，1988 年。

31. 張舜徽：《漢書藝文志通釋》，武漢：湖北教育出版社，1990 年。

32. 倉修良：《方志學通論》，濟南：齊魯書社，1990 年。

33. 李裕民：《四庫提要訂誤（增訂本）》，北京：書目文獻出版社，1990 年。

34. 張岱年主編：《中華思想大辭典》，長春：吉林人民出版社，1991 年。

35. 張宏生：《江湖詩派研究》，北京：中華書局，1995 年。

36. 漆永祥：《乾嘉考據學研究》，北京：中國社會科學出版社，1998 年。

37. 曹書傑：《中國古籍輯佚學論稿》，長春：東北師範大學出版社，1998 年。

38. 張舜徽：《中國文獻學》，武漢：華中師範大學出版社，2004 年。

39. 嚴紹璗：《日本藏漢籍珍本追蹤紀實·嚴紹璗海外訪書志》，上海：上海古籍出版社，2005 年。

40. 武秀成：《陳振孫評傳》，南京：南京大學出版社，2006 年。

41. 李明傑：《宋代版本學研究：中國版本學的發源及形成》，濟南：齊魯書社，2006 年。

42. 孫欽善：《中國古文獻學》，北京：北京大學出版社，2006 年。

43. 張富祥：《宋代文獻學研究》，上海：上海古籍出版社，2006 年。

44. 謝貴安：《中國實錄體史學研究》，武漢：武漢大學出版社，2007 年。

45. 黃懷信，張懋鎔，田旭東：《逸周書匯校集注》修訂本，上海：上海古籍出版社，2007 年。

46. 楊緒敏：《中國辨偽學史》，天津：天津人民出版社，2007 年。

47. 司馬朝軍：《文獻辨偽學研究》，武漢：武漢大學出版社，2008 年。

48. 許富宏：《鬼谷子研究》，上海：上海古籍出版社，2008 年。

49. 陳曉蘭：《南宋四明地區教育和學術研究》，南京：鳳凰出版社，2008 年。

50. 錢茂偉：《浙東史學研究述評》，北京：海洋出版社，2009 年。

51. 張宗友：《經義考研究》，北京：中華書局，2009 年。

52. 左洪濤，張恒：《兩宋浙東高氏家族研究》，北京：海洋出版社，2010 年。

53. 鍾肇鵬：《鶡子校理》，北京：中華書局，2010 年。

54. 沈津主編：《美國哈佛大學哈佛燕京圖書館藏中文善本書志》，廣西：廣西師範大學出版社，2011 年。

55. 吳懷祺主編：《中國史學思想通論·歷史編纂學思想卷》，福州：福建人民出版社，2011 年。

56. 劉光勝：《出土文獻與〈曾子〉十篇比較研究》，上海：上海古籍出版社，2016 年。

57. 何忠禮：《南宋全史：政治、軍事和民族關係卷》，上海：上海古籍出版社，2016 年。

58. 昌彼得：《中國目錄學講義》，臺北：文史哲出版社，1973 年。

59. 昌彼得：《版本目錄學論叢》，臺北：學海出版社，1977 年。

60. 黃章明，王志成：《國學方法論叢·書目篇》第 2 版，臺北：學人文教出版社，1979 年。

61. 胡楚生：《中國目錄學研究》，臺北：華正書局，1980 年。

62. 鄭良樹：《古籍辨偽學》，臺北：學生書局，1997 年。

63. 黃寬重：《宋史論叢》，臺北：新文豐出版公司，1993 年。

64. 黃寬重：《宋代的家族與社會》，臺北：東大圖書股份有限公司，2006 年。

65. （日）靜嘉堂文庫編：《靜嘉堂文庫漢籍分類目錄》，東京：靜嘉堂文庫，1930 年。

66. （日）倉石武四郎：《目錄學》，《東洋學文獻中心叢刊》第 20 輯，東京：汲古書院，1979 年。

67. （日）內藤湖南著，馬彪譯：《中國史學史》，上海：上海古籍出版社，2008 年。

68. （日）內藤湖南：《支那目錄學》，《內藤湖南全集》卷十二，東京：築摩書房，1976 年。

69.（日）澀江全善，森立之等：《經籍訪古志》，上海：上海古籍出版社，2017年。

70.（日）長澤規矩也：《中國版本目錄學書籍解題》，北京：書目文獻出版社，1990年。

71.（美）艾爾曼：《從理學到樸學：中華帝國晚期思想與社會面面觀》，南京：江蘇人民出版社，2018年。

三、期刊論文

1. 高振鐸：《高似孫對前四史的研究總結——〈史略〉初探》，見中國歷史文獻研究會：《中國歷史文獻研究集刊》第 3 輯，湖南：湖南人民出版社，1983 年。

2. 高振鐸：《〈通鑒〉參據書考辨》，見劉乃和、宋衍申主編：《資治通鑒叢論》，鄭州：河南人民出版社，1985 年。

3. 張秀民：《剡錄跋》，《文獻》1986 年第 3 期。

4. 吳懷祺：《論中國封建史學的二重性》，《史學理論》1987 年第 3 期。

5. 劉子明：《高似孫在我國目錄學史上的貢獻》，《圖書館理論與實踐》1989 年第 4 期。

6. 戚培根：《評高似孫〈史略〉中的圖書著錄》，《圖書館論壇》1991 年第 3 期。

7. 張新民：《文心雕龍·史傳篇校記》，《古籍整理研究學刊》1991 年第 6 期。

8. 彭清深：《〈史略〉及其作者高似孫述評》，《西北民族學院學報》1992 年第 2 期。

9. 崔文印：《高氏諸略與章氏〈山堂考索〉》，《史學史研究》1994 年第 1 期。

10. 劉固盛：《高似孫〈子略〉初探》，《古籍整理研究學刊》1996 年第 4 期。

11. 張晶萍：《簡析〈史略〉對中國古代史學史的貢獻》，《湖南教育學院學報》1998 年第 3 期。

12. 瞿林東：《兩宋史學批評的成就》，《河北學刊》1999 年，第 2 期。

13. 楊新勳：《〈七略〉「互著」「別裁」辨正》，《史學史研究》2001 年第 4 期。

14. 李之亮，毛建軍：《略論高似孫在文獻整理方面的主要貢獻》，《華北水利水電學院學報》2002 年第 4 期。

15. 黃寬重：《家族興衰與社會網絡：以宋代的四明高氏家族為例》,《東吳歷史學報》2004 年第 11 期。

16. 宋志英：《司馬彪〈續漢書〉考辨》,《史學史研究》2005 年第 2 期。

17. 蔣鵬翔：《子略評議》,《信陽農業高等專科學校學報》2007 第 2 期。

18. 易平：《「江南本」〈史記〉考略》,《安徽史學》2007 年第 6 期。

19. 張劍平：《略論〈史略〉及〈子略〉對中國史學的總結》,見姜錫東,丁建軍主編：《中華文明的歷史與未來國際學術研討會論文集》,保定：河北大學出版社,2010 年,頁 187～198。

20. 鮑永軍：《高似孫生平事蹟考辨》,《社會科學戰線》2009 年第 11 期。

21. 曹金發：《輯錄體目錄何時出現？——對幾種說法的辨析》,《山東圖書館學刊》2012 年第 6 期。

22. 李寧波、唐燮軍：《虞預及其〈晉書〉發微》,《古籍整理研究學刊》2012 年第 5 期。

23. 陳仕華：《諸家兼陳與自抒己見——輯錄體解題之法》,見程煥文等主編：《2014 年中文古籍整理與版本目錄學國際學術研討會論文集》,桂林：廣西師範大學出版社,2015 年。

24. 顧歆藝：《高似孫學述考述》,《國學研究》第三十五卷,北京：北京大學出版社,2015 年。

25. 陳曉蘭：《宋本〈緯略〉考述》,《北京大學中國古文獻研究中心集刊》第 16 輯,北京：北京大學出版社,2017 年。

26. 陳曉蘭：《高似孫〈緯略〉版本源流考》,《儒家典籍與思想研究》第 10 輯,北京：北京大學出版社,2018 年。

27. 司馬朝軍：《〈子略校釋〉解題》,《漢籍與漢學》2018 年第 2 期。

28. 週日蓉：《高似孫〈剡錄·書〉考論——兼及〈剡錄〉所引唐前佚籍的史料來源》,《書目季刊》2018 年第 1 期。

29. 朱義群：《高似孫〈剡錄〉的卷次問題》,《文獻》2019 年第 2 期。

30. （日）石田肇著,孔繁錫、張新民譯校：《高似孫史略研究》,《貴州師範大學學報（社會科學版）》1993 年第 4 期。

31. （日）石田肇：《南宋明州の高氏一族について：高閌、高文虎、高似孫のこと》,見宋代史研究會：《宋代社會宗教》,東京：汲古書院,1986 年。

四、學位論文

1. 黃慧鳴：《高似孫的生平及其著作》，復旦大學碩士學位論文，2000 年。

2. 蔣鵬翔：《高似孫目錄學思想發微》，湖南師範大學碩士學位論文，2007年。

3. 鄭麗佳：《剡錄研究》，浙江大學碩士學位論文，2009 年。

4. 張紹俊：《高似孫〈史略〉研究》，上海師範大學碩士學位論文，2015 年。

5. 謝璐雪：《高似孫〈緯略〉引文考校》，中南民族大學碩士學位論文，2015年。

6. 李明陽：《高似孫〈緯略〉的文獻學成就》，山東師範大學碩士學位論文，2020 年。

附錄一：高似孫年表

紀　年	年　歲	行　　事	作　品
紹興二十八年（1158）	一歲	二月初三，生於明州鄞縣。祖父開，累官特進。父文虎，累官翰林學士。母周氏，貢生周世修之女。妻趙氏，侍郎趙磻之女。子歷，累官溫州通判、婺州通判；子普，生平不詳。	
淳熙四年（1177）	二十歲	是年冬，已入太學，為率履齋生。參與周必大主持的《文苑英華》校勘工作。是年始纂《文苑英華纂要》。	
淳熙十一年（1184）	二十七歲	登衛涇榜進士第，賜文林郎。	
紹熙元年（1190）	三十三歲	除紹興府會稽縣主簿，奉祀攢陵。	
紹熙二年（1191）	三十四歲	兩浙東路茶鹽司提舉黃唐主持刊刻《禮記正義》，高似孫任參校官，次年刊成。按，黃唐刻本《禮記正義》今藏國家圖書館。	
紹熙三年（1192）	三十五歲	賜修職郎。	作《水仙花前賦》。
慶元二年（1196）	三十九歲	參與慶元黨禁，作《右道學圖》。《宋元學案·玉山學案》:「黨禁起，高似孫作《右道學圖》，以先生（鄭僑）為巨首，謂其庇之也。」	
慶元四年（1198）	四十一歲	是年似孫已隨父文虎遷居嵊縣。	

慶元五年（1199）	四十二歲	正月，任武學博士。十月，除校書郎。	
慶元六年（1200）	四十三歲	二月，任徽州通判。	
嘉泰元年（1201）	四十四歲		作《朝丹霞》。
嘉泰三年（1203）	四十六歲	知信州，旋放罷。十一月，與祠祿。	
開禧二年（1206）	四十九歲	在知嚴州任上。四月，罷職，與宮觀。	
開禧三年（1207）	五十歲		作《水仙花後賦》。
嘉定元年（1208）	五十一歲	正月，高似孫父子均封通議大夫。二月，因左諫議大夫傅伯成彈劾，高似孫父子並罷。	
嘉定五年（1212）	五十五歲		撰《緯略》。
嘉定七年（1214）	五十七歲		應嵊縣縣令史安之請，撰《剡錄》。又作《遷建學宮碑記》《嵓臺神弦曲》。
嘉定八年（1215）	五十八歲	五月，提舉建康崇禧觀。	作《周舅氏家乘序》。十二月，應通妙道人易如剛之請，作《重修靖通庵記》。
嘉定十二年（1219）	六十二歲		八月，作《題喻工部檞所寫禊序》。
嘉定十五年（1222）	六十五歲		十一月，撰《選詩句圖》。
嘉定十六年（1223）	六十六歲	五月，除秘書郎。	三月，撰《文苑英華纂要》。四月，撰《硯箋》。十一月，作《真誥序》。
嘉定十七年（1224）	六十七歲	九月，除著作佐郎兼權侍右郎官。是年秋，修成《剡南高氏宗譜》，並作序。	八月，作《休寧縣禮物記》。九月，刪定桑世昌《蘭亭考》，作《蘭亭考序》。
寶慶元年（1225）	六十八歲	九月，出知處州。	十月，撰《史略》。

紹定元年 （1228）	七十一歲	是年守郡時，村民獻雙蓮花三，雙蓮實二。	
紹定二年 （1229）	七十二歲		正月，應建平知縣施德懋之請，作《小石山滄灣亭記》。四月，應江陰知縣林庚之請，作《冰玉堂記》。
紹定四年 （1231年）	七十四歲	十月十五，卒於嵊。《剡南高氏宗譜·內紀行傳》：「卒於紹定辛卯十月十五日。」	

附錄二：《史略》所載《逸周書》與今本《逸周書》異文

（今本採用黃懷信《逸周書彙校集注》上海古籍出版社 2007 年版）

序號	《史略》所載《逸周書》		今本《逸周書》		備　註
	篇　名	文　字	今本篇名	今本文字	
1	《度訓解》	立中以補損，補損以知足	同	同	
2	《命順解》	權以知始，始以知終	今本作《命訓解》	今本作「權以知微，微以知始，始以知終」	孫詒讓《周書斠補》：「《史略》所引，疑誤。」
3	《當順解》	天有常性，人有常順	今本作《常訓解》	同	
4	《文酌解》	民生有欲，有惡，有哀，有德，有則	同	今本「有哀」上有「有樂」二字	
5	《糴莊解》	有道，故國用足	今本作《糴匡解》	「有道，故國用足」句今本無	楊守敬《史略校勘劄記》：「『匡』作『莊』，避諱。」
6	《武稱解》	大國不失其威，敵國不失其權	同	「敵國」上「小國不失其卑」句	
7	《允文解》	思靜鎮勝，允文維紀	同	「鎮」今本作「振」	

－363－

8	《大母解》	武有六制：政、攻、侵、代、搏、戰	今本作《大武解》	「代」今本作「伐」	楊守敬《史略校勘劄記》：「『六』今作『七』，『戰』下有『鬥』字。」案：《北堂書抄》卷一百十三引《周書》云：「《周書》七製：一曰征，二曰攻，三曰侵，四曰伐，五曰陣，六曰戰，七曰鬥。」楊氏所言實據《北堂書抄》所引，並非今本。
9	《大明武解》	思嚴大武，曰維四方	同	「思」今本作「畏」	
10	《小明武解》	必得地勢，以順天時	同	同	
11	《大匡解》	維周王宅程三年，遭天之大荒，注曰：「程，在岐州左右。」	同	同	注文為《逸周書》孔晁注
12	《程典解》	維三月既生魄，文王合六國之諸侯，奉勤於商	同	「六國之諸侯」今本作「六州之侯」	
13	《程寤》《泰陰》《九間》《劉法》《文開》《保開》《八繁》	逸	《泰陰》今本作《秦陰》，《九間》今本作《九開》，《九間》上今本有《九政》，《八繁》今本作《八繁》	闕	孫詒讓《周書斠補》：「《史略》『繁』作『繁』，與敘不合，蓋誤。」楊守敬《史略校勘劄記》：「『九間文開』今本作『九政九開』。此書多訛字，恐以今本為是。『九開』今本在『劉法』前。」案：《史略》「九間」今本作「九開」，「間」與「開」形近，「文開」與今本同，所載篇目順序與今本同，脫《九政》一篇，楊氏誤校。
14	《酆保》	維二十三祀庚子朔，九州島侯威格於周	同	「侯」上今本有「之」	

15	《大開》	維王三月既生魄，王在酆	同	「三」今本作「二」	
16	《小開》	維三十有五祀，王念曰，余聞在昔曰	同	「余聞」上今本有「多口，正月丙子拜望，食無時，汝開後嗣謀，曰：嗚呼！於來後之人」句	
17	《文儆》	維文王告夢，懼後嗣之無保，召太子發曰：「嗚呼！吾語汝所保所守，守之哉！」	同	「嗣」今本作「祀」，「召」今本作「詔」，「語汝」下今本有「我」字，「嗚呼」至「守之哉」句為《文傳解》之文	孫詒讓《周書斠補》：「『嗣』作『祀』，『召』作『詔』，義較今本為長。」楊守敬《史略校勘劄記》：「曰『嗚呼』以下，今本無。《文儆篇》下為《文傳篇》，有『吾語汝：我所保與我所守，傳之子孫』，此必傳寫者並二篇為一，故誤至二。」案：「嗚呼」之句，今本有之，楊氏所據之本不同而已。
18	《柔武》	維王元祀，一月既生魄，王召周公旦曰：「嗚呼！維在文考之緒功，維周禁五戎，五戎不禁，厥民乃淫。」	同	同	
19	《大武開》	維王一祀十有二月，王在酆，聞密命，訪於周公旦曰：「嗚呼！余夙夜維商，密不顯，誰和？若歲之有秋。今余不獲，其落若何？」周公曰：「茲在德敬，右周其惟天命，王其敬命。」	今本作《大開武》	「十有二月」今本作「二月」，「聞密命」今本無「聞」字，「若歲之有秋」之「若」今本作「告」，「右周」今本作「在周」	孫詒讓《周書斠補》：「《史略》作《大武開》，下篇亦作《小武開》，則高所據本兩『開』字並在『武』下，以文義校之，高本是也……又『密命』上《史略》有聞『字』，以注推之，疑孔本亦作『聞密命』，今本誤脫也。」

20	《小武開》	維王二祀一月既生魄，召周公旦曰：「嗚呼！余夙夜忌商，不知道極，敬聽以勤天下。」周公拜手稽首曰：「在昔文考，順明三極，躬是四察，循用五行，戒視七順，順道九紀	今本作《小開武》	「召周公」今本上有「王」字，「在昔」今本作「在我」	孫詒讓《周書斠補》：「當從《史略》作《小武開》。」
21	《寶典解》	維王二祀，二月丙辰朔，王在鄗，召周公旦曰：「嗚呼，敬哉！朕聞曰：『何修非躬……何擇非人……』」又曰：「維子孫之謀，寶以為常。」	同	「二祀」今本作「三祀」	楊守敬《史略校勘劄記》：「今本作『三祀』，誤。」
22	《酆講解》	維王二祀，王在酆，講吉告聞。王召周公旦曰：「嗚呼！傷商其成辜，維日望見功。謀言多信，今其如何？」	今本作《酆謀解》	「講吉」今本作「謀言」，「商」上今本無「傷」字，「成」今本作「咸」，「見功」今本作「謀建功」，「今其如何」今本作「今如其何」	孫詒讓《周書斠補》：「《史略》作《酆講》，當作《酆謀》……《史略》作『傷商其成辜』，又『建』作『見』，『謀言』正作『謀言』，可證今本之誤，『今如其何』作『今其如何』。」
23	《寤敬解》	維四月朔，王告儆。召周公旦曰：「嗚呼，謀泄哉！今朕有商驚予，憂其深矣！」	同	「朕」下今本有「寤」字，「憂」上今本有「欲與無口則，欲攻無庸，以王不足，戒乃不興」句	
24	《武順解》	天道尚右，日月西移；地道尚左，水道東流；人道尚中，耳目役心	同	「東流」今本作「中流」	

25	《武穆解》	曰若稽古，曰昭天之道，熙帝之載，揆民之任	同		
26	《和寤解》	王乃出圖商，至於鮮原，召召公奭、畢公高，王曰：「嗚呼，敬之哉！無競惟人，人惟允忠，惟事惟敬，小人難保。」	同	「召」今本作「邵」，「人惟允忠」今本無「惟」字	孫詒讓《周書斠補》：「《史略》『邵』亦作『召』。」
27	《武寤解》	王赫奮列，八方咸發	同	「列」今本作「烈」	孫詒讓《周書斠補》：「『烈』《史略》作『列』，字通。」
28	《克殷解》	周革三百五十乘陣於牧野，武王使師尚父、伯夫致師王。王既戎車武賁馳商師，商師大崩	同	「革」今本作「車」，「陣」今本作「陳」，「武王」上有「帝辛從」三字，「師尚父」今本無「師」字，「尚父」下今本有「與」字，「戎車武賁」今本作「以虎賁戎車」，「大崩」今本作「大敗」	
29	《文匡解》	惟十有三祀，王在管。管叔、蔡叔泉商之監，東隅之侯，咸受賜於王	今本作《大匡解》	「管叔、蔡叔泉商之監」今本作「管叔自作殷之監」	孫詒讓《周書斠補》：「謝云：前已有《大匡》，此不應又名《大匡》。蓋篇內有『大匡』字也。不能定其訛錯之故。案：《史略》作《文匡》，似較今本為長……管叔作監，武王所命，此云自作，於義難通。《史略》作『管叔、蔡叔泉商之監』，文較完備……《史略》『殷』作『商』，則宋人避諱改也。」

30	《文政解》	惟十有三祀國,在管	同	「在管」今本上有「王」字	
31	《大聚解》	維武王勝殷,撫圖綏民,乃觀於殷政	同	「圖」今本作「國」	孫詒讓《周書斠補》:「『國』作『圖』,疑誤。」
32	《世俘解》	維四月有乙未,武王成闢,四方通殷命有國	同	「有乙未」今本作「乙未日」	孫詒讓《周書斠補》:「『有乙未』,古經史無此文法,《史略》作『有乙未』,依高疑當作『六日乙未』。」楊守敬《史略校勘劄記》:「《世浮》應在《文匡》之前,然古本已如此。」
33	《箕子》《考德》	逸	《考德》今本作《耆德》	闕	孫詒讓《周書斠補》:「《史略》正作《考德》,與敘合,則宋本尚不誤,《漢書·律曆志》引《考德》逸文即此。」
34	《商誓》	王若曰:若殷之舊官	同	「若殷之舊官」今本作「告爾伊舊何父」	
35	《度邑》	維王克商邑,君諸侯及厥民,茲日度邑	同	今本作「維王克殷國,君諸侯乃厥獻民徵主九牧之師」	孫詒讓《周書斠補》:「《史略》『克殷國』作『克商邑』(『商』避宋諱改),『乃』字正作『及』。」
36	《我徹》	維十有一祀,王告夢	今本作《武徹解》	「一」今本作「二」	劉師培《周書補正》:「此為武王末年,並文王受命之年計之,當為『二十祀』。就武王即位之年計之,當為『十一祀』。高氏《史略》引『二』作『一』,是也。」
37	《五權》	維王不豫,於五日,召周公旦	同		

38	《成開解》	成王九年，大開告用，用周公也	同	「用周公也」四字今本無	
39	《作雒解》	武王克殷，乃立王子祿父，俾守商紀	同	「商紀」今本作「商祀」	
40	《皇門解》	正月庚午，周公格於左閎門，會群門。路寢左門曰皇門，閎音皇	同	「正月」上今本有「維」字，「格」下今本無「於」字	王念孫云：「周公格於左閎門（今本脫『於』字，據《玉海》補）會群門，念孫案『會群門』三字義不可通，當為『會群臣』。」孫詒讓《周書斠補》：「《史略》引亦有『於』字，與《玉海》同。」案：「路寢左門曰皇門，閎音皇」句為孔晁注語，非《逸周書》正文，周天游《〈史略〉校箋》及《高似孫集》均誤以為正文。
41	《大戒解》	維正月既生魄，王訪於周公	同	同	
42	《周月》	維一月既南至	同	同	
43	《時訓》	紀時令	同		非正文，為高似孫之語
44	《謚法解》	紀謚法	今本作《諡法解》		非正文，為高似孫之語
45	《明堂》	明堂位			
46	《嘗麥》	禱於周廟，嘗麥於太祖	同	「禱於周廟」今本作「維四年孟夏，王初祈禱於宗廟」，「嘗」上今本有「乃」字	孫詒讓《周書斠補》：「《史略》作『周廟』，誤。」
47	《本典》	維四月既望既生魄，王在東宮，召周公旦	同	「既望」二字今本無，「召周公旦」今本作「召公告周公」	孫詒讓《周書斠補》：「《史略》作『東宮』下作『召周公旦』……『召周公旦』之文他篇常見，疑高本近是，『召』非衍文。」

48	《官人》	王曰:「嗚呼,大師!」	同	同	
49	《王會解》	朝會	同		非正文,為高似孫之語
50	《祭公解》	王若曰:「祖祭公。」周公之後	同		「周公之後」四字為孔晁注語。
51	《史記解》	維正月,王在成周。昧爽,名三公、左史戎夫	同	「名」今本作「召」	
52	《職方氏解》	掌天下之圖	今本作《職方解》		
53	《芮良夫解》	芮伯若曰:「予小臣良夫,稽首謀告。」	同	「首」今本作「道」	孫詒讓《周書斠補》:「《史略》引『道』亦作『首』,則宋本與唐本同。」案:「稽首謀告」《群書治要》作「稽首謹誥」。
54	《太子晉解》	晉平公使叔譽於周,見太子晉而與之言	同	同	
55	《玉佩解》	王者所佩在德		「王」今本作「玉」	
56	《殷說解》	湯將放桀居中野	今本作《殷祝解》	「居」今本作「於」	孫詒讓《周書斠補》:「《史略》『祝』作『說』,此與下《周祝》二篇與『祝』義全不相蒙,疑並當作『說』……今本篇名及《敘》似皆傳寫之訛。」又云:「此於『中野』上當脫『居』字。」劉師培《周書補正》:「《斠補》據《大傳》謂『於』上當補『居』字,是也。」
57	《周祝解》	攘哉,民心哉;民,朕則生汝,朕則刑汝	同	「攘哉,民心哉;民」今本作「謹哉民乎」	孫詒讓《周書斠補》:「『祝』疑當作『說』。」又云:「《史略》作『攘哉民心哉民』,文似有誤衍,『謹』疑當從高本作『攘』。」

58	《武經解》	車甲之間有巧言令色，事不捷	今本作《武紀解》	同	孫詒讓《周書斠補》：「《史略》作《武經》，疑誤。」
59	《銓法解》	有三不遠，三不近，三不芒由	同	「三不近」上今本有「有」字，「三不芒由」今本作「有三不蓄」	孫詒讓《周書斠補》：「畜，《史略》作『芒由』二字，疑故書作『蓄』，高本誤分為二字也。」
60	《器服解》	作器服，周道大備	同	同	非正文，為高似孫之語

後　記

　　本書是由我的碩士學位論文修訂而成。十年前，我在武漢大學信息管理學院跟隨司馬朝軍教授研治古典文獻學，司馬老師命我以「高似孫文獻學」為題作碩士論文，我自此與高似孫結緣。畢業後，我就職於高校圖書館，在工作之餘繼續搜集關於高似孫的研究資料，反覆研讀高氏的主要學術著作，對原論文作了相當幅度的修改，特別是增加了關於高氏的生平及其文獻學思想的內容。回顧這一研究的學術歷程，其中的每一步艱辛都離不開恩師的提攜鼓勵、師長的關愛和親友的幫助。

　　首先，我要感謝我的恩師司馬朝軍教授。是司馬老師將我領進了學術之門。司馬老師深通於四庫學、文獻學、經學、小學，熱心於提攜後輩，能夠受教於老師門下，豈非人生之一大幸事！在撰寫碩士論文的過程中，司馬老師對選題、大綱乃至文本細節無不細心審讀，傾注了大量的心血。在我畢業之後，老師還一如既往地關心我這個愚鈍的學生，在百忙之中為我審讀書稿，提出若干修改意見，並幫我聯繫出版事宜。在書稿即將交付出版社之際，老師又欣然提筆賜序。老師的支持和鼓勵使我深為感動。只是囿於自己的學識和功力，書稿中不盡如意之處尚多，今後我惟有繼續努力，不負老師的期望。

　　我還要向所有幫助過的學界前輩和師友們致謝。衷心感謝武漢大學彭斐章老師、曹之老師、陳傳夫老師、王新才老師、肖希明老師、黃如花老師、司莉老師、張燕飛老師、孫更新老師、趙紀元老師、袁琳老師、陸穎雋老師、吳志強老師和吳丹老師對我的培育與關懷。感謝 2009 級圖書館學碩士班同學對我的幫助和鼓勵。感謝黃岡師範學院曾軍教授、鄒明軍副教授、周敏華副教授對我科研方面的指點和支持。

感謝內子姜盼盼女士對我的理解，她承擔了照顧小孩的重任，使我得以從容地讀書和寫作。感謝父母年逾花甲，依然來照顧我的小家庭。

最後，特別感謝臺灣花木蘭文化事業有限公司免費為拙稿提供出版機會。近年來該公司推出系列學術研究輯刊，免費出版了大批學術專著，特別是對博碩士論文的重視，顯示出了非凡的眼光與魄力，堪稱學界一大幸事。承蒙花木蘭文化事業有限公司不棄，拙稿得以忝列其中，與有榮焉。謹此向花木蘭文化事業有限公司及楊嘉樂女士致以由衷的敬意，感謝楊嘉樂女士為本書出版所付出的大量心血。

2011 年 5 月初稿於武漢大學

2021 年 12 月定稿於黃岡師範學院